KB095606

픽사, 위대한 도약

PIXAR

To Pixar and Beyond

픽사, 위대한 도약

크리에이티브의 불확실성이
기회가 되기까지

로렌스 레비 지음
강유리 옮김

유엑스리뷰

힐러리, 제이슨, 세라, 제나에게

○목차

3부

4부

서문

"안녕하세요, 스티브. 산책 가실래요?" 나는 전화로 물었다.

2005년 가을이었다. 스티브 잡스와 나는 지난 10년 동안 서로에게 이 질문을 셀 수 없이 많이 던졌다. 하지만 이번에는 어조가 달랐다. 스티브는 그해 초 50세를 넘겼고 암과 수술이 슬슬 몸에 부담을 주고 있었다. 얼마 전부터 우리는 대화는 짧게, 산책은 가볍게 하기 시작했다. 스티브는 당시 애플에서 맡은 일도 많았다. 지난해에는 신제품 아이팟 셔플과 아이팟 나노를 망라하는 아이팟 제품 라인을 새로이 선보이며 음악 감상의 새 시대가 도래했음을 알렸다.

하지만 오늘 나는 특별한 용건이 있었다. 나는 픽사의 최고재무책임자 겸 회장단의 일원으로 활동한 후 픽사의 이사회에 몸담고 있었다. 한동안 이 특별한 사안을 숙고해 온 터였고, 이제는 이야기를 꺼낼 때가 됐다고 느꼈다. 스티브는 최근에 컨디션이 나아져 있었다. 더없이 좋은 기회였다. "물론이죠. 이쪽으로 오세요. 저 일어나 있어요." 수화기 너머로 그가 대답했다.

우리는 캘리포니아의 베이 지역에 있는 스탠퍼드대학교에서 동쪽으로 겨우 2~3km 떨어진 올드 팰로앨토에 살고 있었다. 스티브의 집은 우리 집에서 걸어서 불과 몇 분 거리였다. 모퉁이 대지에 자리 잡은 아름다운 튜더 양식의 전원풍 주택은 벽돌로 벽을 쌓았고 슬레이트 지붕이 가파른 경사를 그렸다.

뒷문으로 들어가 부엌문을 통과하자 늘 그렇듯 먹음직스러운 과일과 간식거리들이 기다란 시골풍 나무 테이블 위에 정갈하게 놓여 있었다. 따뜻하게 반겨 주는 집안 요리사에게 인사를 건넨 다음 부엌을 지나 복도를 통해 스티브의 사무실까지 걸었다.

"안녕하세요, 로렌스." 스티브는 고개를 들어 나를 바라보며 미소 띤 얼굴로 말했다.

"진짜 산책 생각 있어요?" 나는 물었다. "여기 앉아서 얘기해도 괜찮아요."

"나갑시다. 신선한 공기를 쐬면 좋죠."

팰로앨토의 거리를 걷는 것은 스티브에게 원기 회복제나 다름없었다. 그는 이곳의 공기, 건물, 기후를 사랑했다. 날씨는 맑고 따스했다. 우리는 참나무, 목련, 물푸레나무가 줄지어 늘어선 평탄한 길을 거닐었다. 옛 시절을 연상시키는 자그마한 랜치 하우스에서부터 실리콘밸리의 성장을 반영하듯 커다랗게 리모델링된 주택까지 각양각색의 건물을 지났다. 몇 분 동안 근황을 주고받은 후, 나는 용건을 꺼냈다.

"픽사의 주가에 대해 드리고 싶은 말씀이 있어요."

"무슨 생각을 하고 계신데요?" 스티브는 물었다.

"저는 픽사가 갈림길에 와 있다고 생각해요. 현상 유지가 어려울 정도로 주가가 너무 높아진 상태죠. 우리가 만에 하나 실수라도 하면, 그게 아주 작은 실수라도 픽사의 가치는 하룻밤 사이에 반토막이 날 수 있어요. 그러면 당신 재산도 절반이 날아가겠죠." 나는 잠시 말을 끊었다가 덧붙였다. "우리는 태양에 너무 가깝게 날고 있어요."

우리는 그동안 믿기 힘든 탄탄대로를 달려왔다. 10년 내내 블록버스터를 연이어 터뜨렸으니까.

"픽사가 높은 평가액을 발판으로 디즈니처럼 다른 사업으로 다각화하지 않으면…" 나는 말을 이었다.

"그러지 않으면 디즈니에 팔리겠죠." 스티브가 내 말을 대신 맺었다.

"맞아요. 그러지 않으면 디즈니나 혹은 디즈니처럼 픽사를 다각화하고 보호해 줄 수 있는 다른 기업에 넘어갈 거예요."

하지만 우리 둘 다 그럴 만한 다른 회사는 없다는 걸 알고 있었다.

"좀 생각해 볼게요. 무슨 뜻인지는 알겠어요." 스티브는 대답했다.

그로부터 몇 개월 후인 2006년 1월 24일, 픽사와 월트 디즈니 컴퍼니는 디즈니가 픽사를 74억 달러에 인수하기로 합의했다고 발표했다. 당시 스티브는 픽사 주식의 과반수를 소유하고 있었으므로, 그의 픽사 지분은 수십억 달러에 이르렀다. 10년 뒤 디즈니의 가치가 가파르게 상승하는 바람에, 그 디즈니 주가는 4배 가까이 뛰었다.

내가 처음 스티브를 만나 픽사 이야기를 들었던 것은 1994년 말이었다. 픽사는 그 시점까지 그의 돈을 5천만 달러 가까이 집어삼켰으면서도 이렇다 할 성과를 보여주지 못했다. 당시 픽사의 주주들에게 보낸 재무제표에는 마이너스 5천만 달러가 찍혔다. 그런데 이제 스티브는 픽사에 투자한 덕분에 세계 최고의 갑부 대열에 들어선 것이었다.

나는 1994년 스티브와 처음 대화를 나눌 무렵부터 2006년 픽사가 디즈니에 매각될 때까지 픽사에 근무했다. 이 기회는 내 인생 최고의 특권 중 하나였다. 픽사의 전설적인 크리에이티브 팀과 제작 과정에 관해서는 많은 책이 집필되었지만 나는 픽사를 조금 다른 각도에서 바라본다. 이 책은 픽사가 번영할 수 있는 토대가 되었던 전략적, 사업적 과제들에 관한 이야기를 담고 있다.

영화 산업에서 이룬 성취에만 초점을 맞춘다면 픽사가 번뜩이는 창의력을 바탕으로 탄생했다고 생각하기 쉽다. 픽사가 스토리텔링과 예술의 이상향 같은 회사라고 말이다. 하지만 내가 겪은 픽사는 이와 달랐다.

픽사 내부의 상황은 마치 지각판들이 높은 압력을 받아 서로 부딪히며 새로운 산맥을 밀어 올리는 모습 같았다. 그 지각판 가운데 하나는 강렬한 혁신의 압력을 받았다. 즉, 스토리텔링에서 예술적, 창의적 탁월함을 추구하며 그것을 표현할 수 있는 새로운 도구인 컴퓨터 애니메이션을 개발하고자 하는 욕구가 있었다. 또 다른 지각판은 현실적인 생존의 압력을 받았다. 다시 말해, 자금을 모으고, 영화표를 팔고, 제작 속도를 앞당겨야 했다. 이러한 두 개의 힘이 끊임없이 서로 삐거덕거리며 수많은 지진과 여진을 일으켰다.

이것은 전 세계를 장난감, 곤충, 물고기, 괴물, 자동차, 슈퍼히어로, 요리사, 로봇, 감정들과 사랑에 빠지게 만든 이 작은 회사가 어떻게 그 이면에 작용하는 힘을 딛고 일어섰는지에 관한 이야기다. 그런 일을 가능케 만든 선택과 무모한 베팅, 위험에 관한 이야기다.

창작의 완결성과 현실적인 필요 사이의 갈등, 그러한 갈등이 거기에 관여한 사람들(스티브 잡스와 픽사의 크리에이티브 팀, 기술 팀, 제작 팀, 그리고 나)을 성숙시키는 데에 어떠한 역할을 했는지에 관한 이야기다.

창작열을 우선한다는 것이 어떤 의미인지, 그러기가 왜 그토록 어려운지에 관한 이야기다.

이것은 동시에 중도中道라는 2천 년 불교 철학의 눈을 통해 내가 픽사를 더 큰 맥락에서 바라보게 된 과정에 관한 이야기이기도 하다. 픽사 내부의 긴장 상태가 훌륭한 영화를 만드는 일뿐 아니라 훌륭한 인생을 살고, 훌륭한 조직을 구축하고, 우리 내면의 역량과 창의력을 발산하는 일에 관여하는 힘과 결국 하나라는 사실을 깨닫기까지의 과정이 이 책에 담겨 있다.

내가 픽사에서 배운 것이 한 가지 있다면 그것은 이야기가 무엇보다 우선한다는 사실이다. 픽사의 크리에이티브 리더 존 래시터John Lasseter는 이런 말을 곧잘 했다. "멋진 그래픽은 사람들을 몇 분간 즐겁게 할 뿐입니다. 사람들이 자리를 못 뜨게 만드는 것은 이야기입니다."

내가 지금부터 하려는 이야기는 전화 한 통으로부터 시작되었다.

로렌스 레비

1부

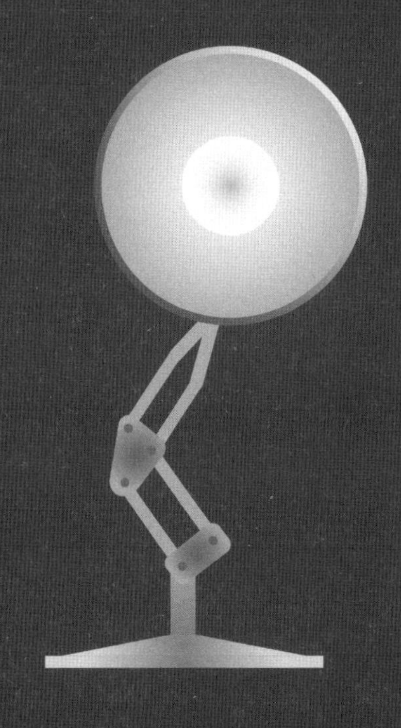

1
굳이 왜 그러고 싶은데?

1994년 11월의 어느 날 오후, 내 사무실에 전화가 울렸다.

나는 일렉트로닉스 포 이미징Electronics for Imaging의 최고재무책임자 겸 이사회 부의장이었다. 컬러 데스크톱 퍼블리싱이라는 성장 분야의 제품들을 개발하는 실리콘밸리 회사였다. 샌프란시스코 공항 근처인 캘리포니아 샌브루노는 맑고 청량한 가을 날씨였다. 나는 상대방이 누구일지 전혀 짐작하지 못한 채 수화기를 들었다. 유명 인사와 통화하게 되리라고는 꿈에도 예상치 못했다.

"안녕하세요, 로렌스 씨 맞나요?"

"네, 맞습니다."

"저는 스티브 잡스라고 합니다." 수화기 건너편의 목소리가 말했다. "몇 년 전에 잡지에서 사진으로 뵙고 언젠가 함께 일하고 싶다고 생각했어요."

스티브 잡스의 몰락이 실리콘밸리 음식점에서 심심찮게 입방아에 오르내리던 시기였음에도 그에게 전화를 받는다는 것은 나를 얼어붙게 만들기에 충분했다. 1985년 쫓겨나듯 애플을 떠났을 때만큼 뜨거운 화제의 중심은 아니었을지 몰라도, 업계 내에 그보다 카리스마 넘치는 인물은 전무했다. 그런 그가 나를 알고 있을 뿐만 아니라 직접 전화까지 걸었다는 사실을 깨닫자 갑자기 솟구치는 흥분을 주체할 수 없었다.

"이야기를 나누고 싶은 회사가 하나 있어요." 그는 말했다.

넥스트NeXT겠지, 나는 즉시 생각했다. 넥스트 컴퓨터에 대해 이야기하고 싶은 거야.

잡스가 최근 손을 댄 이 벤처는 눈길을 끄는 정육면체 형태의 워크스테이션으로 유명했다. 잡스는 벼르던 인생 2막이었겠지만 얼마 전 하드웨어 사업을 어쩔 수 없이 접은 후 상태가 좋지 않다는 소문이 돌고 있었다. 내 머리는 빠르게 돌아가기 시작했다. 잡스는 넥스트를 회생시키고 싶은 거야. 꽤 흥미로운 도전이겠군. 하지만 그의 다음 말은 내 허를 찔렀다.

"픽사라는 회사예요."

넥스트가 아니라 픽사라고? 대체 픽사가 뭐 하는 회사지?

"좋습니다." 나는 픽사에 대해 아는 바가 거의 없음을 들키지 않으려 애쓰며 대답했다. "자세한 이야기를 듣고 싶군요."

그렇게 우리는 만나기로 했다.

수화기를 내려놓는 순간, 나는 충격에 휩싸였다. 난데없이 스티브 잡스에게 전화를 받다니? 기절초풍할 일이었다. 하지만 전율은 빠르게 가라앉았다. 대충 조사를 해 보니 픽사의 과거는 파란만장했다. 스티브는 조지 루카스가 1986년 루카스필름에서 픽사를 분사시킬 때 이 회사를 인수했다. 그 후 고가의 영상 처리 컴퓨터와 부수적인 소프트웨어를 개발하기 위해 이 회사에 수백만 달러를 쏟아부었다. 하지만 결과는 신통치 않았다. 픽사는 영상 처리 컴퓨터 개발 노력을 오래전에 포기했고, 이제는 주변 사람 누구에게 물어봐도 픽사가 지금까지 무슨 수로 버티고 있는 건지 알 수 없었다.

더군다나 스티브 잡스는 실리콘밸리에서 가장 주목받는 유명 인사였기 때문에 오랫동안, 그것도 아주 오랫동안 별다른 성과를 내지 못했다는 사실이 한층 더 부각되었다. 1985년 애플에서 모든 직책을 박탈당하기 전 그가 마지막으로 내놓은 두 제품(리사와 오리지널 매킨토시 컴퓨터)은 상업적 참패였고, 넥스트 컴퓨터는 많은 관계자에게 실용성보다 자만심 충족의 산물로 간주되었다. 경이로운 기술의 도래를 예고했지만 썬 마이크로시스템즈나 실리콘 그래픽스처럼 저렴하고 호환성 높은 기계를 파는 회사들과 도통 경쟁이 되지 않았다. 잡스는 갈수록 한물간 인물로 취급받고 있었다.

내가 스티브 잡스를 만나 픽사에 관해 이야기를 나누기로 했다고 친구들과 동료들에게 말했더니, 제일 흔한 반응은 "굳이 왜 그러고 싶은데?"였다. 그래도 나는 호기심이 일었고 만나서 손해 볼 일은 없다고 생각했다. 나는 스티브의 사무실에 전화해서 약속 시간을 잡았다.

세간의 평판과 별개로, 스티브 잡스를 직접 만나 보게 된다니 가슴이 설렜다. 물론 무엇을 기대해야 할지는 전혀 몰랐다. 툭하면 실리콘밸리의 비난을 듣는 변덕스러운 독재자를 만나게 될까, 아니면 개인용 컴퓨터 혁명을 주도한 불세출의 천재를 만나게 될까?

우리가 만나기로 한 장소는 캘리포니아 레드우드 시티에 있는 넥스트 컴퓨터의 호사스러운 본사 건물이었다. 도착하자마자 나는 스티브의 사무실로 안내를 받았다. 책이 흩어져 있는 육중한 책상 뒤에서 몸을 일으킨 스티브는 트레이드마크 격인 청바지와 검은색 터틀넥에 운동화 차림이었다. 나보다 몇 살 더 위인 그는 마치 수년간 이 만남을 기다려 온 사람처럼 반갑게 나를 맞이했다.

"어서 와요, 어서 와." 그는 상기된 목소리로 말했다. "들려줄 이야기가 너무나 많답니다." 스티브는 곧장 활기찬 목소리로 픽사 이야기를 시작했다. 역사와 기술, 첫 번째 장편 영화 제작에 관해서까지. "영화는 몇 분 분량만 완성된 상태예요. 하지만 직접 보시면 그런 영화는 아마 처음이실걸요."

우리는 처음부터 죽이 잘 맞았다. 한 시간 가까이 나는 책상 반대편 의자에 앉아 그의 말을 경청했다. 스티브는 내가 해 주었으면 하는 역할을 대략 그려 보였다. 그는 자신이 넥스트 일에 신경 쓰는 동안 현장에서 픽사의 사업을 운영하고 전략을 가다듬고 회사를 상장시킬 사람을 원했다. 그는 픽사가 고가 컴퓨터 그래픽 분야에 혁신을 일으켰으며 이제는 최초의 장편 영화 제작에 초점을 맞추고 있다고 설명했다.

스티브는 내 배경과 가족 관계, 경력을 물었다. 내가 하버드에서 법학을 공부하고 실리콘밸리 최대의 로펌인 윌슨 손시니 굿리치 앤 로사티Wilson Sonsini Goodrich & Rosati에서 파트너로 근무한 경력이 있으며(여러 해 전 애플을 상장시킨 회사다), 그 회사에서 업계 최초로 기술 기업 전담 부서를 만들었다는 사실에 감명을 받은 듯했다.

또한, 직접 회사를 상장시켜 본 경험이 있다는 사실도 마음에 들어 했다. 나는 그가 내 혈통을 검증 중이라고 느꼈다. 그에게는 내가 견실한 사람인 것이 중요한 듯했다. 그가 내 답변을 흡족해하는 것 같아 기뻤다.

우리의 대화는 일사천리로 진행되었다. 그런데, 분명 죽이 잘 맞는다고 느끼면서도 마음 한구석에서는 왠지 모를 불안감이 커지고 있었다. 잡스가 픽사를 상장시킬 생각이라면 그 사업과 전략 계획을 제대로 파악하고 있어야만 했다. 하지만 그는 그걸 한 번도 언급하지 않았다. 눈으로 확인할 수 있는 수치나 사업 전망이 있는지 물어볼까 생각했지만, 그는 자기 할 말을 하느라 바빴고 나는 아직 끼어들 때가 아니라고 판단했다. 그는 다시 만나도 괜찮은 사람인지 나를 가늠하고 있었다.

스티브가 "조만간 픽사에 방문해 주실 수 있나요? 꼭 그래 주시면 좋겠는데요."라고 말했을 때 나는 기분이 썩 괜찮았다. 적어도 픽사가 어떤 회사인지 직접 확인해 보는 것도 흥미롭겠다고 생각했다.

그러나 집에 절반쯤 왔을 무렵, 내 생각은 다시 사업 문제로 되돌아갔다. 잡스는 그 이야기를 언급했어야 했고, 나는 어떻게든 들었어야 했다. 우리는 상상했던 것 이상의 개인적 친분을 쌓았지만, 스티브가 그 악명 높은 '현실 왜곡장'을 펼치고 있었는지 어찌 알겠는가?

현실 왜곡장Reality Distortion Field이란 사업이나 시장 현실과 관계없이 남들에게 무엇이라도 믿게 만드는 스티브의 독특한 재능을 가리켜 오래전에 등장한 표현이다. 어쩌면 그가 이번엔 픽사에 관해 또 한 차례 판타지를 지어내고 있었을지 모른다. 만약 이 직책을 수락했는데, 내가 이야기를 나누었던 모든 사람이 짐작한 대로 픽사가 연기처럼 한순간에 사라져 버린다면 소중히 쌓아 온 경력과 내 평판은 큰 타격을 입을 것이다.

설상가상으로, 알아보면 알아볼수록 잡스의 도를 넘는 행동 때문에 데인 사람들의 행렬은 끝이 없어 보였다. 1993년에는 뉴욕타임스의 IT 칼럼니스트이자 교수인 랜들 스트로스Randall Stross가 《스티브 잡스와 다음 대박 기술*Steve Jobs and the NeXT Big Thing*》이라는 책까지 써서 넥스트에서 스티브가 보여 준 행동과 업무 관행을 통렬하게 비판했다.

나는 스티브 잡스의 희생양이 될 위험을 감수하고 싶지는 않았다. 하지만 인내심을 발휘하는 편이 낫겠다고 판단했다. 아직은 결정을 내릴 때가 아니었다. 다음 단계가 목전에 닥쳐 있었으니까. 일단은 픽사에 가 봐야 했다.

픽사는 캘리포니아 포인트 리치먼드에 자리 잡고 있었다. 가 본 적도 들어 본 적도 없는 동네였다. 나는 그곳의 위치를 확인하기 위해 지도를 찾아봐야 했다. 포인트 리치먼드는 버클리와 샌러펠 사이의 작은 마을이었다. 그런데 지도로 픽사까지 가는 길을 짚어 보면서 나는 가슴이 철렁 내려앉았다.

팰로앨토에서 출발해서 북쪽 방면 101번 도로를 타고 샌프란시스코까지 간 다음, 동쪽 방면 80번 도로를 타고 베이 브리지를 넘은 후, 북쪽 방면 80번 도로를 타고 버클리를 지나, 서쪽 방면 580번 도로를 타고 가다 보면 나오는 커팅 대로에 픽사가 있었다. 나는 이 정도면 그럭저럭 괜찮다고, 끔찍스럽게 나쁘지는 않을 거라고 생각하려 애썼다. 하지만 속으로는 의구심이 가득했다. 이 도로들은 캘리포니아에서 제일 막히는 곳이었다. 픽사까지 가는 길은 결코 신나지 않을 것이다.

나는 언제나 우리 가족의 포근한 안식처가 되고자 노력했다. 아들 제이슨은 아홉 살, 딸 세라는 여섯 살이었고, 아내 힐러리는 셋째를 임신 중이었다. 직장 생활을 하다 보면 필요할 때마다 안식처 역할을 하기가 쉽지는 않았지만 최선을 다했다. 아이들에게는 내가 필요했다. 아이들에게 자기 전에 책을 읽어 주고, 숙제를 도와주고, 학교에 데려다주는 일상을 지키기 위해 얼마나 큰 노력이 필요한지 나는 잘 알고 있었다. 그런데 이 모든 것을 위기에 빠뜨릴 일자리를 받아들일 수는 없겠다는 생각이 들었다. 나는 낙심하며 지도를 내려놓았다.

"어떻게 해야 할지 모르겠네." 나는 어느 날 저녁 힐러리에게 말했다. "너무 멀단 말이지. 그 회사에 다니면서 계속 여기 살 수는 없을 것 같아. 그렇다고 이사를 한다는 건 말이 안 되고. 그러기엔 너무 위험이 크잖아. 이 회사가 얼마나 오래 갈지 누가 알아? 연기처럼 사라지고 나면 우리가 살고 싶은 곳은 여기일 텐데."

힐러리와 나는 인디애나대학교 재학 중 학부생으로 만났다. 나는 열일곱 살에 대학에 들어갔다. 어린 시절을 보낸 영국 런던을 떠나 온 가족이 인디애나폴리스로 이주해 온 이듬해였다. 힐러리는 푸른 눈동자, 갈색 곱슬머리에 체구가 아담했으며, 귀엽고 뾰족한 턱이 예쁘장한 얼굴이었다. 그녀는 다정한 성격에 현실 감각이 있고 통찰력이 넘쳤다.

결혼식은 둘 다 대학원에 다닐 때 올렸다. 우리는 함께 성장했다는 이야기를 곧잘 했다. 그만큼 우리의 20대는 많은 변화가 있었던 시기였다. 우리는 보스턴에 있는 대학원을 다녔고 졸업 후 한동안은 플로리다에서 일했다. 그리고 그곳에서 2년 정도 살다가 실리콘밸리로 이사했다. 새롭게 부상하는 첨단 기술 분야에서 변호사로 활동하고 싶었기 때문이었다. 우리는 한 살배기 아들을 데리고 자진해서 서부로 갔다. 언어치료학 석사 학위가 있는 힐러리는 스탠퍼드 의료원에서 근무하며 중풍과 두뇌 외상으로 언어 장애가 생긴 환자들의 재활을 전문적으로 돕는 일을 했다.

우리는 중요한 결정을 내리기 전에 무엇이든 언제나 함께 의논했다. 고민에 빠져 있던 나에게 아내는 이렇게 조언했다. "회사 위치는 아직 걱정하지 마. 나라면 기회를 그냥 날려 버리진 않겠어. 일단 한번 가 봐. 당장 결정해야 하는 것도 아니잖아."

나는 픽사를 방문하기로 약속을 잡고 며칠 후 길을 나섰다. 101번 도로로 샌프란시스코에 다가가자 눈앞에 스카이라인이 펼쳐졌다. 구불구불한 언덕에 빼곡하게 들어차 있는 집들과 금융가에 널찍하게 자리를 차지한 빛나는 사무실 건물들, 오후가 되면 맑게 갤 해변의 낮은 구름까지. 드라마틱하고 눈부시게 아름다운 진입로였다.

그러다 고속도로가 두 갈래로 나뉘었다. 한쪽은 시내를 통과해 금문교 방향으로 가는 길이고, 다른 한쪽은 베이 브리지를 거쳐서 만 반대편의 버클리로 가는 길이었다. 나는 베이 브리지로 가는 오른쪽 차선으로 이동했다. 그러자 갑자기 도시의 아름다움이 온데간데없이 사라지고 베이 브리지에서 합쳐지는 꽉 막힌 차선이 현실로 다가왔다. 노후 구간을 지날 때는 1989년 일어난 로마 프리에타 지진을 떠올리지 않을 수 없었다. 그 지진으로 60명 가까이 사망했고 그 가운데 한 명은 다리 일부가 붕괴되어 목숨을 잃었다. 매일 그 다리를 지나다닐 생각을 하니, 다리 상단에서 도로 일부가 무너져 내린 초현실적인 광경이 깜짝 놀랄 만큼 생생하게 되살아났다.

다리를 건너자 반대편 차선에 늘어난 교통량을 확인할 수 있었다. 샌프란시스코로 향하는 차들이 요금소 앞에 긴 줄을 이루며 정체했기 때문이었다. 몇 킬로미터에 걸쳐 차가 밀려 있었다. 저게 내 퇴근길이 되겠지. 가장 염려했던 상황이 사실로 확인되었다. 출퇴근길이 이토록 끔찍한 직장을 어떻게 다닐 수 있을까?

이 길을 매일 운전해 다니면 라디오를 들을 시간이 넉넉하다는 게 그나마 작은 위안이었다. 빌 클린턴이 대통령이었고 민주당이 중간 선거에 패해 의회 다수당의 입지를 막 잃었을 무렵이었다. 의회와 대통령 사이에 앞으로 벌어질 결전에 대한 뉴스로 시끌시끌했다.

게다가 괜찮은 음악도 수두룩했다. 내 차의 라디오에서는 휘트니 휴스턴, 보이즈 투 멘, 머라이어 캐리, 셀린 디옹이 흘러나왔다. 그해 여름을 강타한 영화 〈라이온 킹〉의 삽입곡인 엘튼 존의 '캔 유 필 더 러브 투나잇Can You Feel the Love Tonight'도 공전의 히트였다. 하지만 아무리 뉴스에 관심이 많고 팝 음악을 좋아하더라도, 하루에 두세 시간씩 그걸 들으며 차 안에 앉아 있을 생각은 추호도 없었다.

더구나 포인트 리치먼드는 워낙 외딴곳이어서 경치라고는 전혀 즐길 만한 게 없었다. 방문 일정을 잡을 때 듣게 된 픽사의 영업시간 후 자동 응답기에서는 픽사가 "정유 공장 맞은편에 있다"라고 당당하게 안내하는 음성이 흘러나왔다. 그것은 결코 겸손을 떨려고 하는 말이 아니었다. 픽사는 실제로 셰브론 정유 공장 바로 건너편에 자리해 있었다. 높다란 굴뚝과 여러 대의 기계, 파이프가 보였다.

픽사 주차장에 차를 댈 때도 상황은 그리 나아 보이지 않았다. 일단 주차 공간이 협소했다. 픽사는 딱히 특징이랄 게 없는 평범한 단층 사무실 건물 안에 자리해 있었다. 로비 역시 평범한 데다 작고 어둠침침했으며, 한쪽 벽에 세워 둔 진열장에 픽사가 받은 상들이 진열되어 있었다. 스티브가 일하고 있는 넥스트의 현대적이고 세련된 사무실과는 그 이상 대조적일 수 없었다. 정문으로 들어가면서 나는 속으로 생각했다. '여기야? 이게 픽사야?'

그날 내가 만날 사람은 픽사의 공동 창립자 에드 캣멀Ed Catmull이었다. 픽사의 또 다른 공동 창립자 앨비 레이 스미스Alvy Ray Smith는 몇 해 전 회사를 떠난 상태였다. 에드는 1979년 조지 루카스에게 발탁되어 루카스필름의 컴퓨터 사업부를 출범시켰고 그 조직이 분사되어 픽사가 된 것이었다.

나는 에드의 비서를 따라 그의 사무실로 향했다. 사무실은 무척이나 우중충해 보였다. 낡은 카펫, 평범한 벽, 침침한 조명이 삭막함을 더했다. 꽤 널찍한 공간에 한쪽 벽에는 창문이, 반대편에는 커다란 책장이 놓여 있었다. 수학, 물리학, 애니메이션, 컴퓨터 그래픽에 관한 책들이 얼핏 눈에 들어왔다. 사무실 저쪽 끝에 에드의 책상이 있었고, 건너편에 소파가 있었다. 그는 나를 맞이하며 소파에 앉으라고 권했고, 자신도 의자를 가져와 내 맞은편에 앉았다.

에드는 마른 체격에 턱수염이 듬성듬성한, 숱이 조금 안 되어 보이는 사내였다. 조용하고 차분했지만 동시에 권위가 있었으며, 호기심 가득한 표정으로 연이어 질문을 던졌다. 그는 내 배경과 경험에 관해 물었고, 나에게 픽사의 역사를 조금 얘기해 주었다. 그런 다음 대화는 마침내 픽사의 현황으로 넘어갔다.

"아시다시피 저희는 11월에 개봉 예정인 장편 영화를 만들고 있어요. 또한 렌더맨RenderMan 소프트웨어를 판매하고 광고를 제작하고 있죠. 하지만 회사의 성장을 위한 사업 계획이 없어요. 그 부분에 있어서 도움이 절실한 상황이죠."

"픽사는 지금 어디서 사업 자금을 마련하고 있나요?" 나는 물었다.

에드는 픽사가 매달 근근이 버티고 있는 형편이라고 설명했다. 영화 제작비는 디즈니가 댔고, 픽사는 렌더맨 소프트웨어 판매와 애니메이션 광고로 약간의 수입을 얻고 있었다. 하지만 모든 비용을 감당하기에 충분한 금액은 아니었다.

"모자란 비용은 어떻게 충당하나요?" 나는 물었다.

"스티브가 내고 있어요. 매달 스티브에게 가서 부족액을 이야기하면 수표를 써 줘요." 에드는 설명했다.

이 말에 나는 당황했다. 스티브가 픽사에 자금을 대고 있다는 사실은 알고 있었지만 매달 개인 수표를 써 주는 형태이리라고는 예상치 못했다. 일반적으로 투자자는 6개월, 1년, 혹은 그 이상 버틸 수 있을 정도의 자금을 넉넉히 제공한다. 매달 투자자에게 가서 돈을 받아 오는 경우는 흔치 않았고, 현금이 바닥나고 있는 회사에 투자한 내 주위 투자자들로 미루어 판단해 볼 때 그다지 유쾌한 일일 리가 없었다. 에드는 의자에서 자세를 고쳐 앉으며 덧붙였다. "스티브와 가벼운 마음으로 나눌 만한 대화는 아니죠."

'가벼운 마음으로 나눌 만한 대화'라는 건 무척 절제된 표현이었다. 에드는 스티브에게 픽사의 비용을 승인받기란 고통스러운 일이라고 설명했다. 이미 그 일에 진저리가 났다는 느낌이 들었다.

"왜 그렇게 어렵죠?" 나는 물었다.

"픽사가 루카스필름에서 분사할 때 스티브는 하드웨어 회사에 투자하고 싶어 했죠." 에드는 설명했다. "저희는 고가의 영상 처리 컴퓨터를 개발 중이었어요. 애니메이션은 기술을 보여 주기 위한 수단에 지나지 않았고요. 그런데 1991년에 픽사의 하드웨어 사업부가 문을 닫은 거예요."

픽사가 걸어온 길을 자세히 듣게 된 건 그때가 처음이었다. 스티브와의 만남에서는 과거보다는 미래에 대화의 초점이 맞추어져 있었다.

“스티브는 이야기를 들려주는 회사에 마음을 둔 적이 없어요.” 에드는 말을 이었다. “오히려 그런 회사에 거부감이 있었죠. 스토리와 애니메이션에 계속 투자하게 하기는 어려운 일이었어요.”

나는 픽사가 스티브의 초창기 비전에서 완전히 멀어진 형태로 변했다는 사실을 모르고 있었다. 픽사의 역사는 내가 상상했던 것보다 훨씬 파란만장해 보였다.

“그러면 스티브는 지금 픽사에서 진행 중인 일을 지지하지 않겠군요?” 나는 물었다.

“지금은 해요. 저희가 장편 영화를 만들기로 디즈니와 협상할 때 스티브도 찬성이었어요. 계약을 성사시키는 데에 큰 도움이 되어 주었죠. 하지만 픽사의 나머지 비용을 계속 부담해야 한다는 점은 여전히 싸증스러워해요.”

“스티브가 지금까지 회사에 얼마나 투자했나요?” 나는 물었다.

“5천만 달러 가까이요.” 에드가 대답했다.

5천만 달러라니! 실리콘밸리 스타트업 기준으로는 엄청난 액수였다. 그런데도 돈을 더 쏟아부어야 한다니, 불만이 가득한 게 당연했다.

에드와 나눈 대화는 즐거웠다. 그는 첫 만남이라고 해서 적당히 말을 가리거나 하지 않았다. 덕분에 이야기를 들을수록 이 기회가 도무지 매력적으로 느껴지지 않았다. 픽사는 이리저리 배회할 뿐 한 번도 제대로 길을 찾은 적이 없는 회사 같았다. 16년 동안이나 고전을 면치 못하고 소유주의 개인 수표로 매달 월급을 주는 회사에 합류해야 할 이유가 어디 있는가? 최고재무책임자가 되면 스티브에게 가서 매달 그 돈을 받아 와야 할 사람이 바로 나였다. 그건 그다지 신나는 일 같지 않았다.

나는 에드가 똑똑하고 사려 깊으며 이야기를 나누기 편한 사람이라고 느꼈다. 컴퓨터 그래픽 업계에서 그의 명성은 눈부실 정도였다. 그는 분명 배울 점이 많은 사람이었고, 함께 일하면 즐거울 동료였다. 하지만 그것만으로는 충분하지 않았다.

나는 픽사의 재무 상황이 얼마나 심각한지 깨닫지 못했었다. 픽사는 현금도 예비비도 없이, 변덕스럽기로 소문이 자자한 개인의 즉흥적인 판단에서 나오는 자금으로 버티고 있었다. 솔직히 이 일자리를 아직 정식으로 제안받은 것도 아니니 선택을 내려야 하는 상황은 아니었다. 하지만 설령 제안을 받는다고 해도 그걸 수락하는 게 과연 제정신으로 할 일인가? 갈수록 의문이 짙어졌다.

스티브가 더 많은 스토리와 콘텐츠를 만들려는 픽사의 움직임을 받아들이긴 했으나 본격적으로 그 방향으로 나섰던 건 아니라는 사실도 점점 더 분명해지고 있었다. 그가 넥스트에서 새로운 컴퓨터를 만들려고 했지만 실패했다는 사실은 잘 알려져 있었다. 하지만 픽사에 대해 그가 처음에 품었던 비전까지 진퇴양난에 빠진 줄은 몰랐다. 애플을 떠난 후 컴퓨터를 만들고자 과감히 시도했지만 두 번의 시도 모두 별 성과 없이 끝난 셈이었다. 두 번의 스트라이크를 맞은 것과 같았다. 한 번만 더 스트라이크를 맞으면 그는 영원히 아웃일 수도 있었다.

대화는 문틈으로 고개를 내민 에드의 비서 때문에 중단되었다.

"상영실 준비되었습니다." 비서는 말했다.

"저쪽으로 갑시다. 저희가 그동안 해 온 작업을 보여 드릴게요." 에드는 말했다.

2
좋은 군인

픽사의 상영실로 들어가는 입구는 평범해 보였다. 복도를 중심으로 줄줄이 늘어선 사무실 중 하나가 상영실이었다. 문을 열고 안으로 들어가니 창문이 없고 어두컴컴한 강당이었다. 동네 멀티플렉스 영화관 구석에 있을 법한 작은 상영관 정도의 크기였다. 오른쪽 끝에는 커다란 스크린이 있었다. 왼쪽 끝에는 창이 달린 방이 하나 있었는데, 그 뒤에 아마도 영사기가 있을 거라고 짐작되었다.

놀라운 것은 방 안의 광경이었다. 방에는 일반적인 영화관 좌석 대신 낡은 소파와 안락의자가 줄지어 놓여 있었다. 남의 집 앞에 버려진 가구들을 모조리 주워다 이 방에 가져다 놓은 것 같았다. 오후 낮잠을 즐기기에는 편안해 보였지만 진지하게 일하는 영화사의 핵심 업무가 이런 곳에서 이루어진단 말인가?

"여기가 저희 상영실입니다." 에드는 말했다. "매일 애니메이터들이 여기에 모여 존 래시터와 함께 최근 진행 중인 영화 작업을 검토하죠." 에드는 내게 자리를 권했고 픽사의 초기 작품부터 보여 주고 싶다고 말했다. 조명이 꺼지고 픽사의 단편 영화 두 편이 큰 스크린에 상영되었다. 〈럭소 주니어〉와 〈틴 토이〉였다. 〈럭소 주니어〉는 두 개의 전기스탠드를 부모와 자녀 관계처럼 묘사한 영화였고, 〈틴 토이〉는 아기에게서 탈출하려고 애쓰는 악사 인형이 주인공인 영화였다. 〈틴 토이〉는 1988년에 아카데미 단편 애니메이션 작품상을 받았다.

두 영화 모두 컴퓨터 그래픽과 기발한 아이디어의 결정체였다. 컴퓨터 애니메이션의 시작과 발전상을 분명히 볼 수 있었다. 단순하고 투박한 모습이지만 스르르 빠져들게 만드는 스토리가 있었고, 나는 어느덧 전기스탠드와 장난감을 응원하고 있었다.

다음 순서가 오늘의 하이라이트였다. 픽사가 진행 중인 첫 장편 영화 프로젝트의 시작 부분을 몇 분간 상영할 예정이었다. 에드는 이 프로젝트의 명칭이 확정되지는 않았지만 〈토이 스토리〉라고 부르고 있다고 설명해 주었다. 그밖에도 유의 사항이 많았다.

"보시게 될 모든 장면이 완성된 상태는 아니라는 점을 감안해 주세요." 에드는 이렇게 당부했다. "애니메이션 작업이 일부 이루어지지 않아서 몇 개의 캐릭터는 단단한 블록처럼 화면을 이동하기도 할 거예요. 조명도 완료된 상태가 아니라 어둡거나 빛 처리가 어색한 부분이 있어요. 그리고 음성도 전부 최종은 아녜요. 픽사 직원들이 임시로 맡은 배역들이 몇 개 있거든요."

이윽고 방의 조명이 꺼졌다. 안락의자에 편안히 몸을 맡겼더니 필름이 돌아가기 시작했다.

"이거 뜻밖이네. 생일 파티를 오늘 한다고?" 우디의 첫 대사였다. 컴퓨터 애니메이션으로 만들어진 카우보이 인형 우디는 컴퓨터 애니메이션으로 만들어진 주인 앤디의 컴퓨터 애니메이션으로 만들어진 침대 위에 앉아 있었다.

다음 몇 분 동안 나는 금방이라도 쓰러질 듯한 이 극장에서, 정유 공장 맞은편의 이 특별할 것 없는 건물 안에서, 겨우겨우 명맥을 이어 나가고 있는 이 회사에서, 결코 상상하지 못했던 수준의 창의력과 기술적 경지를 목격했다.

영화의 시작은 그날 생일 파티를 하는 앤디라는 꼬마의 침실이 배경이다. 침실은 남자아이의 방답게, 푸른 벽지에 흰 구름이 점점이 떠 있고 장난감이 사방에 흩어져 있다. 한 가지 특별한 점은 인간이 주변에 없을 때 장난감들이 살아서 움직인다는 사실이다. 오늘 장난감들은 앤디의 새 생일선물에 밀려날까 봐 공포감에 빠져 있다.

앤디가 가장 좋아하는 장난감 우디는 대장으로서 모두를 진정시키려 애쓴다. 우디는 앤디의 생일선물들을 정찰하러 조그마한 녹색 플라스틱 군인 부대를 파견한다. 그 과정에서 군인들은 앤디네 부엌문에 가까이 접근하는데, 앤디 엄마가 다가오는 소리를 듣자 살아있다는 걸 들키지 않으려고 제자리에 꼼짝 않는다. 앤디 엄마는 문을 열고 앤디가 아무렇게나 흩어 놓은 장난감들을 발견한다. 죽은 듯 얼어붙은 이 군인 장난감 중 하나를 실수로 밟은 엄마는 나머지도 발로 차서 옆으로 치워 버린다.

앤디 엄마가 군인을 밟은 그 순간, 그러니까 내가 극장에 앉아 있던 그 순간, 상상도 못 했던 일이 벌어졌다. 플라스틱 장난감 군인의 안부가 신경 쓰였던 것이다. 나는 군인이 다치는 장면을 보면서 움찔했고, 그가 괜찮은지 궁금해졌다. 몇 초 뒤, 장난감 부대가 다시 살아나 돌아다니기 시작했다. 밟힌 군인은 부상을 입었지만 다행히도 괜찮았다. 그는 전우들에게 상관 말고 어서 가라고 말하지만, 그들은 "동료를 버리고 가는 건 군인이 아니야."라고 말하며 다친 군인을 안전하게 후송한다.

'이럴 수가! 이게 대체 뭐지?' 나는 속으로 생각했다.

영상은 장난감들이 버즈 라이트이어를 처음 만나는 장면으로 접어들었다. 앤디는 침대의 명당자리에서 우디를 밀어내고 버즈를 그 자리에 놓는다. 우디는 다른 장난감들에게 이제 새 친구가 온 것을 따뜻하게 환영해 주자며 아무렇지도 않은 듯 행동하려 애쓴다. 우디가 버즈에게 다가가자 버즈가 처음으로 살아 움직이기 시작한다.

버즈는 눈을 깜박이더니 말한다. "여기는 버즈 라이트이어, 우주 사령부 나와라. 우주 사령부 나와라, 내 말 들리나." 버즈는 자신이 임무 수행 중인 우주 특공대원이라고 믿고 있다. 이제 나는 본격적인 관객 입장이 되어 안락의자에 앉아 있었다. 이 장난감들이 진짜라는 착각을 받아들인 것이다. 그리고 버즈 라이트이어라는 이 장난감이 스스로 장난감일 뿐이라는 사실을 깨닫지 못하는 것이 황당하다고 생각했다.

이건 말도 안 돼.

영상이 끝나자 에드는 내 쪽으로 고개를 돌려 물었다. "어떻게 생각하세요?"

"에드, 뭐라 말해야 할지 모르겠어요. 굉장하네요. 이런 건 한 번도 본 적이 없어요. 단편 영화에서 여기까지 눈부신 도약을 했군요."

"고마워요." 에드는 대답했다. "영화를 마무리 지으려면 아직 가야 할 길이 멀지만 어떤 느낌일지 감은 잡으실 수 있을 거예요."

"분명 관객들이 깜짝 놀랄 거예요." 나는 흥분해서 덧붙였다. "전혀 예상하지 못한 것을 보게 될 테니까요. 진짜 끝내주네요!"

“저도 그러기를 바라요. 저희는 여기에 많은 것을 걸고 있거든요.” 에드는 말했다.

불이 켜지자 나는 다시 대충 꾸민 상영실에 되돌아와 있었다. 여전히 낡아빠진 안락의자에 앉은 채였다. 하지만 10분 동안 전혀 다른 곳으로 여행을 다녀온 것 같은 기분이었다. 앤디의 방으로. 장난감들이 사는 세계로. 장난감들은 감정이 있었고, 나름의 고충도 있었다. 누가 이 모든 작업을 총괄하는지 몰라도, 이 건물 어딘가에서 마법사가 마법을 부리고 있다는 생각이 들었다.

“회사를 둘러보시겠어요?” 에드는 물었다.

“물론이죠.” 나는 대답했다. 내가 여기서 일하게 될지 어떨지는 알 수 없지만 적어도 마법이 어떻게 일어나고 있는지 확인할 기회를 놓치고 싶지는 않았다.

첫 번째로 들른 곳은 애니메이션 부서였다. 널찍한 공간에 칸막이를 세운 작업 공간이 가득 들어차 있었는데, 칸막이 사무실의 구성과 디자인에는 주인의 예술 감각이 반영되어 있었다. 장소 전체가 대학 기숙사와 핼러윈 테마파크의 중간쯤 되어 보였다.

오래된 가구와 미술품은 물론 장난감, 공, 색깔 있는 전구, 일본 만화영화, 모형, 포스터, 만화책과 각종 잡동사니가 어지럽게 흩어져 있었다. 각 애니메이터는 자신이 꾸민 공간에 앉아서 앞에 놓인 하나 혹은 두 개의 대형 컴퓨터 모니터를 바라보며 작업을 했다. 어떤 애니메이터들은 가까운 벽에 전신 거울을 걸어놓았다.

“거울은 왜죠?” 나는 에드에게 물었다.

“애니메이션은 결국 연기니까요.” 에드는 설명했다. “애니메이터는 화면상의 캐릭터에 생명을 불어넣기에 앞서 그 역할을 거울 앞에서 직접 연기해 보죠. 스크린 위에 만들어야 하는 동작을 완벽하게 이해하기 위해서요.”

다음으로 에드는 나를 픽사의 스토리보드 부서로 안내했다. 겹겹이 쌓아 놓은 대형 코르크 보드에 영화의 장면들을 직접 손으로 그린 듯한 색인 카드가 잔뜩 붙어 있었다. 각 스토리보드는 영화의 흐름을 나타냈고, 그런 스토리보드가 벽마다, 자투리 공간마다, 셀 수 없을 정도로 빼곡하게 쌓여 있었다. 각 그림의 질은 놀라웠다. 일일이 손으로 그린 수천 장의 그림이 저마다 영화 줄거리의 작은 대목을 표현하고 있었다.

그다음 우리가 방문한 곳은 필름 현상실이었다. 가운데 놓인 정체불명의 기계가 이쪽 벽에서 저쪽 벽까지 거의 방 전체를 차지한 암실이었다. 기계는 금속 재질의 평평한 테이블처럼 보였고, 그 위에 커다란 현미경같이 생긴 장비가 놓여 있었다. 큰 대학교나 정부 연구소에서나 볼 수 있을 법한, 눈길을 끄는 기계였다. 용도를 정확히 알 수는 없었으나, 이미지를 필름으로 전환하는 작업과 관련이 있는 것 같았다. 픽사가 직접 만든 것이 틀림없었다.

그다음으로 나는 정확히 무슨 뜻인지는 몰라도 렌더팜renderfarm이라는 방으로 안내되었다. 여러 대의 컴퓨터가 잔뜩 들어차 있었다. 보아하니 영화의 각 프레임을 구성하는 컴퓨터 생성 이미지들을 그리는 컴퓨터들인 듯했다. “이런 이미지 하나를 렌더링하는 데에 몇 시간이 걸리기도 합니다.” 에드는 설명했다. “이 영화를 만들려면 수십만 장 이상을 작업해야 하고요.” 나는 그 규모와 정교함에 눈이 휘둥그레졌다.

이어서 에드는 나를 다시 애니메이션 구역으로 안내했다. 우리는 한쪽 구석에 마련된 탁자에 앉았다. 여기서 나는 픽사의 크리에이티브 팀 책임자인 존 래시터를 만나기로 되어 있었다. 존은 지금까지 픽사의 단편 영화들을 감독해 왔고, 이제는 〈토이 스토리〉의 감독이었다.

존은 나보다 두어 살 위인 듯했다. 나는 그의 밝고 소년 같은 감성에 매료되었다. 그는 청바지에 하와이안 셔츠 차림이었고, 좀 땅딸막한 체격에, 짧은 머리가 약간 벗어지고 있었다. 그는 언제라도 장난칠 준비가 되어 있는 소년처럼 눈빛이 반짝였다.

"와 주셔서 감사합니다." 존은 정중하게 말문을 열었다. "스티브는 적임자를 찾은 것 같다며 들떠 있더군요. 지금까지 어떤 일을 해 오셨는지 듣고 싶습니다." 나는 지금까지의 직장 경력을 이야기했고 존은 귀담아들었다. 변호사 이력은 물론, 어떻게 해서 법무법인을 떠나 고객사에서 일하게 되었는지도 이야기했다. 존은 내가 떠난 이유에 관심을 보였다.

"변호사 일도 좋았어요. 하지만 단조로울 때도 있었고, 내 시간을 6분 단위로 비용 청구하는 게 탐탁지 않았어요*. 그런데 스타트업을 하는 제 의뢰인들을 보면 늘 모험을 떠나는 것 같더라고요. 가령 에셜론 코퍼레이션Echelon Corporation이라는 곳은 스마트 빌딩을 만드는 센서를 개발 중이었어요. 대단히 흥미로운 기술이었고, 저는 그 회사가 하는 것과 같은 모험을 동경했어요."

곧 화제는 픽사로 돌아갔다. "존, 제가 본 영화 클립은 정말 굉장했어요." 나는 칭찬을 쏟아부었다. "픽사에서 이런 일을 진행 중인지 전혀 몰랐네요."

* 미국 변호사들은 한 시간을 6분(0.1시간)으로 나눠 업무 일지를 작성하고 변호사 수수료를 청구한다. (옮긴이)

"저희가 하는 일을 제대로 아는 분들이 아직 많지는 않아요." 존은 말했다. "영화 제작의 기술적 측면과 창작적 측면을 절묘하게 결합하는 작업이죠. 저는 기술적으로 신기원이라 할 만한 영화를 감독하고 있지만 기술 전문가는 아녜요. 비결은 파트너십이죠. 저는 기술 팀에게 창작적 측면에서 구사한 내용을 이야기하고, 서로 의견을 주고받으면서 그걸 실현하려 애쓰고 있어요. 원하는 걸 100% 끌어내지는 못하지만 어떻게든 만들어 나가죠. 저희 기술 팀은 명석하고 뛰어난 실력자들이에요. 결혼 생활과 비슷하다고나 할까요."

"영상을 보니 확실히 그렇더라고요." 나는 대답했다. "벌써 다음 이야기가 궁금해지네요. 그런데 기업으로서 픽사는 어떤가요? 회사의 미래를 어떻게 예상하세요?"

존은 얼굴빛을 약간 달리한 채 잠시 생각에 잠겼다. 꺼내기 어려운 이야기를 하려는 듯 태도도 조금 더 진지해졌다. "솔직히 말씀드릴게요." 그가 마침내 입을 열었다. "저희 직원들이 그동안 이 회사에 쏟은 노력은 상상을 초월할 정도예요. 상황이 그리 호락호락하지는 않았어요. 전혀 쉽지 않았죠. 그래도 직원들은 한 해 한 해 꿋꿋이 버텨 주었어요. 매일 제가 깜짝 놀랄 만한 작업 결과를 내놓고 이 회사를 위해 헌신하면서도 큰 대가를 요구하지 않았죠." 존은 열정을 가득 담아 이야기하고 있었다.

"픽사 직원들은 지위 고하를 막론하고 모두 똑똑하고 창의적이고 헌신적이에요." 그는 말을 이었다. "저는 그들이 마땅히 누려야 할 인정과 보상을 받는 모습을 보고 싶어요. 지금까지는 늘 악전고투였죠. 하지만 저는 그들을 위해, 우리 모두를 위해, 픽사를 꼭 성공시키고 싶어요." 이때쯤 존의 목소리는 감정에 북받쳐 떨리고 있었다. 흡사 뿌리 깊은 부당함을 발견하고 깃발을 들어 시정이 필요함을 알리는 기수 같았다.

우리는 〈토이 스토리〉에 대해 조금 더 이야기를 나누었다. 존은 앞서 만든 단편 영화에서 어떻게 아이디어를 얻었는지, 톰 행크스와 팀 앨런이 우디와 버즈의 목소리 연기를 하고 랜디 뉴먼이 음악을 맡기로 결정되어 얼마나 기뻤는지 설명했다.

그들은 유명 인사였다. 톰 행크스는 〈시애틀의 잠 못 이루는 밤〉, 〈필라델피아〉, 〈포레스트 검프〉 등 역대급 영화들을 잇달아 성공시키며 세계 최고의 스타 반열에 올랐고, 다가오는 여름에는 화제를 모으고 있는 영화 〈아폴로 13〉에 출연 예정이었다. 팀 앨런은 세 번째 시즌을 달리고 있는 인기 시트콤 〈홈 임프루브먼트Home Improvement〉에 출연해 호평을 받고 있었다. 랜디 뉴먼은 레코딩 아티스트 겸 영화 음악 작곡가로 눈부신 경력을 쌓아 왔다.

"엄청난 군단이네요! 꿈만 같으시겠어요." 나는 말했다.

"정말 그래요." 존은 말했다. "게다가 함께 일하기 좋은 사람들이기도 하죠. 나머지 목소리 배역들도 훌륭하답니다. 저희가 아주 운이 좋았어요."

이야기가 서서히 마무리되어 갈 때쯤, 나 같은 실리콘밸리 촌놈은 연예인을 만난 듯 얼떨떨한 기분이 들지 않을 수 없었다. 영화 산업은 내가 해 본 일들과는 전혀 동떨어져 있었다. 그런데 어쩌면 일하게 될지도 모를 회사에서 목소리 캐스팅이 훌륭하다느니 하는 대화를 나누고 있는 이 상황이란! 채용 면접이 아니라 할리우드 스튜디오 투어를 하고 있는 것처럼 약간 비현실적인 느낌이었다.

존, 에드와 함께 거기 앉아 있자니 그날 하루의 경험이 갑자기 새로운 느낌으로 다가왔다. 이 두 리더는 상업적 성과나 명성을 거의 얻지 못한 채 수년간 작품에 몸 바쳐 왔다. 그들이 언제, 어떻게, 혹은 어디서 성공할지 모르겠지만 한 가지만은 분명히 알 수 있었다. 그들이 바로 승자라는 사실이었다. 그 승리가 어떻게 다가올지 알 수는 없어도, 왠지 그들이 승리하리라는 확신이 들었다.

그 후 에드는 팸 커윈, 빌 리브스, 랠프 구겐하임을 비롯해 픽사 경영진 몇 사람을 내게 소개해 주었고, 정신을 차리고 보니 어느덧 방문이 끝나 있었다. 그러나 건물을 나선 후, 얼떨떨한 기분에서 깨어나기까지는 그리 오랜 시간이 걸리지 않았다. 이제 나는 픽사의 우중충한 주차장으로 돌아와 있었다. 길 건너편에 정유 공장이 보였다. 집으로 돌아가는 길은 멀고 혼잡할 것이다.

아직 성급히 결론을 내릴 필요는 없었다. 어차피 입사 제안을 받을지 어떨지 아직 모르는 일이었다. 에드와 존, 그리고 내가 만난 다른 사람들이 나를 어떻게 생각하느냐에 전적으로 달린 문제였다. 개인적인 차원에서야 그들이 나를 팀에 합류시키길 원한다면 영광일 것이다. 하지만 전문가적 식견으로 보면 픽사는 여전히 수수께끼로 남아 있었다. 훌륭한 점도 많았지만 위험을 알리는 경고 신호가 그보다 훨씬 많았다. 스티브, 에드, 존에게, 혹은 픽사가 진행 중인 작업에 아무리 깊은 인상을 받았다 한들 내가 할 일은 그 회사의 사업을 육성하고 상업적 성공으로 이끄는 것이었다. 어쩌면 기업 상장까지 준비해야 할 수도 있었다. 그러려면 몇 분 동안 잘 만든 영화를 감상하는 것보다 훨씬 더 큰 노력이 필요했다.

더구나 나는 이 사업에 대한 감각이 전혀 없었다. 영화 제작은 내게 낯선 분야였다. 픽사의 작품을 보면 마음이 끌렸지만 그렇다고 스티브가 처음 내게 전화했을 시점보다 그 분야를 조금이라도 더 잘 이해하게 된 것은 아니었다. 훌륭한 영화, 훌륭한 기술, 혹은 훌륭한 연기력조차 내 머릿속에서는 비즈니스 전략으로 전환되지 못했다. 아무도 픽사가 정확히 어떤 사업을 펼치고 있는지 똑 부러지게 말해 주지 않았고, 에드는 픽사의 과거를 이야기하면서 스티브와 마찰이 있었음을 넌지시 알려 주었다. 내가 그 가운데에 끼어드는 것이 과연 좋은 생각인지 전혀 확신이 들지 않았다. 연예인을 만난 듯 얼떨떨한 기분이 든다는 이유만으로 회사에 입사하고 싶지는 않았다.

다음 날 스티브가 내게 전화를 걸었다.

"픽사 사람들 잘 만나고 오셨죠?" 그는 말했다. "그분들은 로렌스 씨가 마음에 들고 같이 일했으면 좋겠대요. 그래서 저도 참 기쁩니다. 기분이 어떠셨어요?"

"고마워요, 스티브." 나는 대답했다. "그렇게 말씀하시니 정말 감격스럽네요. 회사 방문은 정말로 굉장한 경험이었어요. 대단히 인상적이었고, 솔직히 말하면 입이 딱 벌어질 정도였어요."

나는 스티브에게 내 의구심을 얼마나 많이 드러내야 할지 잘 몰랐다. 그는 서서히 입사 제안을 하려는 것 같았고, 어찌해야 할지는 몰라도 찬물을 끼얹고 싶지는 않았다. 그래도 그 점에 대해 뭔가 이야기는 해야 했다.

"픽사의 사업에 대해 여전히 궁금증이 있어요. 제품, 기술, 팀은 굉장해 보여요. 하지만 사업적 성장 동력이 무엇인지 잘 모르겠어요."

"그건 우리가 알아내야 할 부분이죠." 스티브는 말했다. "픽사에는 굉장한 인재들이 모여 지금껏 누구도 본 적 없는 일을 하고 있어요. 지금은 그걸 사업으로 전환해야 할 때고요. 저는 로렌스 씨가 이 일에 적임자라고 생각해요. 만나서 회사 합류에 대해 함께 이야기해 보는 게 어때요?”

이 말에 나는 기뻐서 마음이 들떴다. 내가 픽사의 사업 잠재성을 어떻게 생각하는지와는 별개로, 그들이 나와 함께 일하고 싶어 한다는 사실에 적잖이 기분이 으쓱해졌다. 스티브와 나는 몇 차례 더 만났다. 한 번은 그의 집에서 힐러리, 스티브의 아내 로렌과 함께 부부 동반 저녁 식사를 하기도 했다. 결정의 시간이 머지않았다. 어찌할 것인지 조만간 결론을 내야 했다.

나는 오랜 친구이자 멘토인 에피 아라지Efi Arazi에게 조언을 구했다. 그는 내가 그 당시 최고재무책임자로 있던 일렉트로닉스 포 이미징의 창립자 겸 최고경영자였다. 애당초 내게 사업적으로 커다란 기회를 준 사람도 에피였다.

에피는 예순 가까운 나이의 이스라엘 태생 기업가로, 이스라엘 하이테크 산업의 아버지 중 한 명으로 알려져 있었다. 그가 이스라엘에 설립한 회사 사이텍스 코퍼레이션Scitex Corporation은 컬러 프린팅과 그래픽 디자인 분야에 혁명을 일으켰다. 아이러니하게도 에피는 곧잘 이스라엘의 스티브 잡스로 표현되곤 했다. 이스라엘의 하이테크 분야에서 선구적인 활동을 펼쳐 온 이력 때문이기도 하고, 대담하고 과장된 성격 때문이기도 했으며, 자신이 설립한 회사가 초창기 성공 이후 방향을 잃자 1988년에 갑작스럽게 회사를 떠난 전적 때문이기도 했다.

그 후 에피는 새로운 회사를 설립해 디지털 컬러 프린팅의 혁명을 이어 가겠다는 꿈을 안고 실리콘밸리로 건너왔다. 그렇게 해서 세워진 회사 일렉트로닉스 포 이미징은 캘리포니아 샌브루노에 자리해 있었다. 설립 직후 에피는 변호사를 찾아 내가 있던 로펌의 선임 파트너 래리 손시니Larry Sonsini에게 연락을 취했다. 에피는 복잡한 기술 계약을 다루어 본 경험이 있는 사람을 원했다. 래리는 나에게 이 일을 맡겼다. 래리와 나는 에피의 새 회사 사무실로 찾아가 그를 처음 만났다. 로펌 사무실이 있는 팰로앨토에서 북쪽으로 약 30분 거리였다.

에피는 로비에서 우리를 맞이했다. 키가 크고 굉장히 훤칠한 외모였다. 짙은 푸른색 눈에 머리는 많이 벗어졌지만 곱슬머리였다. 맞춤 재단한 바지에 완벽하게 어울리는 실크 셔츠를 받쳐 입은 말쑥한 차림새였고 기품 있고 위풍당당하기까지 한 걸음걸이가 인상적이었다. 이스라엘 억양이 짙게 배어 있기는 해도 꽤 세련된 영어를 구사했다.

“반갑습니다. 약주를 조금 하시겠습니까?”

‘요새 누가 약주라는 말을 쓰지?’ 나는 속으로 생각했다.

우리의 협력 관계는 그렇게 시작되었고, 에피와 나는 캐논, 제록스, 리코, 코닥 같은 사무 자동화 업계의 거대 기업들과 협상하며 전 세계를 돌아다녔다. 이렇게 어마어마한 기업들을 상대로 공정한 계약 조건을 따내는 것은 실리콘밸리의 소규모 스타트업들에게 쉬운 일이 아니었다.

사실 내가 변호사로서 하는 일 전체가 그와 관련되어 있었다. 스타트업을 전방위에서 꽁꽁 묶어 자립적으로 번창할 수 있는 여지를 사전에 차단하는 것이 이런 대기업들의 습성이었다. 대기업의 철옹성 같은 관료주의는 민첩한 스타트업들을 숨 막히게 했다. 이 소규모 스타트업들이 공정한 거래를 맺도록 돕는 것이 내가 하는 일이었다.

함께 보내는 시간이 많아질수록 에피와 나 사이에는 업무 관계를 넘어선 우정이 싹텄다. 나보다 20년 이상 선배인 에피는 내게 마치 가장 친한 삼촌 같은 존재가 되었다.

그는 스포츠 카이트를 좋아했다. 두 개 또는 네 개의 조종 줄이 달린 연을 여러 가지 독특한 패턴으로 날리는 경기인데, 그는 가끔 우리 가족 전부를 샌프란시스코의 아름다운 마리나 그린으로 데려가 같이 연을 날리곤 했다. 금문교와 샌프란시스코의 경관이 멋진 캔버스가 되어 주었다.

계속 변호사로 일할지 고민이 들기 시작할 때 첫 번째 기회를 준 사람도 바로 에피였다.

"자네, 우리 회사에 와서 일해 보면 어떤가?" 에피는 말했다.

"어떤 역할로요?" 나는 물었다.

"자네가 원하는 일을 해 보게. 딱 맞는 뭔가를 찾을 수 있을 거야."

"솔깃한데요." 나는 대답했다. "하지만 선배님의 변호사 역할을 하고 싶지는 않아요. 변호사로 일하기에는 지금도 최적의 위치에 있거든요. 선배님 회사에 합류한다면 업무 범위를 확장해 보고 싶어요."

"원하는 대로 마음껏 확장해도 좋아." 에피는 말했다. "내가 자네에게 비즈니스 역량을 스스로 키워 볼 기회를 주지. 감당할 수만 있다면 계속 성장할 수 있을 거야."

무척 구미가 당기는 제안이었다. 내가 신뢰하는 사람을 곁에 두고 스타트업을 내부에서 들여다볼 기회라니! 그런 경험을 쌓기에 이보다 더 좋은 기회는 없을 거라고 생각했다. 우리 로펌의 전폭적인 지원하에 나는 그 자리를 수락했다.

에피는 훌륭한 파트너로 판명되었다. 그는 전쟁사를 좋아했으며, 비즈니스 전략을 현대판 군사 전략으로 간주했다. 황소같이 고집스럽고 비타협적일 때도 있어서 가끔은 그런 습관 때문에 우리 모두를 곤란한 상황에 빠뜨리기도 했다. 하지만 나는 잘못된 방향으로 가고 있다는 느낌이 들 때 내 입장을 사수하는 방법을 에피 덕분에 처음 배웠다.

에피가 이스라엘에서 채용해 데려온 명석한 엔지니어 댄 아비다와 함께, 우리는 일렉트로닉스 포 이미징을 컬러 출판 분야의 최강 기업으로 성장시켰다. 그 과정에서 우리는 회사를 주식 시장에 상장시켰고, 나는 최고재무책임자 겸 이사회 부의장이 되었다.

나는 에피에게서 겉으로 보이는 화려함 밑에 감추어진 학구적인 태도, 깊은 사고력, 너그러운 마음을 보게 되었다. 훌륭한 친구로서는 물론이고 어디서도 이보다 나은 비즈니스 멘토를 만나기는 힘들었을 것이다.

에피는 1994년에 은퇴했다. 그래도 꽤 자주 회사를 찾아왔고, 그럴 때면 내 사무실까지 한가로이 걸어와서는 입구에 서서 인사를 했다. 언제나처럼 흠잡을 데 없는 옷차림에다 방탄 나일론 소재의 검은색 가방을 어깨에 걸친 채였다. 1994년 연말이 다가오는 그 시점에 나는 구체적으로 의견을 구할 일이 생겼다.

"선배, 그동안 픽사와 얘기가 잘 풀렸어요. 아무래도 스티브가 저에게 입사를 제안할 것 같아요."

에피는 잠시 멈칫했다. 그는 내가 스티브와 연락을 주고받아 왔다는 걸 알고 있었고 일렉트로닉스 포 이미징을 떠날 수도 있는 상황임을 이해했다. 에피는 스티브를 두어 번 만난 적이 있고 그간의 행보나 명성에 열렬한 지지를 보내 왔다.

“그래서 자네 생각은 어때?” 그는 물었다.

“모르겠어요.” 나는 대답했다. “고민 중이에요. 스티브와의 관계는 원만한 것 같지만 막상 우리가 같이 일하기 시작하면 무슨 일이 벌어질지 누가 알겠어요? 픽사의 구성원들은 나무랄 데가 없어요. 하지만 그 비즈니스는 도통 이해가 되질 않아요. 이미 자본금도 많이 날린 상태거든요. 엄청 많이요. 사업의 방향성도 명확하지 않고요. 스티브는 회사를 상장시키겠다고 하지만 아직 그럴 준비는 전혀 되지 않았죠. 장님 코끼리 만지는 격으로 뛰어들어야 하는 상황이에요.”

“그 회사가 제작하고 있다는 영화에 대해서는 어떻게 생각하는데?” 에피는 물었다.

“몇 분 분량을 봤는데 굉장했어요.” 나는 말했다. “기발하고 혁신적이지만 그렇다고 해서 그게 사업이 되지는 않잖아요. 제가 그저 영화를 만드는 하이테크 회사의 유혹에 넘어가는 게 아닌지 어떻게 알 수 있을까요?”

“로렌스, 자네는 이제 자신의 직관을 신뢰해도 좋을 만큼 충분히 경험을 쌓았어.” 에피는 말했다. “만약 스티브와의 일이 잘 풀리지 않거나 뭔가 생각대로 되지 않는다면 도중에 그만두면 되지.”

그 말을 끝으로 에피는 자신의 요즘 근황으로 화제를 돌렸다.

에피의 반응에 나는 적잖이 충격을 받았다. 나는 뛰어난 사고력의 소유자이자 전략가인 그가 기술 기업이 영화 산업에 진출하는 일을 완전히 혹평하리라 예상했었다. 어쩌면 나는 스티브와 함께 일해도 좋다는 일종의 암묵적 허락을 받고 싶었는지도 모른다. 그와 일하고 싶다고 줄 서는 사람은 별로 없었다. 오히려 있던 사람들도 빠져나가는 판이었다. 넥스트는 사업을 축소 중이었고 픽사에 새로 합류한 임원이 있다는 얘기는 한동안 들어 보지 못했다.

픽사가 사업적 위험이 많은 회사라는 사실은 나도 알고 있었지만 그것은 분야의 특성이기도 했다. 하지만 스티브는 불확실성을 한 겹 더하는 요인이었다. 그를 향해 가는 사람은 내가 유일할 것 같았다. 에피의 조언은 내게 그럴 힘을 주었다. 뭔가 생각과 너무 다르다 싶으면 자신을 믿고 헤쳐 나가든 깔끔히 접고 물러서든 스스로 결정을 내릴 수 있다는 자신감을 심어 준 것이다.

며칠 후 스티브는 내게 픽사의 부사장 겸 최고재무책임자가 되어 줄 것을 제안했다. 그는 본인이 최고경영자, 에드 캣멀이 최고기술책임자, 내가 최고재무책임자를 맡는 회장단을 구성할 생각이었나. 나는 스티브에게 하루만 더 생각할 시간을 달라고 부탁했다.

나는 어려운 결정을 내리기 전 깊이 생각해야 할 때 무작정 걷는 습관이 있다. 그날 우리 동네 포장도로는 꽤 많이 닳아 없어졌을 것이다.

이성적으로 따져 보면 말이 되지 않았다. 나는 실리콘밸리 상장 기업의 최고재무책임자로서 남부럽지 않은 위치에 올라와 있었다. 그런데 저 악명 높은 스티브 잡스 소유의 작은 회사에 가서 일하려고 이 자리를 포기하려 한다니! 잡스의 성공 실적은 이미 궤도를 이탈한 상태였고 픽사의 실적 또한 그보다 나을 게 없었다. 친구들과 동료들은 내 새로운 출발을 기쁜 마음으로 축복해 줄 수 없을 것이다.

하지만 동시에 강한 호기심이 들었다. 이 기회를 머릿속에서 떨쳐 버릴 수가 없었다. 스티브와 일하는 게 어떨지 모르지만 그렇다고 알아볼 기회조차 포기할 것인가? 게다가 직접 만나서 긴밀한 인간관계를 쌓은 뒤가 아닌가? 영화, 그것도 가족 영화를 만드는 회사에서 일한다는 것 또한 유혹이었음을 인정하지 않을 수 없다. 우리 아이들이 무척 좋아할 것이다.

나는 힐러리와도 이야기를 나누어 보았다.

"픽사에 대한 평가에는 내가 큰 도움이 못 되겠네." 아내는 말했다. 우리가 아는 대다수 사람처럼 힐러리는 스티브가 전화하기 전까지 픽사라는 회사 이름을 들어 본 적도 없었다.

"그 부분만큼은 당신에게 판단을 맡길게. 하지만 스티브의 진심은 믿음이 가. 당신이랑 정말로 같이 일하고 싶어 한다는 거. 어쨌든 당신은 일렉트로닉스 포 이미징을 떠날 작정이었으니, 어쩌면 한번 시도해 볼 만하지 않을까?"

어쩌면 그럴지도.

며칠 뒤, 여전히 옳은 결정인지 100% 확신하지 못한 상태에서 나는 마음의 결단을 내렸고 스티브의 제안을 수락했다.

3
픽사라는 행성

나는 1995년 2월 픽사에 첫 출근을 했다. 스티브는 무얼 먼저 하라고 구체적인 지침을 주지 않았다. 에드가 나를 맞이했고, 이후 며칠간 픽사 구석구석을 돌아다니며 핵심 인물들에게 나를 인사시키고 내 역할을 소개했다.

모두가 친절하게 나를 반겨 주었다. "오시게 되어 기쁩니다. 제가 도와드릴 일이 있으면 말씀하세요."라며 인사치레를 하는 사람들도 있었다. 하지만 뭔가가 빠져 있었다. 사람들은 친절하고 깍듯했지만 동시에 약간 거리감이 있고 냉랭한 느낌이었다. 픽사에 최고재무책임자가 새로 왔다고 해서 크게 기대하는 분위기는 아닌 듯했다.

픽사의 누구도 나와 가깝게 지내려 하지 않는다는 느낌이 들었다. 점심 식사 초대나 달력에 적을 행사도 많지 않았다. 대대적인 환영식을 기대한 것은 아니었지만 이건 좀 너무 조용하다 싶었다. 지난번 회사에 합류했을 때 내 달력은 사람들을 만나는 일정으로 빠르게 채워졌다. 그들은 되도록 빨리 나를 회사의 일원으로 통합시키고 싶어 했다. 하지만 픽사는 나를 잔뜩 경계하고 있다는 인상을 풍겼고, 나는 그 이유를 알 수 없었다.

이유를 알게 되기까지는 그리 오랜 시간이 걸리지 않았다. 시작은 팸 커윈Pam Kerwin이었다. 그녀는 픽사의 부사장으로 픽사 내의 다양한 사업 운영을 총괄했다. 팸은 따뜻하고 품위 있으며 예리했다. 40대 초반으로 나보다 약간 손위인 그녀는 붉은 머리칼이 매력적이었고 상냥한 성품으로 주위 사람들을 재빨리 편안하게 만드는 능력이 있었다.

팸은 또한 픽사에 대해 맹렬할 정도의 충성심이 있었고 회사를 보호하려는 태도를 보였다. 그녀의 사무실은 내 사무실에서 복도 바로 아래쪽에 있었다. 팸은 먼저 만남을 제안하고 회사의 실상을 이야기해 준 몇 안 되는 사람 중 한 명이었다.

"나는 당신이 부럽지 않아요." 팸은 의례적인 인사치레를 마치자마자 불쑥 치고 들어왔다.

"아마 앞으로 부딪히게 될 일을 잘 모르고 계시겠죠?"

"부딪히게 된다고요?" 나는 물었다.

"당신은 스티브의 사람이잖아요."

나는 틀림없이 팸에게 몹시 어리둥절한 표정을 지어 보였을 것이다. 무슨 의미인지 전혀 감을 잡을 수 없었기 때문이다.

"픽사와 스티브는 지나온 역사가 길어요." 그녀는 말을 이었다. "별로 좋은 역사는 아니었죠. 아직 모르시겠지만, 픽사 사람들은 스티브를 두려워하며 살아요."

"어째서 그렇죠?"

"스티브는 픽사를 이해하지 못해요." 팸은 계속했다. "우리는 예술가적 기질이 다분하고 창의적인 사람들이에요. 다들 가족처럼 지내죠. 포옹도 곧잘 하고요. 우리는 상명하달식 조직이 아니에요. 여기서는 모두가 자기 목소리를 내죠."

나는 픽사의 문화에 대해 듣게 되어 좋았지만 내 주의를 끌었던 것은 스티브에 대해 팸이 표현하는 감정의 강도였다.

"스티브는 회사의 소유주일 뿐 한 번도 픽사의 일원이었던 적이 없어요." 팸은 설명했다. "우리는 오래전부터 변변찮은 존재로 취급받았고 진가를 인정받지 못한다고 느꼈어요. 직원들은 스티브가 너무 가까이 다가오면 픽사를 망가뜨리고 픽사의 문화를 파괴할 거라고 걱정해요. 그러니까 당신은 그가 우리를 자기 뜻대로 바꾸려고 보낸 사람인 거죠."

어느 정도는 사실이었다. 픽사를 번창하는 기업으로 탈바꿈시키는 것이 내 임무였으니까. 나는 변화의 주도자가 되어야 했다.

"게다가 그는 약속을 어겼어요. 직원들은 그 점에 분개하죠."

"어떤 약속이요?" 나는 물었다.

"스톡옵션이요. 스티브는 직원들에게 스톡옵션을 약속했지만 한 번도 실현된 적이 없어요. 어쩌면 그걸 바로잡는 게 당신이 앞으로 하게 될 일인지 몰라도, 지금까지는 아무런 대책 없이 하루하루가 지났고 그러다 보니 사람들은 점점 더 부정적인 시선을 갖게 되었어요. 많은 직원이 픽사의 소유권을 조금이라도 얻고 싶어서 몇 년을 기다렸어요. 다른 회사에 다니는 친구들은 모두 보상을 받았으니 이제는 불만이 쌓일 대로 쌓인 상태죠. 이용당한다고 느끼고 있어요. 당신이 직원들의 신뢰를 얻기는 쉽지 않을 거예요."

받아들이기 버거운 정보였다. 나의 입사에 대대적인 축하가 수반되지 않았던 이유가 분명히 밝혀졌다. 알고 보니 팸의 경고는 오히려 절제된 것이었다. 픽사에서의 처음 며칠 동안 나는 회사 곳곳에서 스티브를 향한 적대감을 마주했다. 특히 초창기부터 근무했던 사람들은 그 정도가 더 심했다. 한 사람은 나에게 대놓고 이렇게 말하기도 했다. "우리를 그 인간에게서 막아 줘요." 그 말은 내 머리에 콱 박혔다. 스티브는 어쩌다 '그 인간'이 되었을까?

달갑지 않은 깜짝 소식이었다. 좋게 말하자면 그랬다. 나는 스티브에 대한 내 우려가 사실로 드러나고 있음이 두려워지기 시작했다. 나는 적지 않은 의구심을 품은 채 픽사에서의 일자리를 수락한 상태였다. 스티브와 내가 지금까지는 사이좋게 잘 지내고 있지만 변덕스럽기로 악명 높은 그의 성격 때문에 내가 아는 사람 대부분은 그와 함께 일하지 말라고 경고했다.

더욱 큰 문제는 회사 자체였다. 픽사는 10년 동안 운영됐지만 이렇다 할 영향력을 발휘하지 못했다. 설상가상으로 스티브조차 회사를 어떤 방향으로 이끌어 가고 싶은지 명확하게 제시하지 못했다. 그는 그저 매년 발생하는 손실 비용 수백만 달러를 계속 부담하고 싶지 않을 뿐이었다.

그래도 여기까지는 내가 알고 있던 위험이었다. 그런데 이제 보니 '스티브의 사람'이라는 추가 부담까지 짊어져야 하는 상황 같았다. 직원들은 다른 숨은 의도가 있는 게 아닌지 나를 의심했다. 그건 사실이 아니었다. 나는 아무런 선입견도 없었다. 하지만 진실은 중요치 않았다. 나는 예상보다 더 외로워질 운명이었다. 픽사는 내가 생각했던 것보다도 더 실리콘밸리와 동떨어진 세계였다. 오히려 외계 행성에 가까울 정도였다. 현지인들은 나를 다정히 대해도 같은 편으로 여기지는 않을 것이다. 잘해야 외톨이로 남을 것이고, 최악의 경우 의심의 눈초리까지 받게 될 터였다.

처음의 충격이 어느 정도 가라앉은 후, 나는 본능적으로 이 기회를 어떻게 하면 내게 유리한 쪽으로 이용할 수 있을까 궁리하기 시작했다. 의심 어린 눈길을 피하는 가장 좋은 방법은 의심을 살 만한 행동을 하지 않는 것이라는 판단이 섰다. 직원들이 나를 혼자 내버려 둔다면 아무도 나에게 많은 것을 기대하지 않는 기회의 창이 열리게 된다. 그 기회를 틈타 나는 조용히 픽사라는 행성을 탐사해 보고 싶었다.

나는 스티브에게 전화를 걸어 아무것도 성급하게 결정짓고 싶지 않으며, 한두 달 시간을 들여 회사를 파악해 볼 계획이라고 말했다. 그러나 스티브는 내가 시간을 지체하기를 원치 않았다. 그는 여전히 매달 픽사의 현금 부족분을 부담하고 있었고, 하루빨리 그 상황에서 벗어나고 싶었기 때문이다. 나는 이렇게 답했다. "그 부분은 되도록 빨리 해결하려고 신경 쓰고 있어요. 하지만 방법을 생각해 내려면 조금 시간이 필요해요." 스티브는 약간 짜증스러워하면서도 내 계획에 동의했다.

나는 픽사의 고위 임원들에게도 당분간 뒤를 따라다녀도 되는지 물었다. 말 그대로 그림자처럼 동행하면서 조용히 회의에 참관하고 진행 중인 업무에 관련된 질문을 던지겠다는 뜻이었다. 또한, 해당 팀의 여러 팀원과 이야기를 나누어도 좋을지 허락을 구했다. 관리자들은 보통 다른 관리자들이 자기 영역을 기웃거리는 것을 달가워하지 않는다. 하지만 나는 새로운 인물이었기 때문에 적어도 일시적으로는 예외로 취급되었다. 임원들은 모두 내 뜻에 따라 주었다.

나는 우선 아무 계획 없이 돌아다니기 시작했다. 내키는 대로 걸음을 멈추고 사람들과 이야기를 나누기도 했다. 소프트웨어 엔지니어, 제작 회계사, 기술 감독, 스토리보드 아티스트 등 픽사에 근무하는 사람이면 누구에게든 하는 일에 관해 물었다.

컴퓨터 애니메이션이 엄청나게 복잡한 작업임을 알게 되기까지는 그리 오랜 시간이 걸리지 않았다. 나는 애니메이터 옆에 앉아 그들이 공들여서 하는 작업을 지켜보았다. 〈토이 스토리〉에 나오는 각 캐릭터의 와이어 프레임 모델에 생명을 불어넣는 작업이었다. 애니메이터가 캐릭터의 각 부위를 초당 24개의 프레임별로 움직이게 하려면 정신이 멍해질 정도로 세밀한 부분에까지 집중해야 했다.

우리 몸이 단 1초 동안이라도 걷고, 먹고, 말하고, 놀려면 얼마나 많은 움직임이 필요한지 떠올려 보라. 각 신체 부위는 시간과 공간을 타고 조화롭게 움직인다. 애니메이터들도 바로 이런 식으로 캐릭터에 생명을 불어넣어야 한다. 나는 그들의 예술에 가까운 기교를 경탄의 눈길로 지켜보았다. 눈동자나 입의 움직임에 살짝만 변화를 주어도 장면의 감정적 어조가 완전히 달라졌다.

회의에도 많이 참관했다. 제작 회의, 영업 회의, 기술 회의. 나는 벽에 달라붙은 파리였다. 노란색 메모장을 들고 다니며 알아듣지 못한 내용(대단히 많았다)을 질문으로 기록한다는 점은 달랐지만. 컴퓨터 애니메이션의 세계에는 고유의 전문 용어가 많다. 나는 픽사의 다른 활동들과 함께 그 전문 용어를 익힐 필요가 있었다.

나의 노력은 점점 체계를 갖춰 갔다. 픽사의 주요 사업 분야는 크게 4가지였다. 렌더맨 소프트웨어, 애니메이션 광고, 단편 애니메이션 영화, 그리고 아직 코드명 〈토이 스토리〉로 불리는 장편 영화. 픽사는 특허를 몇 개 소유하고 있었고, 이미징 컴퓨터를 출시하려고 시도했다가 실패한 후 1991년에 이를 완전히 포기했다.

픽사에 상업적으로 성공 가능한 전략이 있다면 이들 사업 분야 중 하나에서 찾아야 할 것이다. 나에게 주어진 과제는 우선 각 사업 분야를 이해하는 것이었다. 가장 먼저 픽사가 여러 해 동안 판매해 온 소프트웨어 패키지이자 픽사 내부에서 굉장한 자랑거리인 렌더맨부터 시작했다.

렌더맨은 실사에 가까운 컴퓨터 이미지를 생성하는 소프트웨어 프로그램이었다. 고품질 컴퓨터 애니메이션에서 가장 성가신 문제점 중 하나가 이 프로그램 덕분에 해결되었다. 이를테면 사진이나 필름의 이미지와 동일한 품질과 디테일로 색깔, 빛, 그림자를 표현할 수 있었다. 렌더맨은 〈쥬라기 공원〉의 공룡이나 〈터미네이터 2〉의 사이보그, 〈포레스트 검프〉를 비롯한 여러 영화의 특수효과 등 현대 영화에서 가장 유명한 시각 효과를 그리는 데 사용되면서 업계 내에서 기막히게 좋은 평판을 얻었다.

1993년에 렌더맨은 개발 팀에게 아카데미 과학기술상을 안겨 주었다. 이것은 픽사가 가장 자랑스러워하는 성과 중 하나였고, 그때 받아 온 오스카상은 모든 방문자가 볼 수 있도록 픽사의 로비에 전시되었다. 에드 캣멀, 로렌 카펜터, 톰 포터, 토니 아포다카, 다윈 피치 등 당시 개발 팀의 모든 구성원이 여전히 픽사에 근무 중이었다. 그들은 픽사에서만이 아니라 업계 전체에서 존경받는 컴퓨터 그래픽계의 권위자들이었다.

렌더맨에게는 또 하나의 특이점이 있었다. 실제로 돈벌이가 조금 된다는 사실이었다. 렌더맨 사업부를 이끄는 인물은 스티브에 대해 내게 처음 경고한 팸 커윈이었다.

"이건 일반 소비자용 제품이 아니에요." 팸은 설명했다. "특수효과 전문 기업, 광고대행사, 제작 스튜디오, 영화 스튜디오 등 전문가들이 컴퓨터 애니메이션을 사용해 고급 특수효과를 만드는 곳에서 필요한 제품이죠."

"고객의 규모는 대략 어느 정도죠?" 나는 물었다.

"그 정도 수준으로 꾸준히 작업하는 스튜디오가 50여 곳쯤 되는 것 같아요." 팸은 말했다.

50곳이라고! 나는 그 대답에 충격을 받았다. 주요 고객이 달랑 50곳이라니, 그건 너무나 작은 시장이었다.

"스튜디오에서 특수효과가 들어가는 영화를 만들 때 렌더맨이 많이 필요하죠." 팸은 설명했다. "그렇지 않은 경우에는 전혀 필요가 없고요. 어떤 해에는 판매가 늘었다가 어떤 해에는 줄어들어요. 이 소프트웨어는 사실 정말 깊은 인상을 남기고 싶은 고예산 영화나 소수의 광고 제작용이에요. 그게 아니라면 비용 부담 때문에 쓸 일이 없죠."

"평균 판매 가격이 얼만데요?" 나는 물었다.

"약 3천 달러예요." 팸은 대답했다.

나는 재빨리 계산을 해 보았다. 아주 괜찮은 해에 픽사가 렌더맨을 1,000장쯤 판매한다고 치자. 장당 3천 달러라고 치면 총 3백만 달러다. 매주 소유주의 주머니에서 급여가 나가는 회사치곤 큰돈이었다. 하지만 성장과 기업공개에 야망을 둔 회사로서는 보잘것없는 금액이었다. 변화를 가져오려면 렌더맨 사업은 조금 성장하는 것만으로는 부족했다. 지금보다 10배는 규모가 커져야 했다.

그건 한 마디로 '불가능한 일'이었다. 고객이 충분치 않았다. 픽사가 이 시장을 확장하려고 노력해 보지 않은 것은 아니었다. 팸의 리더십 하에 분명히 확장을 시도했었다. 단지 수요가 존재하지 않을 뿐이었다. 렌더맨은 기껏해야 현상 유지 상태로 굴러가고 있는 것처럼 보였다. 매출이 어떤 해에는 약간 올라가고 어떤 해에는 약간 떨어지면서.

나는 전에도 비슷한 상황을 겪은 적이 있었다. 지난번 회사에서 우리는 새로운 지평을 여는 이미지 처리 소프트웨어를 출시하고 상까지 받았지만, 나중에 가서야 시장 규모가 생각했던 것보다 훨씬 작음을 알게 되었다. 이 사업을 접어야 한다고 최고경영자인 에피를 설득하는 것이 내 역할이었다. 이제 보니 픽사에서도 비슷한 일을 반복해야만 할 것 같았다. 렌더맨은 아카데미상을 받은 업계의 선두 주자이긴 해도, 전략적인 관점에서 보면 주력 사업이 아니라 곁다리 사업이었다.

물론 이게 내가 바라던 결론은 아니었다. 적자 흐름을 저지하도록 영입된 사람의 머리에서 제일 먼저 떠오른 생각이 그나마 돈벌이가 되는 제품을 포기하는 거라니. 이 소식을 스티브에게 서둘러 알리고 싶지는 않았다.

스티브와 나는 정기적으로 전화 통화하는 습관이 붙었다. 보통은 매일, 하루에도 서너 번씩 통화한 적이 많았고, 시간대는 대중없었다. 우리 집에는 업무상 전화를 위해 설치된 전용 회선이 있었다. 부엌에 있는 팩스기 옆이었다. 저녁마다 전화가 울리지 않고 넘어가는 날이 드물었다.

스티브는 언제나 최고속 기어를 넣고 달리듯 늘 열정적이었지만 우리의 대화에는 편안함과 유연함이 있었다. 우리는 지난번에 이야기하다 만 부분부터 쉽게 대화를 이어갈 수 있었다. 둘 중 한 명이 바쁘거나 집안일을 하던 중이면 조금 뒤에 다시 전화를 걸었다. 대화할 때마다 눈 깜짝할 사이에 시속 0마일에서 100마일로 변속이 이루어지는 느낌이었다.

주말이면 스티브는 걸어서 5분 거리인 우리 집 쪽으로 느긋하게 산책을 즐겼다. “안녕하세요, 로렌스. 산책 가실래요?” 그는 이렇게 묻곤 했다. 그러면 우리는 팰로앨토의 거리를 이리저리 거닐었다. 마음만 먹으면 세상 어디든 갈 수 있을 만한 재력이 있는 사람인데도, 스티브는 자신이 사는 동네에 가장 만족하는 듯했다. 우리는 이따금씩 걸음을 멈추고 커다란 떡갈나무나 오래된 집의 면면을 감상했다. 때때로 스티브는 새로 지은 집의 양식을 궁금해하기도 했다. 가끔은 유니버시티 애비뉴까지 가서 마르게리타 피자를 한 조각씩 먹고 돌아왔다.

이렇게 걸으면서 나누는 대화는 더 느긋하고 여유 있었으며, 업무 이야기가 전부는 아니었다. 우리는 가족, 정치, 영화, 좋아하는 TV 프로그램에 관해 한담을 나누었다. 한가로운 공상들을 주거니 받거니 하다가도 픽사의 비전과 전략으로 가뿐히 넘어갈 수 있었다. 내가 렌더맨 이야기를 꺼낸 것도 이런 산책 도중이었다.

“그러니까 우리가 렌더맨이 가져다주는 적은 돈에 맛을 들였을 뿐, 그게 우리의 성장에는 도움이 안 된다는 이야기로군요.”

“바로 그 얘기입니다.” 나는 대답했다.

스티브는 더 자세히 알고 싶어 하며 이렇게 물었다. “렌더맨이 업계 선두 주자라면, 그리고 스튜디오들이 영화를 만들 때마다 그 프로그램이 꼭 필요하다면 가격을 올릴 수도 있지 않겠어요? 장당 3천 달러 대신 6천 달러, 아니면 만 달러로 올리면 어때요? 필요하다면 사겠지요.”

렌더맨이 필요한 스튜디오라면 그 말은 사실일 수도 있었다. 그러나 대다수 프로젝트의 경우 그렇지 않다는 점이 문제였다.

“렌더맨은 비슷한 부류 중에서 최고의 소프트웨어일 거예요. 하지만 다른 옵션도 없지는 않아요. 물론 품질은 비교도 안 되게 열악하지만 그래도 옵션은 옵션이거든요. 컴퓨터 애니메이션 특수효과에 책정되는 제작 비용은 극도로 빡빡해요. 스티븐 스필버그가 〈쥬라기 공원〉의 공룡을 만들거나 제임스 카메론이 〈터미네이터〉의 사이보그를 만드는 경우가 아닌 이상, 제작자들은 그냥 낮은 품질을 감수할 거예요."

스티브가 먼저 치고 나왔다. "우리가 렌더맨 판매를 중단해야 한다는 뜻인가요?"

"어쩌면요." 나는 머뭇거리며 대답했다. 렌더맨 판매 중단은 중대한 결정이었고, 지금 당장 너무 강하게 밀어붙이고 싶은 아이디어는 아니었다. "집중을 방해하는 요소는 아닐지 우려된다는 거예요. 픽사 최고의 엔지니어들이 고객 지원에 투입되고 있잖아요. 그보다 나은 다른 일을 할 수 있을지도 모를 때에 말이죠."

나는 렌더맨을 픽사 내부용으로 유지하되, 픽사가 렌더맨을 판매하고 고객을 지원하는 데 들이는 수고를 없애면 어떨까 생각해 보았다. "우리가 렌더맨으로 무엇을 하든, 성장 전략으로서 의미가 있거나 기업공개에 도움이 되지는 않을 거예요."

스티브는 이 모든 의견을 받아들였다. 실망의 기색은 전혀 없었다. 우리는 이후에도 이와 관련된 논의를 계속했다. 일단 이야기는 잘 풀렸다.

픽사를 탐색하던 처음 몇 주 동안 나는 에드와 자주 만났다. 그의 사무실이 내 사무실 바로 옆이었기 때문에 격의 없이 이야기를 나누기가 쉬웠고 우리는 자주 그런 시간을 가졌다. 나는 에드에게서 픽사의 역사, 문화, 기술에 관해 많은 것들을 배웠다.

픽사에서 근무하는 사람들과 이렇게 대화를 나누고 토론을 벌이면서 픽사가 실제로 아주 따뜻하고 즐거운 곳으로 느껴지기 시작했다.

에드와 팸, 그리고 다른 임원들이 개방적이고 가족적인 분위기를 조성해 놓은 덕분에, 처음에는 새로 온 최고재무책임자를 곁눈질하던 사람들과도 훨씬 쉽게 이야기를 나눌 수 있게 되었다.

한번은 에드와 대화를 나누다가, 픽사가 소유하고 있는 특허 이야기가 나왔다. 그는 그 특허들이 렌더맨의 기본 기능 일부에 적용된다고 설명했다. 렌더맨의 혁신 포인트는 모션 블러motion blur라는 기능이었다. 이 기능은 컴퓨터 생성 이미지에 실사 필름과 동일한 느낌을 부여해 주었다. 이 기능을 사용하지 않고 컴퓨터로 생성된 이미지는 우리가 보통 영화에서 보는 이미지에 비해 너무 딱딱하고 부자연스러워 보이게 된다. 이런 문제가 해결되면서 컴퓨터 그래픽을 실사 필름과 혼합할 수 있게 되었고, 컴퓨터 생성 특수효과의 신기원이 열렸다.

렌더링 기술을 개발하는 사람은 누구나 이 기능을 써야 했고, 픽사의 특허를 위반하지 않고 렌더링 기술을 개발하기란 어려운 일이었다. 특히 두 회사가 예전부터 우리의 기술 특허를 침해하고 있었다. 마이크로소프트와 실리콘 그래픽스였다. 실리콘 그래픽스는 컴퓨터 그래픽 산업용 워크스테이션을 공급하는 대표적인 업체였다.

이거다 싶었다. 픽사가 돈을 좀 벌어들일 기회가 바로 여기 있었다. 픽사의 특허가 꼭 필요하다면 이 회사들은 당연히 라이선스 비용으로 상당한 금액을 지불해야 했다. 그럴 경우 스티브는 당분간만이라도 자금 부담을 덜 수 있게 된다.

물론 쉽지는 않을 것이다. 단순하게 마이크로소프트에다 전화를 걸어서 "이봐요, 당신들 우리 특허를 침해하고 있다고요. 몇백만 달러를 지불하세요."라고 말할 수는 없는 노릇이었다. 그런 대화를 개시하려면 일단 소송 준비를 해야 했고, 그것은 변호인단을 꾸려서 특허 침해 소송이 위력을 발휘하게 만들어야 한다는 뜻이었다. 마치 전쟁을 준비하는 것과 비슷했다. 국경 지방에 병력을 모으는 모습을 보여 주지 않으면 상대편은 계속 우리를 무시할 것이었다.

에드와 나는 마이크로소프트와 실리콘 그래픽스 측에 특허 침해 소송을 제기할 경우의 위험성에 관해서도 이야기를 나누었다.

"픽사, 특히 우리 엔지니어들을 지겨운 소송에 끌어들이는 행위일 수도 있어요. 그건 업무 집중에 큰 방해가 되겠죠." 나는 말했다.

그러나 이런 가능성도 에드의 열의를 꺾지는 못했다. "침해하고 있는 게 사실이잖아요." 그는 단호히 말했다. "우리가 이 기술을 발명했는데, 다른 회사가 그걸 공짜로 사용하게 놔둬야 할 이유는 전혀 없어요. 특히나 픽사가 재정적으로 어려운 상황에서는 더더욱 그렇죠. 변호사들의 판단으로 우리가 소송에서 이길 만한 사유가 충분하다면 저는 소송을 지지해요."

다음 단계는 이 문제를 스티브와 논의하는 것이었다.

"그러니까 당신 말은 마이크로소프트와 실리콘 그래픽스가 픽사의 특허를 침해하고 있고, 우리가 그들에게 특허 사용료를 요구할 만한 근거가 충분하다는 이야기인가요?" 그는 물었다.

"맞아요." 나는 대답했다. "그리고 두 회사 중 어느 쪽도 픽사에 실질적으로 피해를 줄 수 없어요. 우리가 실리콘 그래픽스의 컴퓨터를 사용하기는 하지만 대체재가 없는 건 아니니까요. 그들이 매출 손실을 감수하면서까지 이 문제에 매달릴 것 같진 않아요. 다만 마음에 걸리는 것은 다른 데 노력을 집중해도 모자랄 판에, 우리 측 변호인단을 꾸리려면 비용이 들고 마이크로소프트와 실리콘 그래픽스를 법정 투쟁에 끌어들이기까지 시간도 소요된다는 사실이에요."

마이크로소프트는 PC 업계에서의 주도권을 놓고 다툼을 벌이던 애플 시절부터 스티브의 오랜 적이었다. 마이크로소프트를 상대로 픽사의 특허 침해를 주장할 생각 때문이었는지 스티브는 부쩍 열의를 보였다.

"우리 이거 해 봅시다. 픽사는 이 기술을 개발하려고 여러 해 동안 노력했어요. 그들이 왜 이 기술을 공짜로 사용해야 하죠? 특허 침해 제품들에 대한 판매 정지 처분을 받아 내야 해요."

"판매를 중지시키는 것보다 특허 사용료를 부과하는 편이 더 나아요." 나는 제안했다. "그 제품들이 실제로 픽사의 사업에 위협이 되지는 않거든요."

"특허 사용료로 얼마를 받을 수 있죠?" 스티브는 궁금해했다. "상대는 거대 기업들이고 우리 특허는 그들의 그래픽 사업에 핵심 요소잖아요. 적어도 5천만 달러의 가치는 있다고 봐요."

"틀린 말은 아네요." 나는 말했다.

그건 사실이었다. 우리는 그 정도 규모의 특허 사용료를 얻어 낼 수도 있었다. 하지만 오랜 세월 변호사로 살아온 내 경험에 비추어 보면 마이크로소프트와 실리콘 그래픽스가 큰 법정 투쟁 없이 그런 거금을 순순히 지불할 리가 없었다. 그 경우 몇 년이 걸릴 수 있고 수백만 달러의 비용이 소요될 것이다.

"우리가 받아야 한다고 생각하는 금액을 마지막 한 푼까지 받아 내려고 싸우는 것보다 그들이 협상을 쉽게 할 수 있도록 상황을 끌고 가는 편이 나아요." 나는 스티브에게 말했다. "이 일을 빨리 마무리 지어서 우리에게 무엇보다 필요한 현금을 얼른 투입받는 시나리오가 픽사에게 가장 유리해요."

스티브는 우리가 받아야 한다고 생각하는 금액보다 덜 받는 아이디어를 마음에 들어 하지 않았다. 마이크로소프트와 실리콘 그래픽스의 사정을 너무 봐준다고 생각했다. 그들이 이 특허를 반드시 사용해야 한다면 5백만 달러, 아니 1천만 달러라도 대수롭지 않게 지불할 것이라는 의견이었다.

스티브의 말이 틀린 건 아니었다. 단지 너무 욕심을 부리는 것은 실리적이지 않다는 게 내 생각이었다. 아무리 이길 확률이 높더라도, 픽사가 시간을 질질 끄는 법정 싸움에 발이 묶일까 걱정스러웠다. 특허 사용료는 픽사의 비즈니스 전략이 아니었다. 한두 번 현금을 충당하기 위해 쓸 수 있는 자금 조달 전략일 뿐 그 이상은 아니었다. 픽사에 시간을 벌어 주기는 하겠지만 장기적인 성공을 보장해 줄 수는 없었다.

스티브는 마이크로소프트와 실리콘 그래픽스에게 자신이 원하는 금액인 2,500만 달러씩 각각 청구하라고 얼마든지 일방적으로 지시할 수도 있었다. 하지만 그는 그러지 않았다. 그는 의견이 모일 때까지 논의를 계속하고 싶어 했다. 결국, 우리는 내가 생각한 금액과 스티브가 원하는 금액의 중간쯤을 청구하기로 합의했다.

이 전략은 결과적으로 효과가 있었다. 마이크로소프트와 라이선스 계약을 체결하는 데 3개월, 실리콘 그래픽스와 라이선스 계약을 체결하는 데 약 1년이 걸렸다. 마이크로소프트는 650만 달러를 지불했고, 실리콘 그래픽스는 그보다 조금 더 지불했으며 추가로 픽사가 영화를 만드는 데 필요한 실리콘 그래픽스의 컴퓨터들을 제공해 주기로 약속했다. 픽사는 무엇보다 절실했던 자금을 긴급 수혈받을 수 있었고 스티브는 대단히 기뻐했다. 역대 최초로 그가 픽사의 현금 부족분을 당분간 자기 주머니에서 지불하지 않아도 된다는 뜻이었기 때문이다. 그 상태가 영원히 지속되지는 않겠지만 우리에게는 장기 전략을 구상할 수 있는 마음의 여유가 생겼다.

이때 이후 나는 스티브에게서 동일한 패턴을 자주 경험했다. 그는 크든 작든 논의 중인 이슈를 놓고 열심히 논쟁을 벌였다. 우리는 때로 동의했고 동의하지 않을 때도 있었다. 의견이 서로 다를 때 나는 내 입장을 꾸준히 견지하면서도 유연한 태도를 유지했다. 그의 격렬한 기세에 굴하지 않고 사안의 장점을 잘 살피는 것이 중요했다.

스티브는 자신이 요구하는 결과물을 내가 일방적으로 받아들이는 것보다 상호 합의에 도달하고 함께 전진해 나가는 편을 선호한다는 것을 거듭되는 경험을 통해 알 수 있었다. 여러 해가 지나고 나서 스티브는 우리가 픽사에서 내린 사업 및 전략적 선택은 자신의 결정도 나의 결정도 아니었으며, 단지 이러한 논의 과정의 부산물이었을 뿐이라고 내게 말했다.

다음 순서로 나는 픽사의 애니메이션 광고를 살펴보았다. 대여섯 명 정도로 구성된 한 팀이 픽사 복도 끝의 작은 공간을 점유하고 있었다. 이 팀은 픽사의 도구들을 사용해 짤막한 애니메이션 광고를 제작함으로써 여러 차례 성공을 거두었다. 라이프 세이버 사탕과 리스테린 구강청결제의 컴퓨터 애니메이션 광고로 영예로운 클리오 상Clio Awards*을 받았고, 칩스 아호이 광고 시리즈에서 춤추는 초콜릿 칩 쿠키들로 모두의 감탄을 자아냈다.

젊고 따스하며 감각 있는 제작자 달라 앤더슨Darla Anderson이 이 팀의 리더였다. 그녀는 컴퓨터 애니메이션 광고 제작의 즐거움과 어려움

* 광고계의 오스카라 불리는 클리오 광고제에서 시상하는 광고상. (옮긴이)

을 가감 없이 공유해 주었다. 달라는 보는 사람도 따라 웃게 만드는 미소와 넘치는 재치로 주변 사람들에게 사랑을 받았다. 아수라장 한가운데서도 무게 중심을 잃지 않는 듯한 사람이었다.

달라는 나에게 픽사의 광고 사업에 관해 알려 주었다. 광고 사업은 간헐적이고 예측하기 어려울 뿐 아니라, 말도 안 되게 빡빡한 예산으로 운영되고 있었다. 30초짜리 애니메이션 한 편을 만들려면 12만5천 달러의 비용이 들었고 서너 명이 약 3개월 동안 매달려야 겨우 완성되었다. 그 정도면 비용을 간신히 충당하고 미미한 수익이 남는 수준이었다. 만일 견적이 잘못되거나 예상치 못한 문제가 불쑥 튀어나오면 그 수익마저 사라져 버렸다.

"제가 아는 이 업계 사람들은 전부 아등바등 겨우 먹고살아요." 달라는 설명했다. "손익을 못 맞추는 사람들도 많고요. 고객들은 픽사의 평판이 워낙 좋고 작업 결과가 마음에 들기 때문에 저희를 신뢰하지만 비용이 많이 드는 건 사실이에요. 최고 품질의 애니메이션을 보장할 수는 있어도 가격이 너무 높아서 일감을 따 오지 못하는 경우가 많아요."

상황이 그렇다 보니 가격을 더 올릴 수도, 작업량을 더 늘릴 수도 없는 형편이었다. 달라는 안타까움에 한숨을 지었다. "실력만큼은 최고예요." 그녀는 말했다. "모든 팀원이 어떤 작업을 하든 열과 성을 다하죠. 하지만 고객들이 언제나 품질에만 신경 쓰는 건 아니잖아요."

픽사가 애니메이션 광고에서 내는 매출은 미미했고 수익은 거의 없는 거나 마찬가지였다. 이 사업부가 회사의 최종 이익에 의미 있는 기여를 하려면 지금보다 몇 배쯤 규모를 늘리고 훨씬 더 많은 수익을 내야 했다. 하지만 내가 알게 된 내용을 종합해 보면 그것은 거의 불가능했다.

여기서도 마찬가지로 픽사는 답 없는 노력에 인력을 낭비하고 있었다. 소수의 재능 있는 인재들에게 할 일을 계속 만들어 줄 수 있을지는 몰라도 회사의 성장을 위한 전략으로 보자면 애니메이션 광고 역시 또 하나의 막다른 길이었다. 렌더맨에 이어 애니메이션 광고에서도 장래성을 발견하지 못하자 픽사의 사업 성장을 위해 선택할 수 있는 옵션은 더 줄어들었고 나는 걱정이 커지기 시작했다.

그다음 탐구 대상은 단편 영화였다. 픽사가 유명해진 이유 중 하나는 단편 영화들이 사랑을 받고 상을 탄 덕분이었다. 그래픽과 영화 산업 전반에 잘 알려진 픽사의 기발한 단편 영화들은 탁월한 독창성과 기술력으로 컴퓨터 애니메이션 엔터테인먼트라는 분야를 사실상 새로이 개척했다. 픽사에서 제작된 첫 단편 영화는 1986년에 나온 〈럭소 주니어〉였다. 처음으로 픽사를 방문했던 날 가장 먼저 보았던 바로 그 영화였다.

〈럭소 주니어〉는 하나는 작고 하나는 큰, 두 개의 전기스탠드가 주인공인 단편이다. 이 2분짜리 영화에서 작은 램프는 신나게 공을 가지고 놀다가 실수로 찌부러뜨린다. 컴퓨터 애니메이션으로 만들어진 두 전기스탠드의 모습을 보고 있으면 장난감을 가지고 노는 철없는 아이와 아이를 지켜보는 지혜롭고 현명한 부모의 모습이 떠오른다. 2분이라는 짧은 사이에 우리는 작은 역경을 헤쳐 나가는 부모와 아이의 세계를 엿보게 된다. 이 영화는 아카데미 단편 애니메이션 작품상 후보에 올랐다.

"〈럭소 주니어〉는 픽사가 컴퓨터 애니메이션으로도 이야기와 캐릭터, 감정을 성공적으로 전달할 수 있음을 처음으로 입증해 보인 사례였어요." 에드는 말했다. "픽사와 업계 전체에 엄청난 혁신이었고, 어디에 내놓아도 입이 딱 벌어질 만한 히트작이었죠."

〈럭소 주니어〉는 픽사의 인기 단편 영화 시리즈 중 첫 번째였다. 1987년 〈레드의 꿈〉, 1988년 〈틴 토이〉, 1989년 〈닉 낵〉이 그 뒤를 이었다. 특히 〈틴 토이〉는 그때까지 픽사의 역사에서 가장 큰 쾌거라 할 수 있는 아카데미 단편 애니메이션 작품상을 받았다.

단 한 가지 문제가 있다면, 단편 애니메이션 영화는 상업적 가치가 없다는 사실이었다. 보수와 상관없이 순수하게 작업 자체가 즐거워서 만들어 보거나, 픽사처럼 기술을 테스트해 보고 이야기 전개 과정을 연습해 볼 요량으로 만드는 경우가 대부분이었다. 박람회나 영화제, 가끔은 영화관에서 장편 영화의 시작 부분에 상영된 적이 있지만, 그걸로 돈벌이가 되지는 않았다. 반면 제작 비용은 엄청났다. 단편 애니메이션 영화 시장의 경제성은 분석할 필요조차 없었다. 아예 시장이 없었기 때문이었다.

가능성 있는 수익 센터가 있는지 눈을 씻고 찾아볼수록 오리무중으로 빠지는 기분이 들었다. 의사는 간혹 환자에게 가슴 아픈 진단을 내려야 할 때가 있다. 하지만 '당신 회사는 가망이 없습니다.' 같은 이야기를 들으려고 스티브 잡스가 나를 고용하지는 않았을 것이다. 그는 긍정적인 대답을 원했는데 나는 하나도 찾지 못하고 있었다.

"픽사는 수수께끼 같아." 나는 어느 날 저녁 식사 후 힐러리에게 털어놓았다. "한 지붕 아래에 이렇게 엄청난 인재들이 모여 있는 경우는 본 적이 없어. 다들 굉장한 노력을 기울이고 있는데도, 지금껏 손댄 사업마다 실패했거나 잠재력이 너무 한정적이라 노력한 보람이 없었단 말이지. 그냥 제자리걸음을 하고 있다고."

"아무것도 성공한 게 없으면 지금까지 어떻게 버텼는데?" 힐러리는 의아해했다.

"스티브의 고집 때문이 아닐까 해." 나는 대답했다. "이렇게까지 끈질기게 매달리는 투자자가 또 있을까 싶어. 하지만 스티브조차도 의구심이 없는 건 아니야. 거의 5천만 달러나 픽사에 쏟아부었는데도 이렇다 할 성과가 없었으니까."

"전부 다 샅샅이 살펴봤어?"

"아직 〈토이 스토리〉는 조금 더 연구해 봐야 해."

"나라면 계속해 보겠어." 힐러리는 용기를 북돋아 주려는 듯 말했다. "어쩌면 거기서 더 좋은 소식을 찾을 수도 있잖아."

그러나 어쩐지 나는 픽사라는 행성의 탐사 작업 중 제일 어두컴컴한 지역에 이제 막 진입하려는 듯한 느낌이었다.

4
굶주린 예술가

지금까지 살펴본 픽사의 사업 부문들은 이전의 업무 경험을 동원해 충분히 파악할 수 있었다. 하지만 〈토이 스토리〉의 사업 잠재성은 내가 쌓은 그 어떤 경험으로도 파악하기가 어려웠다. 그걸 이해한다는 것은 결코 쉽지 않았다. 픽사는 컴퓨터 애니메이션으로 만들어진 장편 영화를 출시한 적이 없었다. 실은 픽사가 아니라 그 누구도 해낸 적 없는 일이었다. 시장을 예측할 방법이 없었다. 90분짜리 컴퓨터 애니메이션에 대한 대중의 입맛을 가늠할 길이 없었다. 설상가상으로 나는 영화 사업에 대해 전혀 아는 바가 없었다.

픽사가 디즈니와 맺은 제작 계약서 원본이 확실한 출발점 같았다. 계약 일자는 당시로부터 약 4년 전인 1991년 9월 6일이었다. 이 계약서를 살펴보면 픽사가 〈토이 스토리〉에서 무엇을 얻어 낼 수 있고, 앞으로 제작될 영화에 어떤 조건들이 적용될 것인지 파악할 수 있을 것이었다.

계약서 자체는 의외로 짧았다. 겨우 열두 장 반 페이지 분량. 나는 이보다 덜 복잡한 사안을 놓고도 일흔 페이지짜리 계약서를 작성하는 경우를 본 적이 있었다. 하지만 길이는 짧아도 이해할 수 없는 할리우드 전문 용어로 쓰여 있어 암호나 다름이 없었다. 어느 조항은 "AGR은 WDC의 별첨 GRP와 NP 및 이에 따르는 부칙에 준하여 정의, 산출, 보고 및 지불해야 한다."라고 되어 있었다. 도대체 이게 무슨 소리란 말인가?

계약서 해독을 위해 나는 당시 계약을 협상한 픽사 측 변호사 샘 피셔Sam Fischer에게 연락을 취했다. 샘은 할리우드 최고의 엔터테인먼트 전문 법무법인 중 한 곳인 지프렌 브리트넘 브랜카 앤 피셔Ziffren Brittenham Branca & Fischer의 파트너로 최근 합류한 상태였다.

나는 샘이 근무하는 로펌의 널찍하고 고상한 사무실로 그를 만나러 갔다. 베벌리힐스에서 그리 멀지 않은 로스앤젤레스의 고급 상업가였다. 깔끔한 옷차림에 짧게 수염을 기르고 안경을 쓴 샘이 따뜻한 태도로 나를 반겨 주었다. 그는 내 이야기를 진지하고 주의 깊게 경청하며 내게 최대한 도움을 주려고 했다. 샘은 불가사의한 할리우드와 엔터테인먼트 법의 세계를 아주 자연스럽고 편안하게 이해하고 있는 듯했다.

샘은 두어 시간에 걸쳐 픽사가 디즈니와 맺은 계약의 약관, 별첨, 부칙의 세부 사항을 차근차근 설명해 주었다. 우선 계약 기간부터 살펴보았다. 이 계약의 유지 기간은 세 편의 영화 중 마지막 편이 출시되고 나서 6개월 후까지였다. 내용은 참 간단했지만 그게 정확히 얼마 후가 될까?

첫 번째 영화인 〈토이 스토리〉는 계약 체결 후 약 4년 뒤인 1995년 11월 개봉을 목표로 하고 있었다. 아직 이름이 정해지지 않은 두 번째 영화는 시작도 못 한 상태였다. 대략적으로는 개미 왕국을 구하려는 개미들에 관한 이야기라고 했다. 내가 픽사에 관해 지금껏 알게 된 지식을 총동원해 보건대, 두 번째 영화를 제작하는 데는 최소한 〈토이 스토리〉 제작에 들어간 것과 동일한 기간이 소요될 것이다. 그렇다면 두 번째 영화의 개봉 시점은 4년 뒤인 1999년 무렵이 된다. 픽사가 가진 자원으로는 한 번에 한 편의 영화만 작업할 수 있으므로 세 번째 영화 또한 4년이 걸릴 것이다. 그렇다면 개봉 시점은 2003년 11월이다.

고로, 현재 상태대로라면 전체 제작 계약의 종료 시점은 그보다 6개월 뒤인 2004년 5월이다. 당시는 1995년 5월이었다. 요컨대 픽사는 앞으로 9년 이상을 이 계약 기간의 지배하에 놓이게 될 거라는 뜻이었다. 스타트업 세계의 기준으로는 너무너무 긴 시간이었다. 나는 초조해지기 시작했다.

계약 기간과 관련해 또 하나의 조항이 내 눈길을 끌었다. 단락 말미에 못 박아 두길, 계약 종료 시까지 픽사는 디즈니에게 제안했던 새로운 영화 아이디어를 다른 회사에 제출하지 못한다고 되어 있었다. 퇴짜를 맞은 아이디어라도 마찬가지였다.

"이건 옳지 않아요." 나는 샘에게 말했다. "디즈니가 1995년에 픽사의 영화 아이디어를 거부했고 그 아이디어에 손톱만큼도 흥미가 없다 하더라도, 픽사는 10년 동안 다른 영화사에다 그 이야기를 꺼낼 수조차 없다는 거잖아요. 하지만 잠재적인 배급 파트너들과 여러 해 전부터 영화 아이디어를 공유해야만 그 아이디어에 기초한 영화를 내놓을 거 아녜요? 이렇게 되면 단지 디즈니가 마음에 들어 하지 않는다는 이유로 우리가 괜찮다고 생각하는 영화 아이디어가 완전히 논외로 밀려날 수도 있겠네요."

"바로 그런 의미입니다." 샘은 수긍했다. "디즈니는 픽사가 다른 제작사가 아닌 디즈니를 위한 영화에 집중하기를 원해요. 그런 조건 때문에 픽사의 영화에 그렇게 많은 돈을 기꺼이 투자하려는 거고요."

'그래, 좋아.' 나는 생각했다. '픽사가 다른 제작사에 아이디어를 공유하지 못하게 한 조항은 픽사가 디즈니 측에 제안했으나 디즈니가 거부한 경우에만 적용되는 거지. 어쩌면 빠져나갈 구멍이 있을지도?'

"그렇다면 디즈니 측에 제안하지 않은 아이디어는 저희 마음대로 발전시켜도 되는 거 아닙니까? 그런 경우라면 이 조항이 적용되지 않고 픽사는 원하는 경우 다른 배급 파트너와 그 아이디어를 논의해도 괜찮겠죠."

"아뇨, 그것도 안 돼요." 샘은 '독점 조항'이라는 또 다른 단락을 손가락으로 가리켰다. 픽사의 핵심 창작 인력을 포함한 픽사의 애니메이션 사업부는 계약 기간 동안 디즈니에 독점적 서비스를 제공한다고 적혀 있었다.

나는 아연실색했다. "이건 존 래시터는 물론이고 픽사의 애니메이션과 스토리 아티스트 팀 전체가 향후 9년 동안 디즈니를 위해서만 일할 수 있다는 뜻이네요. 다른 제작사들이 배급할 영화 아이디어는 하나도 발전시킬 수가 없고."

"맞아요. 검증되지 않은 인력에 대해서는 이런 조항을 붙이는 경우가 일반적이죠." 샘은 대답했다.

"하지만 픽사는 그냥 음악 밴드 한 곳이나 탤런트 한 명이 아니잖아요. 한 회사 전체라고요." 나는 이의를 제기했다. "애니메이션 사업부에 새 직원을 천 명 채용할 수도 있는데, 이 계약에 따르면 그들 전부가 디즈니 일에만 모든 시간을 투자해야 해요. 어떻게 회사 하나를 이런 식으로 꽁꽁 묶어 놓을 수가 있죠?"

"무슨 말씀이신지 충분히 이해해요." 샘은 말했다. "하지만 디즈니 입장에서 생각해 보세요. 디즈니가 이 계약을 맺었을 때 픽사는 영화를 만든 적이 없었어요. 전혀 검증되지 않은 유형의 애니메이션 영화와 검증되지 않은 감독에게 거는 위험한 내기였겠죠. 디즈니가 자금을 대는 영화에만 온전히 집중해 주기를 바랐을 거예요."

샘은 픽사가 아무런 실적이 없는 상황에서 모든 제작 비용을 지원받는 계약을 따냈다는 게 운이 좋았고, 이러한 독점 조항은 디즈니가 그에 따르는 위험을 감수하는 대신 픽사가 치러야 하는 대가라고 생각했다.

이러한 조항을 붙인 이유가 무엇이건, 그로 인한 복합적 영향은 엄청났다. 1991년부터 2004년까지 이어질 가능성이 큰 이 계약하에서 픽사는 오로지 디즈니를 위한 영화, TV, 비디오 프로젝트만 진행할 수 있고 다른 업체와의 프로젝트는 고려해 보거나 작업하는 것은 물론 논의조차 할 수 없었다.

그리고 영화의 평균 개발 기간이 4년이었기 때문에, 픽사는 앞으로 13년 뒤인 2008년이나 되어서야 새로운 조건으로 네 번째 영화를 완성할 수 있다는 뜻이었다. 이 계약이 픽사의 손발에 대체 얼마나 오래 족쇄를 채워 놓은 것인지를 생각하자 정신이 아득해졌다.

'좋아, 만약 픽사의 영화들이 커다란 금전적 보상으로 돌아오기만 한다면야 이렇게 가혹한 제약도 받아들일 수 있겠지.' 나는 속으로 생각했다.

그러나 웬걸, 디즈니가 픽사에 제시한 보상 조건은 내가 가장 이해하기 어려운 항목이었다. 보상 조건은 독특한 할리우드식 계산법으로 점철되어 있었다. 먼저 디즈니가 각 영화의 제작 비용을 일정 한도까지 지불한다는 내용으로 시작되었다. 그런 다음 픽사는 영화 매출의 일정 비율을 할당받았다. 일곱 단계의 보상 구간이 정의되어 있었다.

샘은 조항에 따라 영화 매출이 픽사에 전달되기까지의 과정을 천천히 설명해 주었다. 설명을 듣는 동안, 전부터 느꼈던 나의 초조함이 고조되어 순전한 두려움으로 바뀌었다. 픽사가 영화 수익의 일정 부분을 받는 것은 사실이었다. 그러나 모든 계산을 마친 후 디즈니의 비용과 수수료를 제하고 나면 픽사에 최종적으로 할당되는 몫은 아주 미미해서 10%도 채 되지 않았다.

이 조항을 현실적으로 체감할 수 있도록 나는 픽사가 디즈니의 최근 성공작 중 하나를 제작했더라면 어떤 결과를 얻었을지 계산해 보기로 했다. 1991년에 선보여 찬사를 받은 〈미녀와 야수〉를 예로 들어 보았다. 〈미녀와 야수〉는 그보다 나중에 개봉된 〈알라딘〉과 〈라이온 킹〉에 이어 그때까지 개봉했던 디즈니 영화 중 세 번째로 높은 애니메이션 영화 수익을 거두어들였다. 미국 내 박스오피스에서 1억 4,600만 달러를, 해외 박스오피스에서 2억 달러를 벌었다. 이것은 당시 평균적인 애니메이션 영화 매출보다 적어도 3~4배 많은 액수였다.

픽사가 디즈니와 맺은 계약하에 만일 우리가 디즈니를 위해 〈미녀와 야수〉를 만들었더라면 우리 몫의 수익은 대략 1,700만 달러 정도로 추정되었다. 영화를 한 편 만드는 데에 4년이 걸리기 때문에, 연수익은 4백만 달러가 조금 넘는다고 환산할 수 있다. 나는 또한 디즈니가 그보다 10배는 더 벌었을 것으로 추정했다. 〈미녀와 야수〉의 자세한 실적 관련 자료를 구할 수 없었으므로, 그냥 경험상 추측을 해보면 그렇다는 이야기였다. 하지만 50% 오차가 있다 쳐도 픽사의 몫이 크게 달라지지는 않았다.

연수익 4백만 달러가 많다고 느껴질 수도 있겠지만 회사를 성장시켜 나가기에는 턱없이 모자란 금액이다. 특히나 〈미녀와 야수〉처럼 거의 불가능에 가까울 정도로 큰 대박을 내야 그런 수익이 가능하다면 두말할 필요도 없다. 픽사의 영화들이 미국 내 박스오피스에서 1억 달러를 벌어들인다고 가정할 경우, 〈미녀와 야수〉에는 훨씬 못 미쳐도 여전히 대성공으로 간주할 만한 수준이지만 계약에 따른 픽사 몫의 수익은 거의 없는 거나 매한가지였다.

이 모든 계약 조항은 픽사에 치명적이었다. 픽사가 디즈니와의 계약을 벗어나 영화를 출시할 수 있게 되기 전까지 우리가 처음 세 편의 영화에서 벌어들일 것으로 예상되는 최대 금액은 연간 몇백만 달러에 그칠 것이다. 그나마도 그 영화들이 역대 최고 수익을 거둔 디즈니 영화에 버금갈 만큼 성공했을 때의 얘기였다. 반드시 그 정도 수준의 성과를 내야만 그렇게 작은 이익을 간신히 낼 수 있는 회사에 투자하려는 사람은 아무도 없다.

"샘, 픽사에서 이 계산을 이해했던 사람이 아무도 없었나요?"

"스티브는 분명 이해했을 거예요." 샘은 내게 말했다. "저희가 모든 조건과 그 의미를 하나하나 설명해 드렸으니까요."

도무지 납득이 되지 않았다. 내가 샘에게 들은 내용을 스티브가 알았다면 그는 왜 누군가를 시켜 그 수치가 픽사라는 회사 전체에 어떤 의미가 있는지 짚어 보게 하지 않았던 걸까? 게다가 이런 수익 조항이 일반적인 실사 영화의 표준이라 하더라도, 픽사는 '애니메이션' 영화 제작사가 아닌가? 실사 영화 한 편을 만드는 데는 1~2년이 걸리지만, 애니메이션 영화 한 편을 만드는 데는 4~5년이 걸린다. 애니메이션 영화 제작사의 연수익이 훨씬 적다는 뜻이었다. 이런 수치를 애니메이션에 그대로 적용한다는 건 말이 되지 않았다. 대체 왜 이런 차이가 전혀 고려되지 않은 것인지 나로서는 도통 이해할 수 없었다.

계약 조항의 실체를 인식하자 나는 내 직장 경력을 통틀어 그 어느 때보다도 절망적인 기분이 들기 시작했다. 더욱 겁나는 건 디즈니 계약을 아직 완전히 파악한 상태가 아니었다는 사실이다. 속편과 관련한 중요한 계약 조항들을 더 분석해 볼 필요가 있었다.

계약서에 따르면 픽사는 제한적인 조건으로만 자사 영화의 속편을 만들 수 있었다. 속편의 기반이 되는 오리지널 영화 제작이 합의된 예산 안에서 이루어져야 한다거나, 속편의 조건은 디즈니의 표준 변수에 부합해야 한다는 등의 내용이었다. 만약 이러한 조건이 충족되지 못할 경우, 디즈니는 픽사의 어떠한 개입 없이도 픽사 영화의 속편들을 자유로이 만들 수 있었다.

다시 말해, 디즈니는 픽사가 여러 해 동안 애정을 기울여 만든 우디나 버즈 같은 캐릭터들을 가져다가 자기들 마음대로 후속 영화를 만들 수 있었다. 이번에도 나는 샘에게 이 조항에 대해 따져 물었다.

“샘, 디즈니가 속편을 만들고 싶어 하는 건 오리지널 영화가 성공을 거둘 경우에만 한해서겠죠? 이 조항대로라면 픽사가 명시된 모든 조건을 충족하지 못할 경우, 디즈니는 픽사의 캐릭터를 가지고 자신들이 원하는 대로 할 수 있게 되어 있어요.” 나는 항변했다.

“맞아요. 하지만 그게 이례적인 경우는 아네요.” 샘은 설명했다. “디즈니는 이 캐릭터를 만드는 데 수천만 달러를 투자하고 있잖아요. 투자가 수익으로 돌아오기를 바랄 것이고, 속편 제작도 그 가운데 하나죠. 디즈니도 당연히 픽사가 속편을 만드는 쪽을 선호하겠지만 픽사가 만약 만들지 못할 경우를 대비해서 독자 진행할 수 있는 여지를 만들어 둘 필요가 있었겠죠."

"그럼 우디와 버즈가 자식 같을 〈토이 스토리〉의 감독 존 래시터에게 '그동안 수고했어요. 여기서부터는 디즈니가 작업을 맡을 거예요.' 라고 이야기해야 하는 상황이 벌어질 수도 있다는 뜻이군요."

"부디 그런 상황까지 가지는 않았으면 좋겠네요." 샘은 대답했다. "짐작건대 디즈니도 속편 제작을 존과 픽사 팀에게 맡기고 싶어 할 거예요."

그것도 뭐 괜찮다 치자. 하지만 또 한 가지 문제가 있었다. 속편은 픽사가 계약에 따라 디즈니에게 만들어 주기로 한 세 편의 영화 중 하나로 간주되지 않는다는 사실이었다. 우리가 속편을 만들면 기존 계약에 맞물려 계약 기간이 몇 년 더 연장될 가능성이 있었다.

"어느 쪽이든 우리가 손해네요." 나는 샘에게 말했다. "디즈니가 속편을 만들고 픽사가 창작물에 대한 통제권을 잃든가, 픽사가 속편을 만들고 이 계약 조건이 연장되든가."

나는 깊은 좌절감에 빠지고 말았다. 샘을 비난할 수는 없었다. 그는 단지 할리우드의 계약 방식을 나에게 가르쳐 주고 있을 뿐이었다. 그쪽 세계의 시선으로 보면 픽사는 내세울 만한 실적 하나 없는 회사로서 이 협상을 꽤 유리하게 끌고 왔다는 게 그의 판단이었다. 그는 디즈니가 어떤 식으로든 애니메이션 영화에 대한 수익 분배를 하는 경우가 매우 드물고, 이는 오로지 픽사가 그동안 기술에 투자를 많이 해 왔기 때문에 가능한 일이었다고 말했다.

하지만 분배되는 수익의 크기가 너무 작았다. 견실하게 회사를 키워 가기에는 역부족이었다. 스티브가 디즈니에게 유리한 쪽으로 수익 분배가 이루어지도록 계산 방식을 양보했을지 모른다는 점을 샘도 인정했다. 종합해 보면 픽사를 내실 있는 사업체로 전환한다는 나의 핵심 과제는 이로써 직격탄을 맞은 셈이었다.

나는 디즈니 계약의 조항들을 읽고 또 읽었다. 어떤 빈틈이나 빠져나갈 구멍, 미진한 부분을 찾으려고 애쓰면서 꼼꼼히 살폈다. 하지만 그 무엇도 없었다. 50년 동안 경험을 축적한 할리우드 변호사들은 모든 것을 명명백백하게 만들어 놓았다. 픽사는 오직 디즈니를 위해서만 일할 수 있었다. 픽사가 만든 영화는 디즈니의 승인을 받아야만 했다. 그 영화의 속편을 만들지 결정하는 것도 디즈니였다. 영화에 대한 창작 통제권도 디즈니에게 있었다. 픽사는 다른 누구와도 함께 작업하지 못하도록 금지되어 있었다. 수익의 가장 큰 몫은 디즈니가 가져갔다.

세 편의 영화에 자금을 대는 대가로 회사를 그토록 완벽하게 꽁꽁 묶어 두는 것은 디즈니가 픽사를 인수하지 않고도 소유하는 것이나 다름없었다. 알고 보니 할리우드가 신인과 계약을 맺는 표준적인 방식이 그랬다. 샘은 음악이나 다른 엔터테인먼트 산업 분야도 별반 다르지 않다고 내게 말해 주었다.

어느 날 저녁 집에서 아이들이 잠자리에 들고 난 후, 나는 힐러리에게 답답한 마음을 털어놓았다.

"어떻게 말해야 좋을지 모르겠어. 이런 상황인 줄도 모르고 빠져든 내 잘못인가. 나 이번에 완전히 실수한 것 같아."

"그게 무슨 소리야?"

"픽사의 사업을 샅샅이 살펴봤는데 뾰족한 수가 없어. 디즈니가 어떤 여지도 남겨 두지 않았더라고. 우리가 바랄 수 있는 최선은 작은 수익이 전부인데, 그마저도 우리 영화가 역대 제작된 가장 인기 있는 애니메이션 영화만큼 성공했을 때나 가능한 얘기야."

"픽사가 애니메이션으로 디즈니만큼 성공해야 한다는 거야?" 힐러리는 물었다.

"그것보다 더 성공해야 해! 디즈니는 자기네가 만든 영화의 수익 대부분을 가져가잖아. 히트작의 수익으로 실패작의 손실을 만회할 기회가 있다는 뜻이지. 하지만 픽사는 작은 몫의 수익을 할당받기 때문에 그런 사치를 부릴 수조차 없다고. 전부 히트작이어야만 해. 픽사가 그 계약서에 서명할 때 스티브는 대체 무슨 생각이었는지 알 수가 없네."

"그래서 어쩔 생각인데?" 힐러리는 물었다.

나도 몰랐다.

"지금 알고 있는 내용을 미리 알았더라면 이 자리를 과연 수락했을까 싶어. 이런 회사를 상장시킨다는 건 황당한 생각 같거든. 내가 아는 어떤 투자자도 이렇게까지는 안 한다고. 5천만 달러 손실에 수익이 전혀 없고 성장 중인 것도 아닌 데다 디즈니가 전권을 쥐고 있어. 픽사에 최고재무책임자란 존재가 필요한지조차 모르겠다니까."

"내 생각엔 이 모든 상황에 대해서 스티브의 입장을 확인해 봐야 할 것 같은데." 힐러리는 말했다.

몹시 낙담한 상태였으나 나는 기다렸다. 결코 쉽지 않을 것으로 예상되는 논의에 앞서 마음을 가다듬을 필요가 있었다. 내가 만약 디즈니와 맺은 이 말도 안 되는 계약이 스티브 탓이라고 콕 집어 말한다면 그는 최선을 다해 방어할 것임이 틀림없었다. 당시로서는 묘안이라고 여겼을 테니까.

약 일주일이 지난 토요일 오후, 나는 스티브의 집으로 향했다. 그리고는 뒤쪽 베란다에 자리를 잡고 앉아 그동안 알게 된 내용을 조목조목 이야기하기 시작했다.

"스티브, 이 계약은 족히 10년 동안 우리의 손발을 묶어 놓고 있어요. 다른 제작사에는 이야기도 꺼내 볼 수 없고, 그렇다고 많은 돈을 벌 수도 없죠. 속편 제작은 더더욱 말이 안 되고요."

"우리가 과연 속편까지 만들게 될까요?" 스티브는 물었다.

"그럴 수도 있죠. 디즈니는 비디오용 속편 영화로 짭짤한 재미를 보고 있어요. 우리도 그런 걸 만들어 볼 수 있겠죠."

"영화 만드는 데 걸리는 시간을 앞당기면 계약 기간을 줄일 수 있지 않을까요?" 스티브는 물었다.

"그 부분은 에드와 이야기해 봤어요." 나는 말했다. "영화를 더 빨리 만드는 것에 있어서는 상당히 회의적이더라고요. 가능성을 열어 두고는 있지만 확신이 없었어요."

"글쎄요." 스티브는 어깨를 으쓱했다. "〈토이 스토리〉와 나머지 두 편의 영화가 성공을 거둔다면 수익이 좀 생기겠죠. 그러고 나면 원하는 걸 마음대로 할 수 있게 될 거예요."

분명히 맞는 말이었다. 내가 원하던 답변이 아니었을 뿐. 물론 세 편의 영화를 끝낸 뒤에는 자유로워지겠지만 그건 아직도 여러 해 뒤의 이야기였다. 나는 픽사가 그런 일방적인 계약을 체결하도록 왜 그냥 내버려 두었는지, 그 구속성에 대해 왜 내게 미리 말해 주지 않았는지, 왜 이 문제를 놓고 그렇게 태연자약하고 있는 것인지 스티브에게 따져 묻고 싶었다.

하지만 묻지 않았다. 거기 앉아 이야기를 나누는 동안, 스티브는 과거를 되돌아보는 데에 전혀 관심이 없음을 깨닫게 되었기 때문이었다. 그는 계약 내용을 변호하려 들지 않았다. 정당화하지도 않았다. 그는 내가 계약에 대해 하는 모든 말을 세심하게 듣고 모두 받아들였다.

그게 전부였다.

스티브를 압박하는 대신, 나는 스스로 결론을 내릴 수밖에 없었다. 그래서 그동안 벌어진 일들을 꿰맞추어 적어도 내가 납득할 만한 시나리오를 꾸며 보았다. 그 내용을 스티브에게 검증받은 적은 없다. 그저 내 나름대로 상황을 이해한 방식이었다.

내 결론은 이랬다. 1991년 무렵, 스티브는 픽사에서 손을 뗄 준비가 되어 있었다. 애초에 애니메이션 회사를 만들려고 나선 게 아니었기 때문이다. 1986년 그가 픽사를 손에 넣었을 때 꿈꾸었던 건 기술 기업이었다. 최강의 그래픽 회사를 만들어 비교 불가한 컴퓨터 이미지를 생성할 수 있는 기계로 세상을 깜짝 놀라게 하고 싶었던 것이다. 스토리텔링은 그 기술을 시연해 보이기 위한 수단으로 나중에 떠오른 아이디어였다. 그런 그래픽 회사의 꿈이 실패로 돌아간 '픽사 이미지 컴퓨터'에 담겨 있었다. 1991년에 그 사업부는 완전히 문을 닫았다.

그때부터 스티브는 언제든 픽사를 포기할 생각이었으리라. 진심으로 그만두고 싶었을 것이다. 부담이 너무 컸고 꿈도 깨졌다. 하지만 그는 상당히 곤란한 처지였다. 애플을 떠난 지 5년이 지났는데, 그 후로 이렇다 할 성과를 낸 적이 없었다. 픽사를 승리로 마무리 짓지 못할 바에는 또 한 번의 실패가 만천하에 드러나는 것만이라도 최대한 피하고 싶었을 것이다.

그때 바로 디즈니라는 기회가 찾아왔다. 디즈니와의 계약은 스티브의 재정적 출혈을 막을 수 있는 방법이었다. 스티브는 경계심을 늦추었고, 디즈니와의 그 협상에서 월트 디즈니 스튜디오의 회장 제프리 캐천버그Jeffrey Katzenberg에게 완전히 기선을 제압당했다. 그가 디즈니에게 유리한 쪽으로 계약을 진행했기 때문이다. 스티브는 계약 조건의 파급 효과를 완전히 이해하지 못했거나, 무조건 계약을 성사시켜야 한다는 생각으로 그 조건에 굴복해 서명했다.

하지만 뭐가 어찌 되었든 현재 상황이 달라지는 것은 아니었다. 렌더맨 소프트웨어는 장기적으로 희망이 없었다. 애니메이션 광고에도 희망이 보이지 않았다. 단편 영화도 희망이 없었다. 장편 애니메이션 영화에도 희망을 걸 수 없었다. 세계에서 가장 돈 많고 힘센 기업 중 하나가 우리의 미래와 운명을 틀어쥐고 있었다. 설상가상으로 픽사와 그 소유주 스티브는 몹시 껄끄러운 관계였다. 그게 우리가 손에 쥐고 있는 패였다.

나는 직장 생활 초기에 내가 쥔 패에 대해 불평하지 않는 법을 배웠다. 나의 멘토가 가르쳐 준 비즈니스와 인생의 교훈들은 오랫동안 내게 지침이 되어 주었다. 그는 고수가 체스판을 내려다보듯 비즈니스를 바라보았다.

"이미 말이 놓여 있는 위치는 자네도 어쩔 수 없어. 중요한 건 다음 말을 어디에 놓느냐지." 그는 이렇게 이야기하곤 했다.

나는 이런 식의 사고방식에 나 자신을 단련시키려고 애썼다. 통제를 벗어난 일들을 감정적으로 받아들이기보다 그편이 훨씬 더 생산적이었다. 사업의 세계는 가혹할 수 있지만, 그걸로 생사가 갈리는 경우는 드물다. 픽사가 몇 년 전에 일방적인 계약을 체결했는지 아닌지, 그랬다면 그 이유가 뭔지를 놓고 이제야 호들갑을 떨어 봤자 내게 전혀 도움이 되지 않았다. 나는 집중력을 잃지 않고 당면한 과제에 매달리는 수밖에 없었다. 픽사가 번창할 방법을 찾는 것이었다.

그 와중에 찾은 한 가닥 희망도 나를 계속 움직이게 하는 힘이었다. 처음 두 달간 안개 속을 헤맨 끝에 나는 중요한 결론을 하나 더 내릴 수 있었다. 힐러리와 나는 어느 날 저녁 거실에 앉아 그 이야기를 나누었다.

“있잖아, 지난 두 달 동안 스티브와 나눈 모든 대화에서 그는 한 번도 방어적인 태도를 보이지 않았어. 픽사가 벌이고 있는 사업의 모든 측면을 비판하고 까발렸으니, 정당화하거나 방어할 만한 이유가 충분하잖아. 그런데 그러지 않았지. 단 한 번도. 마치 그가 나와 똑같이 하나하나 배우면서 이 여정에 함께하고 있다는 생각이 들어.”

“스티브는 여태껏 당신에게 불신의 빌미를 주지 않았어.” 힐러리는 말했다. “두 사람이 한배를 탄 거지. 둘이서 함께 헤쳐 나가야 해.”

바로 그런 느낌이었다. 처해 있는 상황은 엉망이었지만 우리는 함께였다. 중요한 건 다음 말을 어디에 놓느냐였다.

5
결정적 계기

1995년 4월 말, 나는 픽사에서의 적응기를 끝낼 때가 됐다고 판단했다. 그동안 복도와 사무실을 돌아다니며 사람들과 충분히 이야기를 나누었다. 이제는 앞으로 나아가고 싶었다. 어디선가 전진의 발판을 찾고 싶었다. 하지만 왠지 그러기가 힘이 들었다. 산을 오르지는 못하고 산기슭만 이리저리 맴돌고 있는 기분이었다.

더군다나 직원들 사이에서는 이제 공식적으로 〈토이 스토리〉라 명명된 첫 번째 영화를 제시간에 끝마칠 수 없을 거라는 두려움이 커지고 있었다. 직원들은 애니메이션, 조명, 렌더링을 비롯해 영화를 완성하는 데에 필요한 수많은 세부 사항이 일정에 너무 뒤처져 있는 게 아닌지 걱정했다. 나는 어서 앞으로 나아가고 싶었기에, 어떻게든 숙제를 끝내야 했다. 〈토이 스토리〉의 완성을 둘러싼 위험 요소를 파악해야 했고, 영화로 어떻게 수익을 내는지 아직 배워야 할 것들도 많이 남아 있었다.

〈토이 스토리〉의 개봉 일자는 1995년 11월 2일로 잡혀 있었다. 그 날짜에 맞춰 영화를 내놓으려니 반드시 지켜야 할 마감일들이 줄줄이 생겨났다. 삽입곡과 배경 음악을 완성해야 했고, 마케팅 캠페인을 개발해야 했으며, 영화 개봉을 준비하는 데 수반되는 여러 가지 세부 사항을 챙겨야 했다. 픽사는 그 어떤 회사도 가 본 적 없는 곳으로 행진해 들어가고 있었다. 이것은 최초로 시도된 컴퓨터 장편 애니메이션 영화였고, 거기에 따르는 도전적인 과제들이 엄청남을 나는 비로소 깨닫기 시작했다.

이를테면 관객에게 보이는 모든 세부 사항 하나하나를 일일이 창조해야 하는 어려움이 있었다. 실사 영화 제작에서는 하늘이 어느 쪽에 보이는지 생각할 필요가 없다. 카메라로 야외 장면을 촬영하면 하늘이 자연스럽게 들어간다. 배경이 되는 건물과 나무도 제자리에 있다. 나무에 달린 잎사귀들도 거기 있다. 나뭇잎을 바스락거리며 지나가는 바람도 마찬가지다. 실사 영화 제작자들은 배경의 나무에 매달린 잎사귀들을 생각할 필요가 없다. 하지만 애니메이션에서는 하늘도, 나무도, 나뭇잎도, 그 나뭇잎을 바스락거리며 지나가는 산들바람도 없다. 단지 컴퓨터상에 텅 빈 화면이 있을 뿐이다. 그 화면 위에 원하는 무언가가 있다면 컴퓨터에게 그걸 그리도록 지시를 내려야 한다.

이보다 더 버거운 과제들도 있다. 사람들은 빛과 그림자 같은 현실의 요소들을 당연한 것으로 받아들인다. '저 그림자가 어떻게 저기에 갔지?' 혹은 '저 울타리는 한쪽에 햇빛이 닿는데 왜 다른 쪽은 닿지 않지?'와 같은 생각을 하는 경우는 좀처럼 없다. 하지만 사진이나 초상화에서 빛과 그림자가 아주 조금이라도 빗나가면 즉시 눈에 들어온다. 어딘가 이상해 보이기 때문이다. 컴퓨터 애니메이션에서는 빛도 그림자도 없다. 전부 사람이 만들어야 한다.

하지만 이마저도 피부 표현에 비하면 아무것도 아니다. 실사 영화 제작자들은 피부를 어떻게 표현해야 할지 걱정할 필요가 없다. 메이크업으로 배우 얼굴을 살짝 손보면 그걸로 끝이다. 하지만 피부는 그림으로 표현하기에 가장 복잡한 요소 중 하나다. 색깔, 잔털, 잡티, 주름, 살결 등 세부적인 요소가 많고 빛이 피부에 닿는 방식을 제대로 포착하기도 대단히 어렵다. 이런 미묘함은 평소 절대 생각할 일이 없지만 누락될 경우 확연하게 눈에 띈다. 에드는 이렇게 세심한 디테일이 없다면 피부는 "페인트칠한 고무" 같아 보일 거라고 말했다.

픽사에는 이와 같은 과제에 대응하기 위한 별도의 부서들이 마련되어 있었다. 조명 부서는 컴퓨터로 조명과 그림자를 올바르게 만들어 내는 일을 전담하는 팀이었다. 나뭇잎, 하늘, 피부 같은 과제에만 전념하는 기술 감독들도 있었다.

빌 리브스Bill Reeves는 우리 회사 최고의 기술 리더이자 〈토이 스토리〉의 기술 총감독이었다. 제일 까다로운 과제들이 그의 책상 위에 떨어졌다. 빌은 루카스필름 시절부터 줄곧 이 팀과 함께해 왔다. 붉은 머리칼에, 가는 테의 안경을 쓴 그는 말수가 적은 사람이었다.

어느 날 나는 영화의 마무리 작업에 관한 의견을 들으려고 그의 사무실을 찾았다. 책상 위에 커다란 컴퓨터 스크린이 있고 그다지 조명이 밝지 않은, 평범해 보이는 사무실이었다.

"우리가 해낼 수 있을지 모르겠어요." 그는 숨김없이 말했다. "완성해야 하는 세부 요소의 수가 어마어마하거든요. 하지만 죽자사자 덤비고 있어요. 이런 고비를 넘는 게 처음도 아니니까요." 빌의 대답은 차분하지만 자신감 있게 들렸다. 걱정은 하고 있었지만 허둥지둥하는 상태는 아니었다.

"위험이 어떤 수준이라고 보시나요?" 나는 물었다.

“그건 말하기 어려워요.” 그는 말했다. “위험이 분명 있죠. 최고의 실력자들이 밤낮으로 작업 중인데도 애니메이션은 몇 주 뒤처져 있고 조명도 마찬가지니까요. 지금은 인물, 그러니까 앤디와 앤디 엄마를 완성하는 데 힘쓰고 있어요. 피부, 옷, 얼굴 모양을 표현하기가 아주 까다롭거든요. 하지만 전력을 다해 매달리고 있어요.”

이런 기술적 과제가 영화에 얼마나 큰 부담으로 작용하는지 나는 이제야 겨우 헤아리기 시작했다. 또한, 이 영화의 주인공이 동물이나 사람이 아니라 장난감인 데에 특별한 이유가 있음을 알게 되었다. 장난감은 플라스틱으로 만들어진다. 표면이 균일하고 편차가 없다. 피부도 없다. 동작을 취할 때마다 주름이 생기는 옷도 필요 없다. 장난감은 컴퓨터로 만들기 훨씬 쉬운 기하학적 구조로 이루어져 있다. 영화의 오프닝 장면이 앤디의 침실을 배경으로 하는 것도 비슷한 이유에서다. 방은 네모난 상자다. 침대, 옷장, 선풍기, 창문, 문과 같은 세부 요소들은 바깥 풍경에 비해 기하학적이다. 따라서 그리기가 쉽다. 조명을 넣기도 더 수월하다.

관객은 〈토이 스토리〉의 마지막 10분 지점에 가서야 기술적으로 훨씬 까다로운 장면들을 보게 된다. 영화 끝부분에 우디와 버즈가 장난감 차를 타고 이사 트럭을 따라잡으려 애쓰는 야외 추격 장면이 있다. 그 장면이 펼쳐지는 거리의 나무에 나뭇잎이 하나도 없다거나 도로에 자동차가 한 대도 없다고 상상해 보라.

알고 보니 〈토이 스토리〉의 천재성은 기발한 스토리와 캐릭터에만 있는 게 아니라, 극복하기 거의 불가능해 보이는 제약들 속에서 어떻게든 작품을 만들어 내었다는 데에 있었다. 영화의 마무리 작업에 대한 압박은 점점 더 가중되었다. 가장 어려운 부분은 나중으로 미뤄졌다. 과연 끝내는 게 가능하기는 한 걸까?

어떤 과제들은 너무 기술적이어서 나는 미처 물어볼 생각조차 하지 못했다. 예를 들어, 픽사에는 그래픽과 필름 분야의 천재적인 개척자 데이비드 디프란체스코David DiFrancesco가 이끄는 작은 부서가 있었다. 그의 사무실은 창문이 없는 두 개의 작은 방으로 이루어져 있었다. 하나는 고등학교 실험실 같이 생겼고, 다른 하나는 사진 현상소의 암실 같이 생겼다. 이곳은 픽사의 광과학 부서였다. 나는 '광과학photoscience'이라는 용어를 들어 본 적도 없었는데 픽사 사람들은 이걸 우려하고 있었다.

도대체 왜 그리들 호들갑인지 알아보려고 나는 데이비드를 찾아갔다. 그는 나보다 열 살 정도 나이가 많았고, 부드럽고 절제된 목소리를 갖고 있었다. 수염을 기르고 안경을 쓴 그에게서 전문가다운 분위기가 느껴졌다. 데이비드는 컴퓨터 이미지를 필름으로 전환하는 문제를 해결하는 것이 이 부서의 업무라고 설명했다.

픽사는 컴퓨터 애니메이션을 했다. 카메라가 없었다. 당연히 필름도 없었다. 컴퓨터 화면 위의 이미지들이 전부였다. 하지만 영화관에서 영화를 볼 수 있는 유일한 길은 필름을 영사기로 재생하는 것이었다. 따라서 픽사의 컴퓨터 이미지를 대중들에게 보여 주기 위해서는 어떻게든 그것을 셀룰로이드 필름으로 옮겨야 했다. 그게 데이비드가 하는 일이었다.

이 작업을 위해 그는 컴퓨터 이미지를 필름으로 전환하는 기계를 발명했다. 첫 방문 때 보았던 바로 그 정체불명의 기계였다. 그 기계는 암실 한가운데를 차지하고 있었고 커다란 금속판 위에 거대한 현미경

같은 장치가 놓여 있었다. 그 기계 안에다 픽사 프로젝트의 모든 컴퓨터 이미지를 하나하나 집어넣는 수고로운 절차를 거치면 이미지가 필름에 기록되었다.

데이비드와 나는 작고 어두컴컴한 방에 앉았다. 한가운데에 그 커다란 기계가 놓여 있었다.

"그러니까 이 기계 하나를 가지고 〈토이 스토리〉의 10만 개 프레임을 필름에 기록해야 한다는 건가요?" 이제 막 핵심을 파악하기 시작한, 반에서 제일 공부 못하는 학생처럼 나는 그에게 물었다.

"맞아요." 데이비드는 대답했다.

"그리고 이 모든 작업이 올바른 순서로 이루어져야 하고, 색상과 색조를 제대로 맞춰야 균일하게 보인다고요?"

"그것도 맞아요."

"그런데 이 기계는 하나뿐이라고요?" 나는 또 물었다. "이게 고장 나거나 부품이 망가지면 대체할 기계가 없어요?"

"네, 맞아요. 이건 전 세계에서 단 하나뿐이에요. 대체 기계를 만들 수 있을 만한 예비 부품이 거의 다 있기는 하지만 그 부분에는 사실 신경을 쓰지 않았거든요. 조립하려면 한참이 걸릴 테고요."

"제작 도중 이게 고장 나면 어떻게 되죠?"

"그럼 안 돼요." 데이비드는 대뜸 내뱉었다가 잠시 후 고쳐 말했다. "물론 그럴 수도 있겠죠. 하지만 그건 재앙일 거예요. 영화관에 전달해 상영할 필름을 못 만들 테니까요. 절대 그래서는 안 되죠."

내막을 자세히 알아갈수록 픽사가 도전하려는 과제의 엄청난 규모가 분명하게 드러났다. 〈토이 스토리〉를 만드는 것은 그저 영화 한 편을 완성하는 차원이 아니었다. 에베레스트산에 오르거나 인류 최초로 달에 착륙하는 일에 가까웠다. 컴퓨터는 이제껏 이 정도 수준의 예술성을 요구하는 작업에 활용된 적이 없었다. 하지만 픽사는 필름에 표시될 최종 이미지를 그리는 목적으로만 최고 사양의 컴퓨터를 100대 이상 돌리고 있었다. 필름의 각 프레임을 그리는 데는 장당 짧게는 45분에서 길게는 30시간까지 걸렸고, 그런 프레임이 대략 114,000개 정도 있었다.

픽사는 스스로는 물론 어느 누구도 가 보지 않은 땅으로, 외롭지만 용기 있게 탐사에 나선 것이었다. 정상은 저 멀리 구름 뒤에 이제 막 삐죽 모습을 드러내기 시작했고, 앞으로 공기가 얼마나 희박해질지 아무도 확신할 수 없었다. 이렇게 척박한 환경에서 픽사의 운영 자금을 마련한다는 건 어불성설이었다. 〈토이 스토리〉의 완성에 따르는 어려움을 더 깊이 이해할수록 나는 픽사의 어느 부분을 전진의 발판으로 삼아야 할지 더더욱 아리송해졌다.

“픽사가 과연 〈토이 스토리〉를 완성할 수 있을까 모르겠네.” 어느 날 저녁 식사 중 나는 무심코 혼잣말을 내뱉었다.

“그게 왜 그렇게 어려운데요?” 아홉 살짜리 아들 제이슨이 관심을 보였다.

“이야기의 방향을 잡는 데 오랜 시간이 걸렸단다.” 나는 설명했다. “디즈니가 줄거리를 마음에 들어 하지 않아서 〈토이 스토리〉 제작이 중단되다시피 했었거든. 또 영화의 각 프레임별로 애니메이션, 색깔, 세부 요소를 전부 완성도 있게 마무리하기란 굉장히 어려운 일이지.”

“디즈니는 왜 마음에 들어 하지 않았어요?” 제이슨은 물었다.

“우디가 너무 심술궂다고 생각했어.” 나는 말했다. “그래서 픽사에서 여러 가지를 바꾸었지. 영화를 모험 이야기로 바꾸고 말이야. 하지만 그런 변화 때문에 영화가 많이 늦어졌단다."

"아빠는 어느 캐릭터가 제일 좋아요?" 일곱 살짜리 딸 세라가 끼어들었다.

"아빠는 버즈 라이트이어가 정말 웃기던걸." 나는 말했다. "공룡 렉스도 그렇고."

"나는 슬링키가 좋아요." 영화의 첫 부분을 본 세라가 취향을 분명히 밝혔다.

귀여운 용수철 개 슬링키, 아무렴. 우리 아이들의 관심도로 판단해 보건대, 픽사가 이걸 완성하기만 한다면 온 세상 아이들이 이 영화와 사랑에 빠질 것은 확실했다.

회사가 영화 완성의 압박감에 허리를 휘청하는 사이, 나는 〈토이 스토리〉 개봉의 재정적 파급 효과를 이해해야 했다. 디즈니 계약서를 바탕으로 어림잡아 계산해 보기는 했지만 그것은 경험상 추측일 뿐이었다. 사업 전략으로서 장편 애니메이션 영화의 가능성을 생각이라도 해 보려면 그 영화에서 정확히 어떻게 수익이 창출되는지 이해할 필요가 있었다.

나의 궁금증은 간단했다. 영화가 어떻게 수익을 내고 그 수익을 누가 가져가는가? 달리 말해, 내가 영화표 한 장과 팝콘을 사면 누가 돈을 버는가? 영화관인가? 영화를 배급한 스튜디오인가? 아니면 그 영화를 만든 사람들인가? 최고재무책임자로서 이런 기본적인 것들도 모르고 있는 내 모습이 당혹스러웠다.

자세한 공부를 위해 나는 팀 엥겔Tim Engel에게 전화를 걸었다. 월트 디즈니 애니메이션 스튜디오의 재무 책임자였다. 그는 〈미녀와 야

수〉, 〈알라딘〉, 〈라이온 킹〉 등 디즈니의 최근 성공을 이끌어 낸 경영 팀의 일원이었다. 나는 얼마 전에 팀을 소개받았는데, 그는 아주 개방적인 성격에 기꺼이 도움을 주려는 사람 같아 보였다.

"영화의 세부적인 재무 정보가 어떻게 돌아가는 건지 이해해 보려고 노력 중이에요." 나는 팀에게 설명했다. "혹시 디즈니에서 저에게 도움을 줄 분을 연결해 주실 수 있을까요?"

"가능하다면 제가 도와드리고 싶네요." 그는 대답했다. "하지만 저희 영화의 재무 모델은 독점 자료라서 공유해 드릴 수가 없어요."

팀의 대답이 완전히 뜻밖은 아니었다. 기업들이 자사의 사업 모델에 대해 방어적 태도를 보인다는 사실을 나는 잘 알고 있었다. 혹시나 디즈니가 예외를 허락해 주지 않을까 기대해 보았을 뿐이었다.

"하지만 저희는 영화의 수익 구조가 어떻게 되는지 파악할 필요가 있어요." 나는 말했다. "그렇게 되면 계약된 나머지 영화들을 준비할 때도 일을 진행하기가 한결 수월해지겠죠."

"저희가 드리는 로열티 보고서를 보시면 어디서 수익이 나왔는지 확인하실 수 있을 거예요." 팀은 제안했다.

디즈니는 영화 수입 중 픽사의 몫을 어떻게 계산했는지 알려 주는 이 보고서를 픽사에 제공하기로 되어 있었다.

"하지만 그건 지금 당장 도움이 안 돼요." 나는 말을 이었다. "그 보고서는 〈토이 스토리〉가 개봉되고 한참이 지난 후, 지금부터 최소 일 년 뒤에야 받게 될 테니까요. 게다가 제가 알기로는 그 보고서에 담기는 정보가 얼마 되지 않을 텐데요."

나는 변호사 시절의 경험을 통해 로열티 보고서의 정보는 충분치 않고, 정보의 정확성을 검증하려면 회계 감사가 필요한 경우가 많음을 알고 있었다.

“지금 저희에게 좀 더 자세한 정보를 제공해 주실 방법은 없나요?” 나는 물었다. “다른 사람들과 공유하지 않겠다고 약속드릴게요. 영화의 흥행 실적에 따른 전망치를 나름대로 뽑아 보려니 시작점이 필요해서 그래요.”

“죄송해요.” 팀은 말했다. “그 자료는 외부에 유출한 적이 없어요. 도움이 되신다면 다른 회사의 로열티 보고서를 견본으로 드릴 수는 있는데요.”

그건 도움이 되지 않았다. 우리에게 필요한 자료와는 전혀 다를 것이다. 팀을 탓할 수는 없었다. 나는 이 사안을 디즈니 윗선에 올려 볼까도 생각해 보았다. 하지만 〈토이 스토리〉의 완성을 앞두고 잔뜩 압박을 받는 상황에서, 디즈니가 반드시 제공해야 할 의무도 없는 정보 때문에 공연히 마찰을 빚고 싶지는 않았다. 난감했다. 숫자는 중요했다. 수치로 이루어진 자료 없이는 내가 원하는 발판을 찾을 수 없었다. 최고재무책임자로서 내 역할을 제대로 해내기조차 불가능했다.

〈토이 스토리〉를 제때 끝내지 못할 경우의 위험성을 짚어 보고 픽사의 사업을 이해하려면 필요한 수치형 자료를 어디서 얻을 것인가 근심하는 동안, 또 한 가지 난관이 고개를 들기 시작했다. 이번에는 스티브와 관련된 것이었다.

“이제부터 픽사에 좀 더 자주 들르고 싶어요.” 어느 날 저녁, 스티브는 통화 중에 이런 이야기를 꺼냈다. “일주일에 한 번, 아니면 격주에 한 번 정도로요.”

스티브는 픽사를 소유한 9년 동안 회사에 모습을 드러낸 적이 거의 없었다. 그곳에는 그의 사무실조차 없었다. 애플을 떠난 직후인 1985

년에 넥스트를 설립했고 1986년에 픽사를 인수했지만 그는 줄곧 넥스트에서 풀타임으로 근무했다.

스티브는 픽사에서 더 많은 시간을 보내고 싶은 이유를 밝히지는 않았다. 자신이 소유한 회사에서 더 많은 시간을 보내고 싶다는 데 딱히 이유가 필요하지는 않으리라. 나는 그가 가능성을 감지했고 그 가능성에 더 가까이 다가가고 싶어 하는 거라고 생각했다. 영화 개봉을 앞두고 있다 보니 그 어느 때보다도 활발히 진행 중인 일들이 많았다.

문제는 스티브가 픽사에 접근하지 못하게 해야 한다는 경고를 누누이 들은 마당에, 내가 일을 시작한 지 얼마 안 돼서 스티브가 회사 내에서 자기 존재감을 높이고 싶어 하는 상황이 내 대의명분에 별로 도움이 되지 않으리라는 사실이었다. 나는 스티브에게든 픽사 쪽에든 이 문제를 어떻게 꺼내야 할지 판단이 서지 않았다.

내가 고용된 이유를 생각해 볼 때 우호적인 상황이 하나도 없었다. 〈토이 스토리〉가 마감일을 어긴다면 작게나마 존재했던 픽사의 성공 기회도 깨끗이 날아가 버리고 말 것이 분명했다. 그런데 내 수중에는 대략적인 사업 전망을 세우는 데 필요한 재무 정보가 전혀 없었다.

게다가 픽사가 가장 두려워하는 바로 그 사람이 이제 픽사 사무실에서 더 많은 시간을 보내고 싶다는 뜻을 내비치고 있었다. 나는 조그마한 틈새라도 있으면 꽉 붙잡고 매달릴 작정이었다. 작은 계기라도 만들어야 했다. 직장 생활을 하면서 여러 스타트업의 상황에 관여해 보았지만 이번에는 내가 마주했던 그 어떤 경우보다도 의구심과 불확실성이 컸다.

그렇게 픽사에서 일을 시작한 지 두어 달이 지나고 1995년 5월의 첫째 주 주말이 되었다. 그날 일어난 사건 덕분에 나는 절대 상상도 못 한 방식으로 불현듯이 슬럼프를 벗어날 수 있었다. 픽사가 헤쳐 나가야 할 과제가 달라졌다고 이야기할 수는 없겠지만 내 안의 마음가짐이 달라졌음은 분명했다.

"가게에다 비디오 반납하고 올게." 일요일 오후 나는 별생각 없이 힐러리에게 말했다. "오래 걸리진 않을 거야. 한 20분 정도? 오늘 밤에 볼 비디오도 하나 빌려 올게."

힐러리는 셋째를 임신하고 8개월이 넘은 만삭의 몸이었다. 우리는 그날 저녁 집에서 쉬면서 영화나 볼 요량이었다. 우리 집에서 1.5km쯤 떨어진 곳에는 비디오 대여점 블록버스터Blockbuster가 하나 있었다. 나는 블록버스터에 스케이트를 타고 가면 재미있겠다고 생각했다. 10분 정도밖에 걸리지 않는 거리였고 가는 동안 운동도 좀 되겠거니 하는 생각으로 롤러블레이드의 끈을 맸다. 당시 한창 인기를 끌고 있던 인라인 스케이트였다. 나는 종종 제이슨을 데리고 근처 놀이터로 스케이트를 타러 가서 우리 나름대로 롤러 하키를 즐기곤 했다.

따뜻하고 화창한, 기분 좋은 봄날이었다. 나는 느긋한 마음으로, 천 번은 오갔을 집 근처 도로를 따라 스케이트를 탔다. 그런데 갑자기 일말의 경고도 없이, 내 몸이 도로를 따라 똑바로 직진하지 못하고 가속도가 붙으며 옆으로 밀려나는 느낌이 들었다. 자갈 같은 걸 밟은 게 틀림없었다. 왠지 모르게 오른쪽 다리가 위로 붕 떴고 왼쪽 다리를 땅에 디딘 채 몸이 홱 돌아갔다. 그러나 다리가 함께 돌아가지 않고 몸만 돌아갔다는 게 문제였다. 순간적으로 다리에 가해진 회전력이 감당할 수 있는 범위를 훌쩍 뛰어넘었다.

땅바닥으로 넘어지는 순간 아찔할 정도로 크게 '뚝!'하는 소리가 났다. 뼈가 심하게 부러졌음을 즉시 알아차리고는 도로에 쓰러진 채 충격을 가누지 못했다. 골절 부위는 스케이트화가 다리와 맞닿는 지점이었다. 그 순간 다리가 너무 아팠고 소름 끼치도록 이상한 느낌이 들었다. 몸이 부들부들 떨리는 게 느껴졌다. 나는 계속 생각했다. '스케이트를 어떻게 벗기지?'

지나가던 차들이 멈춰 서기 시작했고 어떤 여자가 다가와 도움이 필요한지 물었다.

"어떻게 넘어졌는지 모르겠어요. 다리가 부러진 것 같아요. 저희 집 사람에게 좀 알려 주시겠어요? 집이 이 근처거든요. 고맙습니다."

"누가 올 때까지 여기 같이 있어 줄게요." 여자는 말했다.

나중에 알았지만 누군가가 우리 집까지 차를 몰고 가서 문을 두드렸다고 한다. 손님을 맞으러 나간 힐러리는 8개월 만삭 임산부의 몸으로 결코 들어서는 안 될 소식을 들었다.

"남편분께서 사고를 당하셨어요."

힐러리는 황급히 내가 누워 있는 곳으로 왔다.

"난 괜찮아." 나는 말했다. "다리가 부러졌어. 스케이트를 어떻게 벗겨야 할지 모르겠네."

"응급구조대원들은 분명 방법을 알 거야." 힐러리는 나를 안심시키려 애썼다.

구급차가 도착했고 구조대원은 내 다리를 살폈다.

"스케이트를 벗겨야겠어요." 그는 단호하게 말했다. 나중에 하려면 훨씬 더 힘들 거라고 했다. 어떻게 했는지 모르겠지만 그들은 스케이트를 벗기는 데 성공했다.

곧 나는 응급실로 실려 가서 다리의 엑스레이 사진을 찍었다. 왼쪽 발목 바로 위 정강이뼈가 들쭉날쭉하게 나선형으로 골절되었다는 진단이 나왔다. 응급실에 당직 중이던 정형외과 의사는 내가 선택할 수 있는 몇 가지 방법을 설명해 주었다. 깁스를 하거나 수술로 뼈를 이어 붙여야 한다고 했다. 나는 깁스를 하는 것도 그리 나쁘지는 않겠다고 생각했다. 의사가 설명한 수술에 비하면 훨씬 나은 선택 같았다.

하지만 힐러리는 다른 소견을 듣고 싶어 했다. 스탠퍼드 의료원에 근무하면서 알게 된 지인들에게 전화를 걸어 그 지역 최고의 의사들을 추천받았다. 일요일이어서 그날 당장은 아무도 진료를 하지 않았지만, 다음 날 진료를 볼 수 있는 외과 의사를 한 명 찾았다. 우리는 일단 집으로 돌아갔고 나는 부러진 다리를 가누지 못해 소파에 털썩 주저앉았다. 다음 날 아침까지 다량의 진통제를 먹으며 버텼다.

"깁스는 말도 안 됩니다." 의사는 말했다. "깁스를 할 경우, 평생 절뚝이면서 걷게 될 위험이 커요. 골절 면이 너무 삐죽삐죽한 데다 부위도 발목에 너무 가깝거든요. 한쪽 다리가 반대쪽 다리보다 길어질 겁니다. 수술 역시 위험하긴 하지만 잘만 된다면 걸음걸이에 문제는 없을 거예요."

이 의사가 이야기하는 수술은 20cm짜리 티타늄 막대를 뼈에 박아 골절된 뼈들을 고정하는 방법이었다. 수술이 성공한다면 2년 뒤 막대를 제거할 수 있었다.

"수술은 내일 가능해요." 의사는 말했다. "3개월 동안 운전은 못 하실 거고, 회복 기간도 괴로우실 거예요. 다친 다리를 재활하려면 물리치료도 해야 하고요. 하지만 너무 걱정은 마세요. 저희가 잘 치료해 드릴 테니까요."

'너무 걱정하지 말라니!' 나는 속으로 생각했다. 이것은 재앙이었다. 3주 뒤면 아기가 태어날 예정이었다. 새 직장에 근무한 지는 3개월도 되지 않았다. 상사는 이런저런 요구 사항이 많고, 직원들은 내가 언제 성공 전략을 내놓나 지켜보고 있었다. 그 모든 일을 어떻게 해야 한단 말인가? 시작도 하기 전에 실패한 것만 같았다. 하지만 달리 뾰족한 수도 없었다.

다음 날 나는 휠체어를 타고 팰로앨토에 있는 스탠퍼드 의료원 수술실로 들어갔다. 티타늄 막대로 뼈들을 접합시키고 통증 억제를 위해 모르핀 수액을 매단 채 수술실을 나왔다. 다음 며칠 동안은 뿌연 안개 속이었다. 뼈에 박은 막대 때문에 통증이 후끈 치밀어 올랐고, 모르핀 때문에 정신이 혼미했다.

수술 다음 날 스티브가 입원실에 와 있었다. 병문안을 온 것이었다.

"많이 아픈가요?" 그는 물었다.

"견딜 만해요. 이 약들 덕분에." 나는 용감한 척 대답했다.

부끄러운 마음이 들었다. 새로 일을 시작한 지 몇 주 되지도 않았는데 이렇게 거동도 못 하는 상태가 되다니.

"일이 이렇게 돼서 미안합니다." 나는 말했다.

"미안해하지 말아요!" 스티브는 소리쳤다. "어서 낫기만 해요. 필요한 게 있으면 뭐든 저한테 알려 주시고요.."

입원실은 가족과 친구들이 보낸 꽃과 카드로 가득했다. 잡스 가족은 물론 에드와 픽사 팀이 보낸 것들도 있었다. 퇴원해 집으로 돌아올 때 스티브는 가족들을 대동하고 몇 번이나 나를 병문안했다. 그 시점에 우리는 알게 된 지 반년도 안 된 사이였는데, 그는 마치 옛 친구처럼 나를 대하고 있었다.

수술은 성공적이었다. 티타늄 막대는 의사의 계획대로 자리를 잡았고, 내 뼈들이 아물 수 있도록 잘 고정해 주고 있었다. 수술이 끝나고 일주일 후, 나는 모르핀의 혼미함을 벗어났고 왼쪽 다리에 커다란 검은색 부츠를 신은 채 목발을 짚고 절름거리며 걷기 시작했다. 이제 픽사로 돌아갈 마음의 준비가 되었다는 생각이 들었다. 처음으로 픽사에 대한 내 태도가 어딘지 모르게 달라졌다. 나는 3개월 가까이 픽사 주변을 배회했었다. 픽사의 가망성을 놓고 갈수록 낙담해 가는 상태였고 내가 그 자리에 있는 게 옳은 건지 의구심이 고개를 쳐들었다. 그런데 열흘 정도 떨어져 있고 보니 웬일로 픽사가 그리웠다.

내가 내린 결론을 바꾸어야 할 만한 변화는 아무것도 없었다. 원하던 발판도 여전히 없었다. 하지만 왠지 다른 기분이 들었다. 부상의 충격 때문이었을까. 스티브와 다른 픽사 사람들이 보여 준 보살핌과 배려 때문이었을까. 아니면 픽사가 하려는 일이 얼마나 엄청난 과업인지 조금 더 잘 이해하게 된 덕분이었을까. 어쨌든 이 배에 함께 타고 있다는 사실 자체가 처음으로 자랑스럽게 느껴졌다. 픽사는 더 이상 단순한 일자리가 아니었다. 픽사 사람들이 밟아 온 길과 지금 하려는 일들은 놀라움 그 이상이었다. 나도 뜻밖이었다. 돌아가고 싶어 몸이 근질거리다니. 전에 비해 뾰족한 답이 생긴 건 아니었지만 어떻게 할지 방법을 찾아볼 기회가 있다면 붙잡고 싶었다.

가장 먼저 해결해야 할 일은 스티브의 사무실 마련과 관련된 문제였다. 직원들은 그가 여러 해 동안 픽사에 대해 좌절감을 표출해 왔고 약속한 스톡옵션을 나누어 주지 않은 일 때문에, 더구나 그의 성미 때문에 픽사의 가족적인 문화가 망가질까 봐 두려워했지만 정작 스티브

본인은 이 사실을 전혀 모르고 있었다. 나는 이런 이야기를 그에게 직접 꺼내고 싶지 않았다. 감정을 자극하거나 관계를 악화시키는 위험을 감수해야 할 이유는 없었다. 하지만 어떻게든 이 문제를 처리해야 했다. 나는 어느 날 밤 그에게 전화를 걸었다.

"스티브, 저는 며칠 안으로 픽사에 복귀하려고 해요. 그러고 보니 지금이야말로 픽사 내에서 당신의 입지에 관해 이야기하기도 좋은 시점인 것 같네요."

"그거 참 반가운 소식이군요." 스티브는 말했다. "업무에 복귀하신다니 정말 기뻐요. 저는 사무실만 있으면 돼요. 매주 혹은 격주에 한 번씩 들를 계획이고요. 아마도 금요일이 좋겠죠."

"그건 전혀 문제없어요. 다만 당신의 역할과 목적을 분명히 해 둘 필요가 있어요." 나는 말했다.

"우리가 왜 그래야 하는데요?" 스티브는 물었다. 살짝 짜증이 섞인 목소리였다.

"회사 소유주가 왜 전보다 더 자주 모습을 보이는지, 그게 어떤 의미인지 모두가 궁금해할 테니까요. 회사로서는 하나의 변화죠. 좋은 변화이긴 하지만 변화는 변화예요. 당신은 최고경영자고 많은 권력을 쥐고 있어요. 직원들 입장에서는 당신이 뭔가를 바꾸거나 지금까지와 다르게 하고 싶어 한다고 생각할 수 있죠."

"저는 뭘 바꾸려는 게 아녜요." 스티브는 항변했다. "픽사에 좀 더 자주 드나들고 싶을 뿐이에요. 픽사의 일원이 되고 싶으니까요. 우리 영화의 마케팅에 관한 논의를 가까이서 접하고 싶기도 하고요. 마케팅은 디즈니가 하지만 픽사의 의사가 적극적으로 반영되어야 하잖아요."

"바로 그런 식으로 설명하면 될 것 같네요." 나는 대답했다. "픽사의 운영 방식을 바꾸려는 게 아니라, 픽사의 일원이 되어 더 가까이에 머물면서 영화의 마케팅 측면에 관여하려고 들르는 거라고요."

나는 에드 캣멀과 팸 커윈에게 전화를 걸어 이 모든 내용을 의논했다. 그들이 납득한다면 다른 사람들도 납득할 것이다. 에드는 예전에 스티브에게 픽사의 스토리 구성 작업에 간섭하지 말아 달라고 이야기한 적이 있었는데, 스티브에게서 좋다는 대답을 들었다고 말했다. 팸 역시 우리가 이렇게 해야 하는 이유를 납득했다.

"스티브는 회사의 소유주로서 언제든 원하는 때 올 수 있는 게 사실이죠." 팸은 말했다. "우리가 분위기를 잘 관리해서 직원들이 익숙해지게 하면 될 것 같아요."

"알겠어요. 우리가 내세울 취지에 스티브도 동의했어요. 더 이상 바랄 게 없겠네요." 나는 말했다.

2주 뒤 금요일 아침, 나는 우리 집 현관 복도에 서서 창밖으로 집 앞 도로를 내다보고 있었다. 스티브의 차가 도착하기를 기다리는 중이었다. 그는 은색 메르세데스를 타고 조만간 나타나 자신의 새 사무실이 마련된 픽사까지 나를 태워다 줄 참이었다. 나는 목발을 짚고 왼쪽 발에 커다란 부츠를 신고 있었다.

내 상사인 스티브 잡스가 운전하는 차를 타고 출근을 하려니 기분이 상당히 묘하긴 했다. 하지만 일이 그렇게 되었다. 3개월 뒤 내가 다시 운전할 수 있게 될 때까지 스티브는 픽사에 갈 때마다 나를 데려다 주고 다시 집으로 데리고 왔다. 다른 날은 출퇴근 방향이 비슷한 나의 새 부하 직원 세라 스태프Sarah Staff가 고맙게도 운전기사 노릇을 해 주었다.

스티브가 픽사에서 더 많은 시간을 보내도록 방법을 마련하는 것이 내가 생각했던 발판은 아니었다. 하지만 처리해야 할 문제 하나가 해결된 것은 사실이었다.

스티브의 차로 처음 함께 출근을 한 날로부터 일주일 뒤, 힐러리는 분만실에 들어갔고 우리의 셋째 아이가 태어났다. 나는 분만실에서 한 쪽 다리로 서서 그 순간을 맞이했다. 퇴원할 때 우리 부부는 둘 다 휠체어를 타고 병원을 나왔다. 힐러리는 갓난아이를 안고 나는 목발을 든 채였다.

〈토이 스토리〉의 엔딩 크레딧 끝부분에는 '프로덕션 베이비'라는 항목이 등장한다. 그 밑에는 영화의 제작 기간 사이에 태어난 픽사 직원들의 아이들 이름이 나열되어 있다. 그 가운데 우리 딸 제나의 이름이 올라 있다는 사실이 나는 더없이 뿌듯했다.

6
엔터테인먼트 회사는 어떤 곳인가?

"스티브, 정확한 데이터는 없지만 가정용 비디오 시장을 살펴봤더니 규모가 엄청나네요. 디즈니는 이 시장에서 떼돈을 벌고 있어요." 1995년 6월 초의 어느 날 밤 나는 이렇게 말했다.

"사람들이 그런 가족 영화를 너무나 좋아하니까요." 스티브는 대답했다. "영화관에서 한 번만 보고 끝내길 원치 않고 여러 번 반복해서 보고 싶어 하죠. 등장인물들도 인기가 많고요. 부모들도 아이들에게 형편없는 영화 대신 〈알라딘〉이나 〈미녀와 야수〉 같은 영화를 보여 주고 싶겠죠."

우리 집이 전형적인 사례였다. 우리는 최근에 나온 디즈니 애니메이션을 전부 보유하고 있었고, 제이슨과 세라는 그걸 몇 번이고 다시 봤다. 〈알라딘〉은 아이들이 가장 좋아하는 영화였다. 로빈 윌리엄스가 탁월한 목소리 연기를 보여 준 지니에게 절대 싫증이 나지 않는 모양이었다. 스티브의 집도 사정은 마찬가지였다. 책꽂이에 우리 집과 똑같은 영화들이 줄줄이 꽂혀 있었다.

"사람들은 영화 한 편을 소장하려고 30~40달러를 지불해요." 나는 말을 이었다. "블록버스터에서 비디오를 빌리는 사람들도 있지만 이런 애니메이션 장편 영화의 경우 소장하려는 경향이 강하게 나타나는 듯 해요."

"디즈니가 그걸로 얼마나 버는지 알고 있나요?" 스티브는 물었다.

"정확히는 몰라요." 나는 대답했다. "머지않아 정확한 수치를 입수하려고 노력 중이긴 하지만요. 그런데 만약 픽사가 〈미녀와 야수〉를 출시했다면 대략 1,700만 달러를 벌었을 거라고 했던 계산 기억하세요? 제 생각에 그건 실제 수익의 10% 정도거든요. 크게 오차가 난다고 해도 영화 수익이 어마어마하다는 뜻이죠. 어쩌면 1억 5천만 달러 이상일 수도 있어요. 그 수익의 대부분이 가정용 비디오에서 나온다고 봐야죠."

가정용 비디오는 장편 애니메이션 영화를 생각보다 훨씬 큰 사업으로 바꾸어 놓고 있었다. 〈미녀와 야수〉, 〈알라딘〉, 〈라이온 킹〉은 역대 가장 수익성 높은 영화들이었다. 애니메이션 엔터테인먼트의 새로운 시대를 열었고, 디즈니의 애니메이션 사업부에 사상 초유의 상업적 성공을 안겨 주었다.

"투자자들이 무척 흡족해하겠네요." 스티브는 말했다. "픽사가 수십억 달러 규모의 비디오 시장에 진출한다면 말이에요."

"맞아요. 하지만 일단은 데이터를 구해 봅시다. 그렇다 해도 가정용 비디오 사업에만 의존해 픽사를 상장시킬 수 있다고 자신하긴 일러요."

스티브는 이 말에 움찔했다. 픽사가 아직 기업공개에 나설 준비가 안 되어 있다는 의견을 피력할 때마다 그는 싫은 기색을 보였다. 될 수 있으면 빨리 회사를 상장시키고 싶어 안달이 나 있었기 때문이다. 하지만 나는 한쪽 발을 브레이크에 대고 있었다. 픽사는 6개월 뒤 개봉 예정인 〈토이 스토리〉의 마무리 작업에 사력을 다하는 중이었다. 나는 프로젝트가 얼마나 위태롭게 진행되고 있는지 잠재 투자자들에게 보여 주고 싶지 않았다. 게다가 투자자들에게 자신감 있게 공유할 사업 계획도 없었다. 그리고 샘 피셔와의 대화를 통해 밝혀진 대로, 가정용 비디오 시장이 아무리 크더라도 디즈니와의 계약 때문에 가정용 비디오 수익에서 픽사가 가져갈 수 있는 몫은 아주 작았다.

장편 애니메이션 영화에 예상보다 큰 금전적 기회가 있음을 깨닫게 된 것과 거기다 회사 전체의 사활을 거는 것은 별개의 문제였다. 무엇보다도 디즈니와의 계약 때문에 영화 수익에서 우리 몫으로 돌아오는 금액은 오랜 기간, 어쩌면 10년 동안 미미한 수준에 그칠 것이다. 게다가 현시대에 독립적인 애니메이션 회사를 상장시킨 선례도 없었다. 디즈니가 처음 대중에게 주식을 판매한 것은 1940년의 일이었고, 1957년 뉴욕 증권거래소에 상장될 무렵에는 이미 애니메이션 이외의 분야로 사업을 확장한 상태였다. 나는 픽사도 그렇게 하면 좋겠다고 생각하고 있었다. 렌더맨 소프트웨어 판매처럼 좀 더 안정적인 사업으로 애니메이션 사업의 위험을 상쇄해 균형을 맞추어야 했다.

"픽사의 다른 기술들은 확장 가능성이 없다고 보시는 거죠?" 스티브는 말을 이었다.

"네, 맞아요. 어렵다고 봐요." 나는 대답했다.

"그러면 애니메이션이 남네요." 스티브는 말했다.

"네, 하지만 월스트리트가 영화를 한 번도 출시한 적 없는 순수 애니메이션 회사에 관심을 갖게 하기란 불가능에 가까울 거예요. 엔터테인먼트 회사로 간판을 내걸어야 한다는 뜻인데, 이건 우리가 거의 아는 바 없는 사업 분야잖아요."

회사를 상장시킨다는 것은 공공 증권거래소를 통해 투자자들에게 주식을 판다는 의미였다. 회사의 사업 자금을 충당하기 위한 자본금을 마련하고, 회사의 창립자들을 포함한 누구든지 자기 주식을 자유롭게 팔 수 있게 하려는 두 가지 목적이 있었다. 실리콘밸리에서 상장은 무엇과도 비교할 수 없을 만큼 확실한 성공의 징표였다. 스티브와 내가 처음 만났을 때부터 스티브는 픽사의 상장을 고심하고 있었다. 그가 나를 고용한 이유 중 하나이기도 했다. 그 생각은 한 번도 그의 머리를 떠난 적이 없었다.

하지만 기업 상장은 어마어마한 과업이라 성공시키기가 극도로 어려웠다. 대다수의 스타트업은 상장까지 가기도 전에 돈이 바닥났다. 스티브가 10년 가까이 픽사의 자금을 기꺼이 대 온 것은 스타트업을 살리는 방법치고 굉장히 이례적인 경우였다. 실리콘밸리의 기준으로 픽사는 이미 여러 해 전에 문을 닫았어야 했다. 이제 스티브는 종착점을 꿈꾸고 있었지만 일은 생각만큼 빠르게 진척되지 않았다. 그러나 서두른다고 될 일이 아니었다. 픽사가 어떤 회사인가에 대해 명료한 비전이 필요했다. 그 비전은 픽사의 상장을 위해서만 중요한 게 아니라, 앞으로 오랫동안 회사를 이끌어 줄 전략적 방향이기도 했다. 하지만 아직 우리에게는 그런 비전이 없었다.

비전을 수립하기 어려운 이유 중 하나는 스티브와 내가 전혀 모르는 사업을 마주하고 있어서였다. 우리는 엔터테인먼트 분야에 아무런 경험이 없었다. 공부가 필요했다. 이런 면에서 스티브는 매우 적극적이었다. 픽사의 기업공개를 어서 진행하고 싶어 조급해하고 있긴 했지만 먼저 알아보아야 할 것이 많다는 걸 그도 알고 있었다. 우리는 즉각 엔터테인먼트 사업을 공부하고 알게 된 바를 공유하며 전체적인 그림을 조각조각 맞추어 나가는 작업에 돌입했다.

나는 디즈니라는 회사에 관한 자료들부터 모두 구해 읽기 시작했다. 디즈니와 픽사는 어떤 면에서 깜짝 놀랄 만큼 닮아 있었다.

월트 디즈니는 오래전부터 신문 만화에 관심이 있었다. 제1차 세계대전 중 프랑스에서 구급차 운전병으로 복무한 뒤 고국으로 돌아온 그는 처음으로 애니메이션 만화를 접했고 이 분야에 곧 깊은 흥미를 갖게 되었다. 아이러니하게도 그는 이 분야에 너무 늦게 진입해서 더 이상의 성장 기회가 남아 있지 않은 게 아닌지 두려웠다고 한다. 결국 그는 이 분야를 창작적, 기술적 측면에서 새로운 영역으로 확장함으로써 성장 기회를 스스로 만들어 내었다. 바로 픽사가 지금 하려는 것처럼 말이다.

1928년 디즈니는 애니메이션의 흐름을 바꾸어 놓은 흑백 단편 만화 한 편을 선보였다. 〈증기선 윌리〉라는 제목의 이 만화는 두 가지 면에서 혁신이었다. 우선, 관객들이 일찍이 본 적 없는 완성도 높은 만화 주인공을 세상에 내놓았다. 바로 미키 마우스였다. 또한, 이것은 동시 음향synchronized sound을 사용한 최초의 만화였다. 음향이 동작과 동기화되어 있어서 관객들이 전반적으로 예전보다 훨씬 몰입도 높은 영화 감상을 할 수 있다는 뜻이었다.

미키 마우스의 성공 후 디즈니는 최초의 장편 애니메이션 영화를 목표로 정했다. 1937년이 되어서야 〈백설공주와 일곱 난쟁이〉가 출시되었다. 스토리, 캐릭터, 색상, 음향, 애니메이션의 깊이 면에서 다시 한 번 여러 가지 혁신을 가져온 걸작이었다. 이 영화는 일곱 난쟁이를 세상에 알렸고, 미국 문화의 아이콘으로 재빨리 자리 잡았다.

디즈니와 픽사의 다른 유사점들은 그다지 고무적이지 않았다. 픽사처럼 디즈니는 오랫동안 재정적 어려움을 겪었다. 월트 디즈니는 살고 있는 집을 담보로 위험한 은행 융자를 받을 정도로 〈백설공주와 일곱 난쟁이〉에 모든 것을 걸었다. 영화의 성공은 재정적 보상을 안겨 주었지만 머지않아 디즈니는 다시금 어려움에 빠진다. 애니메이션은 대단히 변덕스러운 사업 분야임이 입증되면서, 디즈니는 곧 사업 다각화에 들어갔다.

1953년 그는 부에나 비스타 디스트리뷰션Buena Vista Distribution이라는 영화 배급 회사를 세웠고, 1954년 텔레비전 분야로 진출해 ABC에서 처음 방영된 〈디즈니랜드〉라는 텔레비전 프로그램으로 호평을 받았다. 1955년에는 디즈니랜드를 개장했다. 테마파크 경험을 새로이 디자인하기 위한 대담한 모험이었다. 그는 실사 영화에도 손을 대, 1964년 돌파구가 된 작품 〈메리 포핀스〉로 커리어의 정점을 찍었다.

디즈니가 다각화시킨 사업의 폭이 얼마나 광대한지 확인하고 나니 순수 애니메이션 회사라는 아이디어에 더욱 의구심이 들었다. 모두가 인정하는 애니메이션의 왕도 해내지 못했는데, 다른 이가 해낼 가능성은 얼마나 되겠는가?

어쩌면 픽사도 디즈니처럼 사업을 다각화하는 것이 정답일지 몰랐다. 하지만 디즈니가 벌인 사업 두 가지는 픽사에게 처음부터 논외였다. 테마파크를 열려면 수십억 달러가 들 것이고, 디즈니는 자기네 테마파크에서 픽사 캐릭터를 사용할 권한이 있었다. 따라서 우리는 우리 캐릭터라도 마음대로 사용할 수가 없었다. 영화 배급 사업 또한 생각해 볼 가치가 없었다. 영화 배급은 수십 년 동안 대형 영화사들이 꽉 잡고 있었고, 우리에게는 우리 영화를 배급할 권한조차 없었다. 하지만 실사 영화는 어떨까? 그건 조금 탐구해 볼 만한 가치가 있었다. 그래서 스티브와 나는 어느 날 조 로스Joe Roth의 사무실에서 미팅을 하게 되었다.

조 로스는 할리우드의 A급 경영자 겸 영화 제작자였다. 20세기 폭스사의 회장직을 역임했고 한 해 전 월트 디즈니 스튜디오의 회장이 되었다. 디즈니의 모든 실사 영화 사업이 그의 손을 거쳐 갔다. 스티브와 나는 그와 미팅 약속을 잡을 수 있었던 것만으로도 운이 좋았다고 생각했다. 우리의 목표는 실사 영화 사업을 이해해서 픽사가 그 사업에 뛰어들지 말지를 결정하는 것이었다.

조 로스의 사무실에 도착해 보니 할리우드 신전의 지성소에 들어온 느낌이 들었다. 사무실은 불과 몇 년 전 캘리포니아 버뱅크에 지어진 본사 건물 팀 디즈니Team Disney 내에 자리 잡고 있었다. 디즈니의 할리우드 부지에 자리 잡은 웅장한 건물이었다. 높다란 건물 정면 위쪽에 일곱 난쟁이의 거대한 조각상이 보였다. 우리는 건물로 들어가는 길에 걸음을 멈추고 마치 디즈니랜드에 들어가는 어린아이들처럼 그 조각상을 올려다보았다.

거대한 난쟁이 조각상을 지나 건물 안쪽으로 들어서자 조용하고 엄숙한 분위기가 풍겼다. 주변에 사람이 거의 보이지 않았고, 보안 요원이 삼엄히 경비를 서고 있었다. 우리는 중역실에 있는 조의 사무실로 안내를 받았다. 그의 사무실은 넓고 고급스러우며 중후했다. 창가에 아름다운 원목 책상이 놓여 있었고 반대편에는 소파가 있었다. 그는 우리에게 그쪽으로 앉을 자리를 권했다.

조는 만나자마자 우리를 따뜻하고 친근하게 대했다. 우리보다 몇 살 위였고 목소리가 부드러웠으며 캐주얼하지만 맵시 좋은 옷차림에,

따스하고 자애로운 미소와 희끗희끗해진 머리카락도 인상적이었다. 우리는 우선 픽사에서 하려는 일을 설명하기 시작했다. 몇 분 뒤 조의 책상 뒤쪽 구석에서 전화가 울렸다.

"죄송합니다." 조는 말했다. "정말 미안해요. 저 전화를 꼭 받아야 해서요. 오래 걸리지는 않을 거예요. 잠시만 편안하게 기다려 주세요."

조는 사무실 반대편의 창가에 서서 몇 분간 통화를 했다. 그런 다음 우리에게 돌아왔다.

"꼭 받아야 하는 전화라 실례했습니다. 로버트 레드퍼드였어요. 그분은 연락이 닿기가 쉽지 않거든요. 더 이상 말씀을 끊는 일은 없을 거예요."

그 건물을 나서자마자 스티브와 나는 침착함을 잃지 않으려 애썼지만 둘 다 머릿속에 한 가지 생각밖에 없었다.

"로버트 레드퍼드라니!" 스티브는 외쳤다. "〈태양을 향해 쏴라〉! 〈스팅〉! 저였어도 그분을 기다리시게 할 수는 없었을 거예요. 우와!"

"그러니까요. 저도 미팅 내내 그 생각밖에 안 났어요!" 내가 말했다.

"나도요." 스티브도 맞장구쳤다.

우리는 스타에게 얼이 나가 있었다! 몇 년 뒤 스티브도 전 세계 유명 인사들과 친분을 쌓게 됐지만 그 시점의 우리는 레드카펫에서 연예인들을 잠깐 본 10대 청소년이나 다름없었다.

그 회의에서 우리는 처음으로 실사 영화 제작에 대한 가르침도 얻었다.

"이걸 포트폴리오 사업이라고 생각하세요." 조는 설명했다. "매년 영화사는 영화 라인업에 자금을 배분해요. 저예산으로 만들 영화도 있고, 중간쯤의 예산이 들어가는 영화도 있고, 많은 예산을 쏟아부을 영화도 있겠죠. 그런 다음 마케팅에 대해서도 똑같은 작업을 해요. 각 영화의 마케팅 비용으로 금액을 할당하는 거죠. 그러고 나서 영화를 개봉하는 거예요. 히트작을 충분히 만들어서 흥행 성적이 좋지 않은 영화들을 만회할 수 있길 기대하면서요."

"라인업에 들어가는 영화는 몇 편 정도인가요?" 스티브는 물었다.

"그때그때 달라요." 조는 대답했다. "정해진 개수는 없어요. 적게는 여섯 편일 때도 있고, 많게는 열다섯 편에서 스무 편에 이르는 경우도 있죠. 개봉 연도, 영화사의 규모, 자금원 등 여러 요소에 따라 달라요."

"어느 영화가 뜰지 어떻게 알죠?" 스티브는 물었다.

"저희도 몰라요." 조는 솔직히 털어놓았다. "안다고 생각하고 싶지만 실은 몰라요. 대박이 날 영화를 예상하기는 어렵거든요. 대스타를 쓰면 처음에 반짝하는 효과가 보장되지만 그런 경우조차 영화의 최종적인 흥행 실적은 알 수가 없어요."

"그러니까 창작 전략 못지않게 재무 전략이 중요하다는 건가요?" 나는 물었다.

"맞아요." 조는 말했다. "물론 창작적 측면에서 최선을 다해 좋은 영화를 만들려고 노력하지만, 무엇보다도 라인업을 잘 구성하는 게 가장 중요해요."

우리에게는 전부 생소한 이야기였다. 디즈니와 다른 영화사들은 영화 라인업에 자금을 분산시키고 있었다. 그 가운데 몇 편이 인기를 얻고 히트를 쳐서 그렇지 못한 영화의 손실을 만회할 수 있기를 바라면서 말이다.

"영화 제작은 좋은 사업이 아녜요." 조는 말을 이었다. "새로운 영화를 개봉하는 것만으로는 성공하기가 어렵거든요. 승부는 라이브러리에서 판가름 날 때가 많아요."

"그건 어째서인가요?" 스티브는 물었다.

"영화 한 편이 국내와 해외 극장 상영에서 좋은 반응을 얻고 나면 영화사의 라이브러리에 올라가요. 그게 좋은 영화라면 사람들이 수년간 여러 차례 반복해서 보겠죠. 가정용 비디오 같은 새로운 기술 덕분에 그럴 가능성이 더 커졌어요. 대형 영화사들이 구축해 놓은 거대한 영화 라이브러리는 그 회사의 영화 사업에 꾸준한 부가가치를 제공해주죠."

이 역시 금시초문이었다. 나는 영화사들이 그 라이브러리를 어떻게 평가하는지 알고 싶었다.

"정확한 법칙이 있는 건 아니에요." 조는 설명했다. "하지만 할리우드 대형 영화사들의 경제적 가치를 살펴보면 영화 라이브러리가 정말 중요하다는 걸 알 수 있죠."

스티브와 나는 집으로 돌아오는 길에도 대화를 이어 갔다. 스티브는 우리를 로스앤젤레스까지 데려다주고 데려올 전용기를 대여했다. 편안한 가죽 좌석에 여섯 사람 정도가 앉을 수 있는 소형 제트기였다. 우리는 함께 상용 비행기를 탄 적도 있었지만 스티브는 공항의 번잡함을 싫어했다. 나는 난생처음 전용기를 타고 스티브와 마주 앉았다. 그날 미팅에서 조는 더없이 열린 마음으로 많은 도움을 주었고, 그렇게 시작된 우리의 관계는 몇 년 뒤 그가 픽사 이사회에 합류하는 인연으로 이어졌다.

"대형 영화사에서는 결국 자금 조달과 배급이 가장 중요하네요." 스티브는 말했다. "훌륭한 제품 하나를 만드는 데 집중하지 않아요. 완전히 다른 사업 모델이에요."

"그 모델이라면 영화가 극장 개봉에서 나쁘지 않은 수준의 반응만 겨우 얻더라도 라이브러리에서는 오래도록 진가를 발휘할 수도 있어요. 빠르게 가치가 떨어지는 IT 제품과는 완전히 딴판이에요." 나는 덧붙였다. "우리가 실사 영화 사업에 진출할 경우, 작은 규모로 해 보기가 불가능하다는 뜻이죠. 매년 영화 라인업을 만들고, 몇 작품이 대박 나기를 바라면서 라이브러리를 쌓아 나가야 할 테니까요."

"하지만 애니메이션은 달라요." 스티브는 말했다. "디즈니조차 애니메이션 영화는 일 년에 한두 편만 만들잖아요. 똑같은 모델을 애니메이션에 적용할 수 없는 이유가 뭘까요? 픽사가 애니메이션 영화 한 편을 히트작으로 만드는 데에 온 힘을 다하듯이, 실사 영화도 똑같이 해 볼 수 있지 않을까요?"

픽사의 실사 영화 사업 진출 가능성을 놓고 우리의 논의는 계속되었다. 영화 제작에 재능 있는 인재를 영입할 수 있을까, 할리우드에 사무실이 필요할까 등 세부적인 사항에 관해서도 이야기를 나누었다. 전용기를 타고 가며 픽사가 실사 영화 사업에 진출해야 할지 말지를 놓고 스티브 잡스와 이야기를 나누다니. 나는 잠시간 할리우드의 거물이 된 것 같은 착각이 들었다. 우리는 아직 영화사의 경영진이 아니었지만 그 사업을 알아 가는 게 즐거웠다.

며칠 뒤 우리는 에드에게 이 화두를 가지고 갔다. 그의 사무실에 앉아 우리가 애니메이션 영화를 만드는 것과 동일한 방식으로 실사 영화를 만들 수 있을지 의견을 구했다.

"영화가 만들어지는 방식이 달라요." 에드는 말했다. "애니메이션에서는 훨씬 더 많은 부분을 통제할 수 있어요. 스토리보드 작업, 캐릭터 모델링, 애니메이션 테스트 등의 절차를 거쳐 이야기를 수차례 반복해서 다듬고 또 다듬죠. 줄거리나 캐릭터가 신통치 않으면 얼마든지 바꿀 수 있어요. 실사 영화는 그런 유연성이 없죠. 일단 촬영이 끝나고 나면 가지고 있는 화면으로 어떻게든 영화를 만들어야 해요."

에드는 말을 계속했다. "대박 나는 영화가 그리 많지 않은 이유가 바로 그거예요. 영화 제작자가 어딘가 미흡한 영화를 만들고 싶어서가 아니라, 촬영한 화면만으로 영화를 만들어야 하는데 필요한 장면이 없을 때가 있기 때문이죠."

"픽사의 스토리보드 방식이 실사 영화를 만드는 데 도움이 되지 않을까요?" 스티브는 물었다.

"도움이 되겠죠." 에드는 말했다. "하지만 장담할 순 없어요. 애니메이션에서는 영화 제작 중간에도 이야기를 다듬을 기회가 있어요. 실사 영화에서는 무대가 해체되고 배역과 제작진이 전부 흩어지고 나면 줄거리를 수정하기가 훨씬 어렵죠."

스티브의 차를 타고 집으로 돌아오면서도 논의는 계속 이어졌다.

"실사 영화 사업에 진출하는 게 우리에게 과연 이득인지 잘 모르겠어요." 나는 말했다. "애니메이션은 모든 달걀을 한 바구니에 담고 아주 가까이에서 지켜보는 것과 같아요. 반면에 실사 영화는 여러 바구니에 달걀을 나누어 담고 그중 몇 개가 부화하기를 기대하는 격이죠. 두 가지 사업 모두 위험하기는 마찬가지예요. 어느 한쪽이 균형을 잡아 준다거나 다른 쪽에 도움이 되는 것 같지는 않아요."

"오히려 역효과가 날 수도 있어요." 스티브는 말했다. "실사 영화를 반드시 여러 편 출시해야 한다면 실패하는 영화 때문에 애니메이션에서 쌓아 온 평판이 훼손될 수도 있잖아요."

"그건 사실이에요." 나는 동의했다. "월트 디즈니는 애니메이션에서 확고하게 입지를 구축한 다음에야 실사 영화에 손을 댔죠."

"픽사가 최고가 아닐 수도 있는 영화를 내놓는다는 건 생각하기도 싫어요." 스티브는 단호하게 덧붙였다.

내 생각도 마찬가지였다. 실리콘밸리는 혁신적인 제품으로 세상을 바꾸려는 사람들이 모인 곳이었다. 물론 실사 영화를 여러 편 출시하는 것이 나쁜 전략은 아니었다. 단지 우리의 사고방식과 맞지 않을 뿐이었다. 게다가 애니메이션 영화와 실사 영화는 둘 다 아주 위험한 사업 같아 보였다. 한쪽이 다른 쪽의 위험을 상쇄해 주지 못할 것이다.

그런 관점에서 바라보니 실사 영화를 진지한 기회로 평가하기보다 그 사업을 단념하는 쪽으로 의견이 모이는 느낌이었다. 최고를 겨냥하지 않고 제품을 만든다는 생각은 스티브에게 조금도 용납되지 않았다. 우리의 처음 기대와 달리, 위험을 완화하는 전략으로서 실사 영화의 매력도가 급속히 떨어졌다.

픽사를 애니메이션 엔터테인먼트 전문 회사로 키우는 방안만이 점점 더 유일한 대안으로 부각되고 있었다. 나는 픽사에 온 이후로 그것만은 어떻게든 피하고 싶었다. 이리저리 살펴봐도 그게 얼마나 험한 길일지 뻔히 보였기 때문이었다. 디즈니 계약이 얼마나 짐스러운지 알게 되었을 때도 그 생각을 했고, 고예산 대작 영화 출시에 따르는 위험에 대해 알게 되었을 때도 그 생각이 떠올랐으며, 독립적인 장편 애니메이션 영화사치고 다른 사업으로 위험을 분산시키지 않은 회사가 거의 전무함을 알게 되었을 때 다시 한 번 그렇게 생각했다.

나는 한 번도 내가 순수한 엔터테인먼트 회사를 구축하도록 고용되었다는 생각을 해본 적이 없었다. 하지만 엔터테인먼트 회사가 어떤 곳인지 그 의미를 이해해 둘 필요가 있음이 갈수록 분명해지고 있었다. 스티브는 픽사의 상장에 대해 지속적인 압력을 가하고 있었고, 내게는 상장을 긍정적으로 검토할 만한 데이터가 전혀 없었다. 자료를 얻으려면 할리우드에서 적잖은 회의를 해야 할 터였다. 이걸 진지한 전략으로 삼으려면 사업의 경제 논리를 자세히 이해해야만 했다. 어디서부터 시작해야 좋을까?

나는 도서관을 출발점으로 삼았다. 팰로앨토에 있는 미첼 파크 도서관에서 나는 엔터테인먼트 산업에 대한 책을 한 권 발견했다. 해롤드 보겔의《엔터테인먼트 산업의 경제학*Entertainment Industry Economics*》이라는 책이었다. 1986년에 처음 출간된 이 책은 엔터테인먼트 사업의 원동력이 되는 모든 재무 및 경제 원칙들을 상세히 다루고 있어 업계의 참고 문헌처럼 통했다. 내용이 딱딱한 데다가 도표와 공식, 경제 분석이 빼곡한 책이었다. 나는 이 책을 처음부터 끝까지 읽었고, 여러 번 되풀이해서 읽은 섹션도 많았다.

이 책의 영화 엔터테인먼트에 관한 섹션은 다음과 같이 불길한 평가로 시작된다.

"많은 이들은 영화 제작만큼 재미있고 잠재적으로 이익이 많이 나는 사업이 없을 거라 여긴다. 어쨌거나 〈스타워즈〉는 처음 4년 동안의 초기 투자 비용 1,100만 달러로 1억 5천만 달러 이상의 수익을 냈으니까. 그렇지만 돈보다는 자기만족이 영화에 대한 투자에서 얻을 수 있는 유일한 수익이 될 때도 많다. 다른 일에서와 마찬가지로 겉보기와 실제가 항상 일치하지만은 않는다. 사실 주요 극장용 영화 10편이 제작된다고 가

정하면 평균적으로 그중 예닐곱 개의 영화는 전혀 이익을 내지 못하고 한 개는 본전만 간신히 건지는 것으로 알려져 있다."[*]

어이쿠야! 자기만족이 유일한 투자 대비 수익이라고? 영화 열 편 중 두 편만 수익성이 있다고? 야구 타율보다도 나쁜 수치였다. 보겔의 분석은 히트작의 가능성이 낮고 블록버스터의 가능성은 그보다 더 낮음을 분명히 밝히고 있었다. 사면초가였다. 같은 책 뒷부분에서 보겔은 영화 엔터테인먼트에 관해 한층 더 불길한 이야기를 꺼내 놓았다.

"역사적인 경험으로 볼 때 일반주 공모는 그렇게 쉬운 자금 조성 방법이 아니다. 주식 시장에서 뜨거운 투자 열기가 고조된 상황이 아닌 한, 신진 영화사는 길고도 험난한 장애물 코스를 맞닥뜨리는 경우가 보통이다. (중략) 엄격하게 주식 투자자의 입장으로 보면 창업 단계에 있는 소규모 영화 회사의 일반주 공모는 실질적인 자금의 회수가 가능했던 경우만큼이나 투자자들의 악몽이 되어 버린 경우도 많았다."[**]

보겔은 영화 회사의 상장에 관해 이야기하고 있었다. 바로 우리가 하려고 하는 일이었다. "길고도 험난한 장애물 코스"와 "투자자들의 악몽"은 아무리 좋게 말해도 이상적인 시나리오는 아니었다. 스티브는 기업공개를 계속 요구하고 있는데, 보겔은 이렇게 크고 번쩍거리는 네온사인 경고판을 들어 보이고 있었다. 나는 이게 정말 픽사를 위해 올바른 길일까 더더욱 걱정이 되기 시작했다. 첫 번째 영화를 마무리하

* Harold L. Vogel, Entertainment Industry Economics: A Guide for Financial Analysis (Cambridge University Press, 1986-2011), p. 71

** 같은 책 p. 117

려고 애쓰는 와중이라 더욱 그랬다.

픽사를 성장시켜 나가는 데 필요한 자금을 모으려면 기업공개가 수순이고 어쩌면 유일한 길이라는 점은 이해가 갔다. 그러나 기업공개에 실패할 경우 회사는 엄청난 타격을 입을 것이고 어쩌면 두 번 다시 회생이 불가할 수도 있었다. 나는 스티브의 상장 욕구와 암담한 비즈니스 현실 사이에 끼여 이러지도 저러지도 못하는 처지였다.

보겔의 책은 산업 전반을 파악하는 데 엄청난 도움이 되었다. 하지만 나는 더 구체적인 정보가 필요했다. 픽사의 영화와 관련된 모든 돈이 정확히 어디로 가는지 알 수 있는 세부적인 자료를 확보해야 했다. 우리에게는 아직도 영화로 어떻게 돈을 벌 것인지 상세한 재무 계획이 없었다. 그 정보 없이는 사업의 실질적인 가능성을 이해하고 구상하는 작업을 진행할 수가 없었다. 지도 한 장 없이 묻혀 있는 보물을 찾으러 가는 것이나 매한가지였다.

이때가 1995년 6월이었다. 〈토이 스토리〉는 11월에 나오기로 되어 있었고, 스티브는 기업공개 생각으로 안달이 나 있었으며, 나는 아직도 계산기를 두드리는 데 필요한 기초적인 정보를 입수하지 못했다.

그 무렵 나는 픽사의 새 관리 책임자로 세라 스태프를 채용한 상태였다. 내가 다리를 다치고 회복하는 동안 친절하게도 나를 차에 태워 함께 출퇴근해 준 바로 그 세라였다. 세라는 픽사가 벌이는 사업의 모든 회계와 재무 기획에 있어서 내 오른팔 역할을 해 주었다. 세라는 똑똑하고 사려 깊으며 다정다감하고 겸손했다. 세련되고 침착하며 훤칠한 키에 곧은 금발머리의 그녀는 완벽한 프로였다. 세라의 사무실은 재무 팀과 총무 팀이 전용으로 사용하는 픽사의 한 모퉁이에 있었다. 나는 그곳을 자주 찾아갔다.

“세라, 혹시 우리가 사업 전망을 수립하는 데 활용할 만한 영화 재무 모델을 구했나요?” 나는 어느 날 아침 그녀에게 물었다.

“아뇨, 그런 행운은 없었어요.” 세라는 대답했다. “전에 일하던 회계사무소에 이야기를 해서 로스앤젤레스 쪽 사무실들에 확인해 보았는데, 아쉽게도 가지고 있는 게 없다고 하네요.”

또 한 번 막다른 길이었다. 우리가 필요한 건 영화사마다 다 갖고 있는 숫자 표일 뿐인데, 그걸 구할 수가 없었다.

“저한테 아이디어가 하나 더 있어요.” 나는 말했다. “샘 피셔에게 전화해 보면 어떨까요? 우리 측 할리우드 변호사 말이에요. 이걸 구할 수 있는 곳을 아는지 물어보세요.”

두어 시간 뒤 세라가 내 사무실로 왔다.

“좋은 소식이긴 한데 아주 좋은 소식은 아녜요. 샘과 통화를 했어요. 놀랍게도 가진 자료가 있대요. 단, 외부에 공개하지는 않는다는군요. 의뢰인 자문을 위해 내부적으로만 사용한대요. 수치를 검토하는 작업은 기꺼이 도와주겠지만 재무 모델 자체를 줄 수는 없다네요.”

‘와! 그 재무 모델이라는 건 금 접시에라도 새겨져 있나 보군. 왜들 그리 비밀스럽게 군담?’ 나는 속으로 생각했다.

“그건 별로 소용이 없어요. 우리는 우리만의 재무 모델이 필요한 거니까요. 제가 직접 샘에게 사정해 볼게요.” 나는 말했다.

샘은 자기네 로펌의 영화 예측 모델이 기밀인 이유는 그 자료가 의뢰인 상담에 도움이 되었는데 그 내용이 외부인에게 공개되는 걸 의뢰인이 원치 않기 때문이라고 설명했다. 또한, 자신이 가진 자료는 실사 영화용이며 애니메이션의 경우는 상황이 다를 거라고도 이야기했다.

“모델을 공개하지 않는 이유는 충분히 이해해요.” 나는 애원하다시피 말했다. “하지만 저는 이 대목에서 정말 벽을 만난 느낌이에요. 도움을 청하는 곳마다 기밀이라는 대답뿐인데, 픽사가 앞으로 나아가려면 자체 모델이 꼭 필요하거든요.”

“저도 사정을 이해는 합니다만 저희는 이 정보를 외부에 공유한 적이 없어요.” 샘은 말했다.

하지만 사실 나는 실사 영화 때문에 그 정보를 원하는 게 아니었다. 애니메이션을 위한 모델을 만들고 싶었고, 그 내용이 같을 리 없었다. 단지 시작점이 필요할 뿐이었다.

한 가지 아이디어가 떠올랐다.

“샘, 가지고 계신 모델이 실사 영화용이라고 말씀하셨죠? 픽사가 그걸 애니메이션에 대해서만 사용하기로 약속드리면 어때요? 저희가 한 번 발전시켜 볼게요. 애니메이션에 맞게 고쳐야 할 테니 원본의 데이터는 사용할 필요가 없을 거고요. 그런 다음 저희가 그 결과물을 공유해 드리면 샘은 애니메이션 모델까지 확보하시게 되는 거죠.”

“애니메이션 모델에 필요한 데이터는 어디서 얻으시려고요?” 샘은 물었다.

“디즈니가 도와주겠다고 했어요. 디즈니도 자기네 모델을 저희에게 그대로 줄 수는 없지만요. 샘이 주시는 모델에다 디즈니의 도움을 받으면 만들 수 있을 거라 생각해요.”

샘은 잠시 생각에 잠겼다. “그런 조건이라면 좋습니다.” 그는 대답했다.

나는 전화선 너머로 뛰어가 그를 끌어안고 싶은 충동이 들었다. 스프레드시트 한 장에 그토록 짜릿한 기분이 들 거라고는 생각지도 못했다. 샘이 모델을 공유하기 조심스러워하는 이유는 충분히 이해할 만했다. 그는 우리를 도와주려고 크게 힘을 쓴 것이었다. 나는 진심으로 고마웠다.

샘의 로펌에서 수치를 보내왔다. 우리는 영화로 수익을 얻는 방법을 그때 처음으로 보게 되었다. 영화사가 박스오피스 수입에서 얼마를 가져가고, 영화 마케팅 비용으로 얼마를 책정하는 게 합리적이며, 영화가 언제 비디오, 텔레비전 및 다른 시장으로 출시되고, 그것으로 얼마의 수익이 생기는지, 영화 제작 예산과 이익 배분 계약이 수익에 어떤 영향을 끼치는지 따위를 마침내 확인할 수 있었다. 이런 세부 사항을 모르고서는 결코 영화 사업을 완진히 이해하지 못했을 것이다. 디즈니는 약속대로 애니메이션 장편 영화 사업의 운용 원리에 대한 우리의 질문에 답해 주었고, 우리는 그것을 참고하여 애니메이션에 부합하도록 이 모델을 고쳐 나갔다.

오래지 않아 우리는 애니메이션 장편 영화의 재무 성과를 모델링한 첫 모델을 급조해 내었다. 물론 어설프고 조잡했다. 그래도 우리 것이었다. 완벽하게 다듬어 나갈 방법은 차차 익히면 된다. 지금으로서는 출발점이 생겼다는 것만으로도 충분했다. 세라와 나는 마냥 행복했다. 작고 조용한 승리가 으레 그렇듯, 우리는 누구도 짐작하기 어려운 큰 만족감을 느꼈다. 다른 사람들에게는 대수롭지 않아 보였겠지만 우리는 영화 사업에 대한 논의에 비로소 한 자리 낄 수 있게 되었다는 느낌이 들었다. 남들 눈에 뭘 좀 알고 일하는 것처럼 보일 날이 언젠가 올 수도 있겠다는 희망이 생겼다.

그러나 수치가 구체화되자, 왜 해롤드 보겔이 주식 시장을 통해 자본을 마련하는 것이 영화사에게 험난한 장애물 코스와도 같다고 표현했는지 이해가 되기 시작했다. 아무리 계산을 돌려 보아도 투자자들이 좋아할 만한 매끄럽고 균일한 수익 성장이 나오게 하기가 사실상 불가능했다. 더구나 변수 자체가 가진 리스크가 엄청났다. 박스오피스 실적이 조금이라도 달라지면 회사의 수익이 통째로 날아갈 수도 있었다. 애니메이션에만 해당되는 또 하나의 이슈도 있었다. '보유 비용'이라는 이름의 성가신 세부 항목이었다.

보유 비용carrying costs이란 영화 작업을 하고 있지 않을 때 직원들에게 지급해야 하는 비용이다. 예를 들어, 〈토이 스토리〉의 애니메이션 작업이 끝나면 픽사는 애니메이터들에게 아무 일을 시키지 않아도 보수를 지급해야 한다. 나는 보유 비용이 픽사처럼 작은 회사의 수익성을 모두 빼앗아 갈 수 있음을 알게 되었다. 이것은 월트 디즈니 시대부터 존재했던 문제였고, 디즈니의 애니메이션 사업 진출이 그토록 어려웠던 이유 가운데 하나이기도 했다.

실사 영화에서는 이런 문제가 없었다. 제작자와 감독부터 영화배우, 카메라맨, 엑스트라 등 모든 제작진이 영화를 만든다는 유일한 목적하에 모이기 때문이다. 이 사람들은 제작에 관여하는 동안에만 보수를 받는다. 제작이 끝나면 뿔뿔이 흩어지고 그들에게 보수를 지급해야 할 책임도 사라진다.

그러나 애니메이션 스튜디오는 이런 식으로 돌아가지 않는다. 아티스트도 영화 제작자도 모두 스튜디오 직원들이다. 직장 경력 내내 한 영화사에 머무는 경우도 많다. 영화를 만들든 쉬든 보수를 받는다. 제작이 진행되고 있지 않을 때 스튜디오 직원들에게 계속 지급되는 보수의 규모는 어마어마하게 커질 수 있다. 픽사가 영화 제작을 쉬는 사이 직원들의 생산성을 계속 유지할 방법을 세심하게 계획하지 않는다면 영화가 대박이 나더라도 전반적인 보유 비용 때문에 수익이 바닥날 수 있었다.

나는 어느 날 밤 통화 중에 이 이야기를 꺼냈다.

"스티브, 저는 이 보유 비용 문제가 걱정스러워요. 픽사의 규모가 커질수록 영화 작업을 하지 않는 기간의 보유 비용은 더 커질 거예요. 말 그대로 할 일이 없어 앉아만 있는 직원이 수십 명이라도 그들에게 월급을 줘야만 한다는 뜻이니까요."

"파이프라인 문제군요." 스티브는 말했다. "직원들이 계속 분주하게 일할 수 있도록 파이프라인에 일을 충분하게 만들어야죠."

"그게 간단하지가 않아요." 나는 말했다. "스토리 개발이 관건인데, 그건 예측이 어렵기로 악명 높으니까요. 단순한 스토리 파이프라인 이외에 다른 옵션이 더 있었으면 좋겠어요."

우리는 에드와 이 문제를 상의했다.

"그게 큰 문제라는 건 저도 동의해요." 에드는 말했다. "하지만 우리가 할 수 있는 일들이 분명 있다고 생각해요. 연구가 필요한 기술적 과제들은 항상 있으니까요. 애니메이션으로 피부, 물, 바람, 머리카락, 사람을 표현하는 문제 같은 것들이요. 소규모 팀을 이 문제의 해결에 투입할 수 있겠죠. 역량 개발의 일환으로 단편 영화를 계속 만드는 방법도 있고요. 특히 연출자들에게 도움이 될 거예요."

"그 말은 영화 제작이 잠잠할 때 앞으로 더 좋은 영화를 만들 수 있도록 연구 개발에 집중하자는 이야기인가요?" 스티브는 물었다.

"맞아요." 에드는 대답했다. "물론 직원들이 계속 분주히 일할 수 있도록 영화 제작에 걸리는 시간을 조절해 보려고 노력해야겠죠. 인력

가동률을 높이는 게 일차적인 목표니까요. 만약 그래도 소용이 없다면 다른 방법들이 있긴 해요."

"하지만 그렇게 되면 사업 계획이 엉망이 될 거예요." 나는 지적했다. "모두에게 보수를 지급해야 한다는 사실은 변함이 없어요. 영화제작에서 연구 개발로 용도만 바뀔 뿐 비용이 발생하는 것은 똑같거든요. 그보다 직원들을 수익 창출에 도움 되는 제품에 투입할 수 있다면 훨씬 좋을 텐데요."

"팸은 예전부터 비디오 게임 제작을 생각하고 있었어요." 에드는 말했다. "우리 영화들을 바탕으로 한 게임을 만드는 데 관심 있는 친구들이 몇 명 있거든요. 몇 사람을 그쪽으로 전환할 수 있을지도 몰라요."

다행히도 몇 가지 방안이 있기는 했다. 하지만 이 보유 비용 문제는 잠재적인 아킬레스건으로 작용해, 우리 영화가 잘 되더라도 픽사의 성공 가능성을 갉아먹을 우려가 있었다.

1995년 6월이 끝나 가고 있었다. 〈토이 스토리〉의 개봉이 불과 몇 달 뒤였다. 나는 애니메이션의 사업 가능성을 드디어 이해했다. 하지만 독립적인 장편 애니메이션 영화사가 성립 가능함을 이론상 입증해 보일 수 있다 해도, 픽사의 경우 디즈니와의 계약이라는 올가미에 묶인 채 몇 년을 버텨야 했고 그 기간에는 디즈니가 수익 대부분을 가져갈 게 뻔했다. 보유 비용 문제도 여전히 남아 있었다.

나는 위험 분산 없이 애니메이션을 단독 사업으로 내세워 투자자들을 붙잡아 두기란 너무나도 어려우리라는 것을 본능적으로 알 수 있었다. 많은 이들은 그걸 부질없는 짓이라 생각할 것이다. 할리우드에 전혀 경험이 없는 신출내기 회사가 디즈니와 어깨를 나란히 할 장편 애니메이션 영화사를 만들겠다고 주장한다면 그걸 누가 믿어 준단 말인가? 두 세대 동안 어느 영화사도 성공한 적이 없었고, 디즈니마저도 오래전에 사업 다각화를 감행했다.

스티브의 압박은 계속 심해졌다. 그는 언제 픽사를 상장시킬 것인지 알고 싶어 했다. 마치 상장을 최종 단계로 생각하는 듯했다. 상장만 할 수 있다면 모든 문제가 마법처럼 풀리기라도 할 거라는 듯이.

나는 그렇게 생각하지 않았다. 기업공개 후 픽사가 느낄 압박은 굉장할 것이다. 온 세상이 모든 실수 하나하나를 예의주시할 것이다. 작은 실책도 크게 부각될 것이다. 상장을 통해 픽사는 더 나은 미래로 도약할 수도 있지만 역효과가 날 수도 있었다.

더군다나 픽사가 엔터테인먼트 회사라는 정체성을 확립하기로 결정한다면 우리는 되돌리기 어려운 일련의 조치들을 취해야 할 것이다. 예를 들어 렌더맨 소프트웨어의 판매를 중단하고, 애니메이션 광고 팀을 폐쇄하며, 픽사가 엔터테인먼트 회사임을 세상에, 특히 월스트리트에 선언하고, 영화 제작에 더 많은 자원을 할당해야 할 것이다. 일단 그 세계로 발을 들여놓으면 두 번 다시 되돌아 나올 수 없다. 두 번째 기회란 없다. 픽사는 재정적, 전략적, 심리적으로 준비를 해야 했다. 그러나 〈토이 스토리〉 완성의 부담 때문에 우리가 진짜 그렇게 잘 준비된 상태인지 자신하기가 어려웠다.

하지만 이미 떠올릴 수 있는 모든 각도에서 이 문제를 살펴보고 난 뒤였다. 픽사가 장편 애니메이션 영화에 초점을 맞춘 엔터테인먼트 회사가 되는 데 온전히 전념하는 것은 우리의 유일한 동아줄이었다. 나와 스티브, 에드는 이 의견에 모두 동의했다. 얼마나 가파르고 얼마나 정상이 멀리 떨어져 있든, 우리가 올라야만 하는 산이었다. 고민거리를 가득 안고 이제는 등반을 시작할 때였다.

7
많지 않은 옵션

매일 픽사까지 왕복하는 장거리 통근길은 상상했던 것보다 지독했다. 동쪽으로 버클리를 끼고 달리는 80번 주간州間 고속도로 중에서도 포인트 리치먼드 방향 580번 분기점과 베이 브리지 사이 구간은 이 지역 최악의 차량 정체를 빚었다. 어쩌면 전국에서 최악일 수도 있겠다 싶었다. 통근자, 방문객, 관광객들이 전부 베이 브리지를 통과했으므로, 매일 몇 킬로미터에 걸쳐 차가 밀렸다. 교통 상황이 괜찮은 날엔 편도 1시간 15분, 안 좋은 날엔 두 시간 가까이 운전을 해야 했다.

나는 막히는 차 안에 앉아서 콘크리트로 뒤덮이기 전 이곳의 풍경이 어땠을까 혼자서 생각해 보곤 했다. 장관이었을 거라는 게 나의 결론이었다. 나는 지구상에서 가장 아름답고 비옥했을 이 땅을 처음 마주했던 사람들을 머릿속으로 그려 보았다.

80번 주간 고속도로 동쪽으로는 나무와 수풀이 우거진 버클리힐스의 나지막한 산봉우리들이 보였다. 아름다운 구릉이 몇 킬로미터에 걸쳐 펼쳐지고 완벽에 가까운 온대 기후를 즐길 수 있는 곳이었다. 서쪽으로는, 그러니까 버클리힐스 쪽에서 바라보면 샌프란시스코만이 보였다. 이곳은 소살리토와 골든게이트 국립휴양지로 끝나는 북쪽 반도와 샌프란시스코에서 끝나는 남쪽 반도, 두 개의 반도가 만나 형성된 멋진 수역이었다. 두 반도 사이에는 샌프란시스코만과 태평양을 잇는 작은 해협이 있었다. 그 거칠고 차가운 물을 건너려면 배를 타거나 지난 60년 동안 그랬듯 금문교를 넘는 방법밖에 없었다.

나는 이 지역이 대학 교육과 혁신의 요람이 되기 훨씬 오래전, 이 일대에서의 삶이 어땠을지 상상해 보았다. 올론Ohlone 부족은 수천 년 동안 이 지역에서 살아온 원주민이었다. 그들은 주로 수렵과 채집으로 생활했고, 만의 해안을 따라 마을을 이루었으며, 손으로 깎은 카누로 얕은 물을 따라 이동하면서 물고기를 잡는가 하면, 봄에는 내륙으로 이동해 새로이 자라난 식물과 견과를 비롯한 먹을 것을 거두어들였다.

이 지역의 풍성한 자연은 바라보기만 해도 장관이었을 것이다. 드문드문 나무가 서 있고 큰 키의 풀이 자라는 목초지에서 엘크와 영양 떼가 풀을 뜯고, 하늘 높이 흰머리수리들이 날아다니며, 해안 가까이에는 습지와 바다 생물들이 풍성했을 것이다. 묘하게도 올론족은 픽사처럼 이야기를 중요시했다. 그들이 의지해 살아가는 다채로운 신화는 영적 지침과 샤머니즘적 의식으로 가득했다. 남자들은 매일 아침 떠오르는 태양에 말을 건넸고, 여자들은 도토리를 빻고 정교한 문양의 광주리를 짜는 동안 한목소리로 노래를 불렀다.*

나는 문명의 이기에도 불구하고 우리가 진정 올론족보다 더 나은 삶을 사는 걸까 의아했다. 우리는 겨우 2백 년 만에 올론족이 2천 년 동안 했던 것보다 더 넓은 땅을 갈아엎으며 멀쩡히 잘 살고 있던 생명

* 맬컴 마골린Malcolm Margolin의 《The Ohlone Way: Indian Life in the San Francisco-Monterey Bay Area》(Heyday Books, 1978)는 올론족의 역사를 살펴볼 수 있는 훌륭한 참고 자료 중 하나다.

을 끝장냈다. 각자의 차 안에 혼자 앉아 앞차의 빨간색 브레이크등이 꺼지길 기다렸다가 고작 몇 미터 앞으로 나아가는 우리가 과연 지금 더 좋은 삶을 사는 거라 말할 수 있을까?

현대인이 올론족을 몰아낸 이후로 줄곧, 우리는 기술 진보라는 쉼 없는 행보에 동참해 왔다. 이 지역을 새로이 점유한 스타트업들이 주도한 일이었다. 2천 년 동안 한 문화를 지탱해 주었던 전통은 사정없는 속도의 혁신으로 대체되었다. 혁신은 미래로 향하는 철도가 되었고, 우리 삶의 방식과 장소, 우리가 하는 일, 우리의 생각에 전면적인 변화를 가져왔다. 변화의 속도를 따라잡지 못하는 회사는 재빨리 과거의 유물로 전락했다.

나는 실리콘밸리의 존재 이유에 오래전부터 관심이 많았다. 신생 기업들과 함께 일하다 보니, 거대 기업들은 왜 엄청난 자원과 노련한 경영진을 보유하고서도 조그마한 스타트업에게 시장을 잠식당하고 마는 걸까 하는 궁금증이 생겼다. 수십 년 동안 컴퓨터 업계를 이끌어 온 IBM이나 그래픽 사용자 인터페이스를 발명한 제록스는 어째서 스스로 마이크로소프트나 애플 같은 기업이 되지 못했을까? 그보다 앞서 철도는 왜 항공사가 되지 못했을까? 지금 내가 하는 일과 연관 지어 본다면 디즈니는 왜 픽사가 되려 하지 않았을까? 픽사가 만약 성공을 거둔다면 두 세대 이상 애니메이션계의 제왕으로 군림한 디즈니가 스스로 컴퓨터 애니메이션을 하겠다고 나서지 않을까? 분명히 그럴 거라는 답변이 떠올랐다. 어떻게 하면 그런 일을 막을 수 있을까?

정답은 바로 '문화'와 관련 있다고 나는 생각했다. 문화는 혁신을 좌우하는 보이지 않는 힘이다. 우리는 혁신을 환경이 아닌 개인의 책임으로 돌리고 싶어 한다. 누군가를 영웅화하고 그들의 이야기를 전하면서. 하지만 혁신은 집단적인 프로젝트다. 특별한 재능의 산물이기도 하지만 환경의 산물이기도 하다. 혁신에는 정신이 깃들어 있다. 마찬가지로 픽사에서도 그 문화와 정신을 보존하는 일이 굉장히 중요했다.

사실 나는 변화의 주도자 역할을 하도록 픽사에 영입된 사람이었다. 내가 해야 할 일은 회사를 대대적으로 개혁하고 픽사가 한 번도 경험해 보지 못한 상업적 성공과 가능성의 시대로 회사를 끌고 가는 것이었다. 내가 도입하려는 변화가 픽사의 혁신에 밑거름이 된 문화를 파괴하지는 않을지 어떻게 알 수 있을까?

픽사의 혁신은 한 가지가 아니라 스토리텔링과 컴퓨터 애니메이션, 두 가지 방향에서 이루어지고 있었다. 이 작업의 밑거름이 되는 문화는 아주 섬세했다. 특히 스토리텔링에 영향을 주는 문화는 대단히 변덕스러웠다.

엔지니어링 프로젝트의 경우, 목표를 세우면 프로토타입, 베타, 초기 버전 등 눈으로 보고 다듬어 나갈 수 있는 어떤 결과물이 나올 가능성이 크다. 그렇다고 해서 절대 엔지니어링이 쉽다는 이야기는 아니지만 훌륭한 엔지니어링 관리자라면 적어도 로드맵을 찾을 수는 있었다.

그러나 스토리텔링은 달랐다. 로드맵 자체가 없었다. 나는 스토리텔링에 암중모색의 과정이 훨씬 많음을 알게 되었다. 그러한 탐색 과정을 허용하는 문화가 필요했다. 픽사의 성장 계획을 세울 때, "일 년에 세 편의 훌륭한 이야기를 만들 것이다"라는 식으로 표현할 수는 없었다. 훌륭한 이야기가 나올 수 있게 하는 픽사의 그 무언가를 보존해야만 했다.

기업은 살아있는 생명체와 매우 비슷하다. 기업도 개성, 감정, 습관이 있다. 제일 위에 있는 사람이 모든 상황을 지휘하고 있는 것처럼 보일 수 있지만, 그 사람도 어쩌지 못하는 기업 문화에 지배되는 경우가 많다. 기업이 성공을 거두면 보수적인 성향을 갖게 되는 것이 일반적이다. 설립 당시 타오르던 창의력의 불꽃은 성과에 대한 압박이 상승하면서 쉽사리 식어 버릴 수 있다. 성공과 함께 지켜야 할 무언가, 잃고 싶지 않은 무언가가 생긴다. 두려움은 용기를 가볍게 억누를 수 있다.

대기업과 거래하는 스타트업들을 대변했던 변호사 시절, 나는 IBM이나 디지털 이큅먼트 코퍼레이션Digital Equipment Corporation(DEC)처럼 한때 하이테크 업계를 호령했던 동부 지역의 거대 기술 기업들이 수직적이고 형식적인 문화로 변질된 모습을 지켜보았다. 상부에서 명령이 내려왔고 대화의 창구는 경직되어 있었다. 정해진 틀을 벗어나는 행위는 지탄의 대상이었다. 조직은 정치화되어 아무리 진보적이고 혁신적인 공로자라 할지라도 반드시 최고의 자리에 오를 수 있는 것은 아니었다. 과도한 위계질서와 관료주의는 혁신에 치명타와 같았다. 픽사에서는 이런 일이 일어나지 않도록 반드시 막아내야 했다.

그 무렵 나는 처음으로 할리우드의 문화를 접하고 있었다. 엔터테인먼트 산업을 이해하기 위한 노력의 일환으로 디즈니와 유니버설 스튜디오를 비롯한 다른 영화사의 중역들을 찾아갔고 할리우드 에이전시, 변호사, 회계사들과 대화를 나누었으며 이 분야에 대해 구할 수 있는 자료를 열심히 찾아 읽었다. 그러면서 알게 된 사실은 다소 충격적이었다.

나는 할리우드의 이미지를 떠올리면 생각나는, 창의적이고 유행을 선도하며 매력적인 겉모습을 보게 되리라 기대했었다. 그런데 막상 들여다보니 할리우드는 나에게 친숙한 거대 기술 기업들보다도 더 방어적인 태도를 보였으며 현재 상태를 바꾸기 두려워했다. 두려움과 힘의 정치가 할리우드를 꽉 붙잡고 있는 듯했다.

영화사들은 권력을 휘두르고 싶어 했다. 그 대상이 아티스트, 영화, 텔레비전, 음악, 그 무엇이 되었든 마찬가지였다. 상대방을 단단히 묶어 두고 통제하는 것이 그들의 본능이었다. 나는 픽사가 1991년에 디즈니와 맺은 계약 내용을 파악하는 과정에서 이 점을 직접 체감했다.

이것이 시사하는 바는 내게 놀라움으로 다가왔다. 할리우드는 응당 창의성의 터전으로 여겨지고 있지만 실상은 그와 달랐다. 영화사들이 큰 위험을 감수하고 혁신하기란 내가 생각했던 것보다 훨씬 어려웠다. 그들은 위험을 감수하기보다 확실함을 추구하고 남을 따라 하기에 급급했다.

그 말은 곧, 픽사가 엔터테인먼트 회사라는 기치를 내걸더라도, 혁신을 억누르는 할리우드의 나쁜 버릇이 물들지 않도록 주의해야 한다는 뜻이었다. 만약 픽사가 가족적이고 격식에 얽매이지 않는 문화를 버리고 통제와 유명 연예인 중심의 할리우드 문화를 따를 경우, 그동안 지켜온 신선함과 활기를 잃어버릴 수 있었다. 어쩌면 픽사가 캘리포니아 포인트 리치먼드라는 외딴 소도시에 자리해 있다고 투덜거렸던 것은 부적절한 불평인지도 모른다. 픽사가 독자적인 길을 닦기 쉽게 도와주는 장점일 수도 있기 때문이다.

픽사의 문화를 지키는 데에는 여러 가지 난관이 예상되었다. 하지만 다른 모든 문제보다도 심각한 난관이 고개를 쳐들고 있었다. 그것은 실리콘밸리 혁신 문화의 심장에 비수를 꽂았고, 상처가 곪아 이제는 픽사의 생명을 위협할 지경에 이르렀다. 베이 지역과 버클리를 통과하는 길고 긴 출근길을 거쳐 픽사 주차장에 차를 댈 때마다 이 문제가 내 머리를 떠난 적이 거의 없었다.

바로 스톡옵션이었다. 스톡옵션이라는 작은 장치는 실리콘밸리를 지탱하는 접착제 역할을 해 왔다. 스타트업은 창립자와 직원들이 성공의 전리품을 나눌 기회로 긴밀하게 묶여 있었다. 그건 사람들이 좀 더 안정적으로 자리 잡은 회사 대신 위험성 높은 벤처를 선택하는 주된 이유 중 하나였다. 스타트업의 성공에 동참하는 수단이 바로 스톡옵션이었다. 스톡옵션이라는 서면 약속은 실리콘밸리의 화폐가 되었고, 실리콘밸리를 현대판 골드러시의 현장으로 바꾸어 놓았다.

스톡옵션은 직원에게 향후 회사 주식을 사들일 수 있는 권리를 부여하는 제도이다. 직원은 그 주식을 반드시 사지 않아도 되지만, 만일 구매할 경우 그 가격은 옵션을 받을 당시(보통은 회사에 입사할 때)의 주식 가격으로 고정된다는 점에서 가치가 있다. 만약 직원의 입사 후 회사가 어마어마한 실적을 기록한 경우 해당 주식 가격도 천문학적으로 뛸 수 있지만, 직원은 옵션을 받은 시점의 가격만 내면 된다. 나머지는 전부 수익이다.

예를 들어, 직원이 새로 입사했을 때 어떤 회사의 주식이 주당 1달러이고 그 직원이 1,000주를 살 수 있는 옵션을 받았다면 5년 뒤 주가가 주당 100달러로 뛰었다 해도 그 직원은 여전히 1달러만 지불한다. 1,000주 각각에 대해 99달러의 수익, 그러니까 총 99,000달러의 수익이 생기는 것이다. 실리콘밸리는 이런 식으로 새로운 세대의 백만장자와 억만장자를 탄생시켰다.

픽사에 낙제점을 줄 만한 부분을 하나 꼽으라면 직원들에게 스톡옵션이 없다는 사실이었다. 스티브는 이걸 바로잡기로 오래전에 약속했지만 실현된 적이 없었다. 이 점은 픽사 직원들이 분노와 억울함을 느끼는 가장 큰 원인이었다. 픽사에서 근무를 시작했던 처음 몇 주 동안 직원들과 나눈 대화에서 "스톡옵션은 어떻게 되는 겁니까?"라는 질문이 초반에 나오지 않은 적이 거의 없었다. 부드러운 문의가 아니라 펄펄 끓는 가마솥에서 부글부글 끓어오르는 듯한 분노와 불만의 표출이었다.

픽사 직원들은 함정에 빠졌다고 느꼈다. 오래 근무한 직원일수록 더욱 그랬다. 그들은 픽사의 성공을 공유할 권리를 나누어 주지 않는 스티브에게 실망했고 속았다고 생각했다. 하지만 지금껏 회사에 너무나 많은 시간을 투자했기 때문에 기다리면서 상황을 지켜보는 수밖에 없었다. 특히 〈토이 스토리〉의 개봉이 코앞에 닥친 지금에 와서 회사를 떠나는 것은 말이 되지 않았다.

설상가상으로, 스티브는 소수의 고위 경영진에게 픽사의 영화 수익에 대한 지분을 약속한 상태였다. 그 지분은 스톡옵션으로 전환할 수도 있었다. 나도 회사에 합류할 때 스톡옵션을 약속받았으니, 가장 최근에 그런 약속을 들은 축에 속했다. 그러나 고위 간부들을 제외한 나머지 사람들은 배제되었다. 언제든 재앙이 닥칠 수 있는 상황이었다. 자칫하다간 픽사의 인재들이 하루아침에 대규모로 이탈할 수도 있었다. 지금 당장이 아니라도 언젠가 충분히 벌어질 법한 일이었다. 그렇게 될 경우 픽사의 혁신 역량은 그걸로 끝장이라 해도 무방했다.

이 문제에 있어서 나는 중간에 낀 신세였다. 한쪽은 픽사의 장기근속자들이었다. 그들은 화가 나 있었고 억울해했다. 회사를 한 바퀴 돌다 보면 불평이 끊이질 않았다.

"스티브가 우리한테 신경 좀 써 줄까요?"

"우린 이걸 너무나 오래 기다려 왔다고요."

"부사장님께서 이걸 좀 바로잡아 주셨으면 좋겠네요."

"제 눈으로 확인하기 전까지는 믿을 수 없죠."

다른 한쪽은 스티브였다. 픽사 직원들에게 스톡옵션을 얼마나 줄 것인지 결정할 모든 권한은 그에게 있었다. 스톡옵션 제도를 운영하는 회사는 주식의 일정 비율을 직원들을 위해 따로 떼어 놓아야 한다. 스타트업의 경우, 그 비율이 낮게는 15%에서 높게는 40%까지 차이가 난다. 스티브는 픽사 주식을 100% 소유하고 있었기 때문에, 주식이 스톡옵션으로 들어가고 픽사 직원들이 그것을 행사할 때마다 스티브 개인의 회사에 대한 지분은 낮아지게 되어 있었다.

스티브는 될 수 있으면 자기 지분을 낮추고 싶어 하지 않았다. 신생 스타트업이 택할 만한 비율 정도만 염두에 두고 있었다. 그러니까 15%에서 20% 정도였다. 이제 막 사업을 시작해 처음 몇 년 동안 50명 정도의 직원을 채용할 예정인 회사라면 그 정도도 괜찮았다. 그러나 픽사는 그보다 훨씬 규모가 컸다. 직원 수는 이미 150명 가까이에 이르렀고, 그중 다수는 실리콘밸리 기준으로 상당 규모의 스톡옵션을 받을 만한 자격이 있는 노련한 베테랑들이었다.

우리가 머지않아 픽사의 상장을 시도할 수 있다는 점에서 문제는 더욱 심각해졌다. 스티브는 그해 말을 목표로 잡고 있었다. 스톡옵션의 가격은 옵션이 부여되는 시기의 주식 가치로 정해진다. 사업 초창기에는 회사의 가치가 그리 높지 않기 때문에 그 가격이 아주 낮은 수준이 될 가능성이 크다. 주당 1달러를 밑도는 일도 있다. 하지만 회사가 성장하고 가치가 올라가면 옵션 가격도 주당 몇 달러 수준으로 올라가게 된다. 당연히 직원 입장에서는 자사 주식에 대해 낮은 가격을 지불하는 편이 훨씬 좋다. IPO, 즉 신규 상장 시점이 가까워질수록 기업의 가치는 점점 더 높아지고(높아진 기업 가치는 IPO를 가능케 하는 추진력이기도 하다) 그에 따라 옵션 가격도 상승한다.

픽사는 표면상 IPO에 가까워졌기 때문에 옵션 가격은 픽사가 신규 스타트업이었을 경우에 비해 훨씬 높아질 수밖에 없다. 그 이야기는 곧, 초창기부터 근무했던 픽사 직원들은 스톡옵션을 몇 년 일찍 받았을 경우에 비해 훨씬 높은 가격을 지불해야 한다는 뜻이었다. 상식적으로도 그때 이미 옵션을 받았어야 했다. 이제 와서 우리가 할 수 있는 일은 아무것도 없었지만, 직원들은 입맛이 쓸 수밖에 없었다. 이런 상황 때문에 옵션을 더 넉넉하게 나누어 주어야 한다는 심리적 부담이 있었다.

스티브는 이러한 요인들을 전혀 고려하고 싶어 하지 않았다. 그는 '앞으로 주가가 껑충 뛸 테니 옵션 가격은 문제가 되지 않는다'라는 입장이었다. 그는 또한 직원들이 픽사의 스톡옵션을 행사하고 픽사가 다른 투자자들에게 주식을 판매하더라도 향후 경영권을 빼앗길 위험을 감수하지 않겠다는 의지가 확고했다. 그 이유는 물을 필요도 없었다. 뜻하지 않게 이사회의 압력으로 회사에서 쫓겨나다시피 했던 애플에서의 전철을 두 번 다시 밟고 싶지 않았을 것이다.

스티브가 픽사의 경영권을 계속 유지하고 싶어 하는 것은 이해할 만했지만 나는 그 이상의 이유가 있다고 느꼈다. 스톡옵션 비율을 더 높이더라도 그는 경영권을 계속 유지할 수 있었다. 그는 단지 자기 지분을 내놓는 게 싫었을 뿐이었다. 스티브 본인의 주머니냐 픽사 직원들의 주머니냐의 문제에 있어서, 스티브는 주식을 자기 주머니에 넣고 싶어 했다.

무작정 그를 비난할 수는 없었다. 어쨌거나 그는 회사의 소유주였고 그동안 온갖 재무적 리스크를 감수해 온 게 사실이니까. 그러나 다른 한편으로 나는 이 문제를 놓고 스티브에 대한 짜증이 커지기 시작했다. 모두가 윈윈하는 방향으로 부당함을 바로잡을 기회는 진작부터 있었다. 주식을 조금 더 포기한다고 해서 픽사가 성공할 경우 스티브가 누리게 될 부의 규모에 큰 차이가 생기는 것도 아니었다. 다른 스타트업 같았으면 픽사의 핵심 직원들은 벌써 여러 해 전에 훨씬 더 좋은 조건으로 스톡옵션을 받았을 것이다. 스톡옵션 제도를 주식 공모와 이렇게까지 가까운 시점에 도입하는 경우는 일찍이 들어 본 적이 없었다. 이건 그렇게까지 옥신각신할 필요가 없는 문제였다.

이 이슈를 파고들수록 나는 모두의 샌드백이 되는 기분이 들었다. 픽사 직원들은 내가 스티브를 두둔한다고 생각했다. 스티브는 내가 픽사 직원들을 위해 너무 무리한 요구를 하고 있다고 생각했다. 마음속으로는 나도 픽사 직원들 편이라는 사실은 중요치 않았다. 내가 할 일은 어느 한쪽 편을 드는 게 아니라 스티브와 나머지 직원들 모두가 만족할 만한 해결책을 중재하는 것이었다. 스티브에게 정면으로 대들고 싶어진 것은 그때가 처음이었다. 그는 내가 스톡옵션 이야기를 꺼낼 때마다 신경질을 부리기 시작했다. “그건 이미 끝난 이야기 아닌가요. 어서 상장 계획서나 보여 달라고요.”라며 퉁명스럽게 덧붙이곤 했다. 하지만 계획서에 집어넣을 주식이 충분하지 않은 상황에서 계획을 세울 수는 없었다.

“스티브는 한 번 고집을 피우기 시작하면 한 발짝도 움직이려 하질 않아.” 나는 어느 날 밤 힐러리에게 고충을 털어놓았다. “우린 대체로 의견이 잘 맞는 편인데, 이 문제에 있어서만큼은 뜻이 달라서 내가 어떻게 해볼 도리가 없다니까.”

“모든 방법을 다 시도해 봤다면 당신이 어쩔 수 있겠어? 어차피 스티브 소유의 회사인데. 당신 잘못은 아니야.” 힐러리는 말했다.

하지만 나는 상황을 바로잡아야 할 필요를 느꼈다. 이 문제로 갈등이 쌓이는 게 느껴졌기 때문이다. 모두가 스톡옵션 제도를 간절히 바라고 있었지만 그 안에 들어간 주식의 양을 보면 씁쓸함만 더 커질 것이다. 나는 스티브가 내주고 싶어 하는 것보다 더 많은 주식을 그에게서 빼앗아 와야만 했다.

버클리힐스와 샌프란시스코만을 오가는 긴 통근길 내내 나는 그렇게 걱정들로 가득했다. 사람들이 우리를 엔터테인먼트 회사로서 얼마나 진지하게 받아들일지 걱정스러웠다. 픽사가 만들어 놓은 공간을 디즈니가 가로채 갈까 봐 걱정스러웠다. 새로운 사업 전략이 픽사의 문화에 가할 압박이 걱정스러웠다. 영화 회사를 상장시키기란 “길고도 험난한 장애물 코스”와도 같다고 한 해롤드 보겔의 경고가 걱정스러웠다.

그러나 가장 거슬리는 것은 스톡옵션이었다. 많은 픽사 직원들은 픽사에 자신의 모든 커리어를 걸었고, 전문가로서 전성기를 이 회사에서 보냈다. 무엇이 그들을 붙잡았을까? 그들은 무엇 때문에 더 유리한 기회를 찾아 회사를 떠나지 않았을까? 나는 픽사에 대한 열정 때문이었다고밖에 이해할 수 없었다. 그렇게 오래도록 상업적 실패를 겪으면서도 그들은 자신이 하는 일의 잠재성을 믿었고 그 일에서 끝장을 보고 싶어 했다. 하지만 더 이상 거기에만 기대서는 안 됐다. 이제는 그들이 보상을 받아야 할 차례였다.

그렇게 출퇴근을 반복하던 어느 날 조용한 차 안에서 나는 아무리 고심해 봐야 내 걱정이 해소되지는 않을 거라는 사실을 깨달았다. 가끔은 골짜기를 건널 준비가 되었다고 느끼거나 건널 수 있다는 확신이 들어서가 아니라, 상황이 사람을 벼랑 끝으로 내몰기 때문에 어쩔 수 없이 뛰어내려야 할 때가 오는 법이다. 그때가 뜻밖의 비행 능력을 발견하는 순간이기도 하고 말이다. 나는 지금이 뛰어내릴 때라고 느꼈다. 우리는 행동을 개시해야만 했고, 스톡옵션 문제를 해결하는 것은 그 시작점이었다.

별 것 아닌 문제같이 보일지 몰라도, 나는 스톡옵션에 얼마나 많은 주식을 집어넣느냐에 픽사의 운명이 달려 있다고 믿었다. 너무 적으면 픽사의 핵심 직원들은 언짢은 기분을 두고두고 떨치지 못할 것이고, 그 경우 픽사가 쌓아 온 문화도 망가질 수 있었다. 스티브에게서 뭘 더 짜낼 수 있을지 자신은 없었지만 마지막으로 한 번 더 시도해 볼 필요는 있었다. 스티브의 그 유명한 분노 폭발을 다시금 유발하더라도 하는 수 없었다. 나는 어느 날 밤 수화기를 집어 들고 그에게 전화를 걸었다.

“스톡옵션을 더 붙입시다.” 나는 단도직입적으로 말했다. “지금 할당해 놓은 양으로는 어림도 없어요. 충분하지가 않다고요. 몇 퍼센트만 더 올린다면 승부를 걸어 볼 만하고, 상장 후에도 회사의 경영권은 그대로 유지될 거예요.”

“그 문제는 다시 논의하고 싶지 않다고 말했을 텐데요.” 스티브는 불만을 터뜨렸다. 그가 내 말을 무시하고 넘어가려는 순간, 나는 수치를 하나 제안했다. 내가 생각하기에 그가 허용할 만한 가장 높은 수치였다.

"그거면 되는 건가요?" 스티브는 불같이 화를 내며 물었다. "그 정도면 한동안 스톡옵션 얘기는 안 꺼낼 거냐고요?"

그건 장담할 수 없었다. 일단은 간신히 고비만 넘길 수 있는 수준이었으니까.

"네. 그렇게 되도록 만들겠습니다." 어디서 나온 자신감인지 나는 그렇게 대답해 버렸다.

"그렇다면 두 번 다시 이 얘긴 듣고 싶지 않아요." 이 말과 함께 스티브는 전화를 끊었다.

난 깊은 안도의 한숨을 내쉬었다. 분위기가 훨씬 더 험악해졌을 수도 있었다. 직원들이야 여전히 스톡옵션이 충분치 않다며 투덜거리겠지만 이제는 픽사가 큰 성공만 거두게 되면 그 정도쯤 거뜬히 만회할 수 있을 거라 주장할 만큼은 확보된 셈이었다.

나는 마침내 실질적인 첫 발판을 마련하게 되었다. 스톡옵션 제도는 픽사의 전진을 위해 대단히 중요했다. 하지만 이제 위험은 전보다 더 커졌다. 그 스톡옵션은 언젠가 반드시 아주 높은 평가를 받아야 할 것이다. 누구도 작은 승리로는 만족하지 않을 것이다. 픽사는 큰 성공을 목표로 달려가고 있었다.

2부

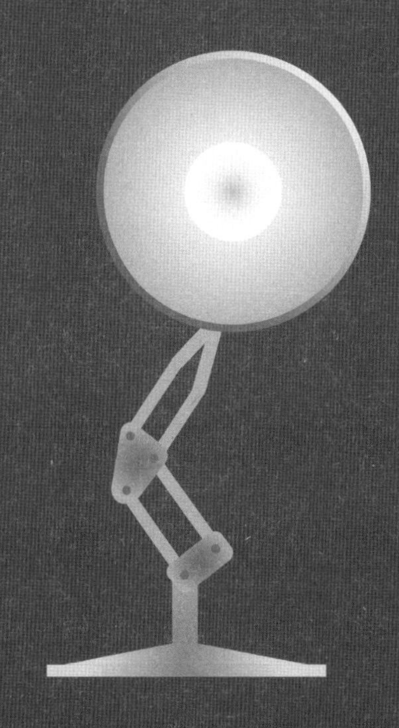

8
네 개의 축

1995년 여름이 끝나갈 무렵, 〈토이 스토리〉를 마무리하기 위해 정신없이 달리던 픽사는 개봉까지 카운트다운만을 남겨 두고 있었다. 끝이 없어 보이던 제작 관련 업무가 줄어들면서 회사 안에서는 압력 밸브에서 증기가 빠져나오는 듯한 분위기가 느껴졌다. 영화 제작진은 눈에 띄게 편안한 모습이었고, 어느 날이든 오후 6시의 주차장은 지금까지와 달리 빈자리가 많았다. 우리는 렌더맨 영업 팀을 축소시키고 애니메이션 광고 사업을 철수하는 등 사업적 측면에서도 몇 가지 중요한 발걸음을 내딛었다.

하지만 아직 자축하기는 일렀다. 〈토이 스토리〉의 개봉일은 추수감사절 전날인 1995년 11월 22일로 대략 3개월 반이 남아 있었다. 남은 시간 동안에는 후반제작post-production이라는 단계를 거쳐야 했다. 〈토이 스토리〉를 완성본으로 만들기 위한 여러 가지 작업이었다. 이를테면 최종 편집을 하고, 막판에 대사를 변경하며, 마지막으로 색깔을 보정하고, 영화 크레딧을 집어넣고, 악보와 노래를 마무리 짓고, 공이 튀거나 문이 닫히는 소리 등 무수히 많은 소음들을 음향 효과로 추가하고, 영화관에 전달할 수 있도록 영화를 복제하는 등의 작업을 해야 했다.

픽사는 자체적인 후반제작 시설이 없었기 때문에, 이 작업은 대부분 마린 카운티에 있는 조지 루카스의 스카이워커 랜치Skywalker Ranch에서 이루어졌다. 픽사에서 차로 한 시간도 채 걸리지 않는 그곳에 루카스는 세계적인 수준의 오디오 후반제작 시설을 구축해 놓았다.

이 단계에서는 픽사 직원들인 우리도 영화가 어떻게 완성되어 가고 있는지 전혀 몰랐다. 달의 뒷면을 도는 달 착륙선이 눈앞에 나타나기를 기다리는 기분이었다. 픽사는 우주 비행 관제 센터였고 존과 소수의 제작진은 〈토이 스토리〉가 이 영역을 탐사하는 동안 무선 침묵 상태*에 들어갔다. 최종 결과물을 만나기까지는 두어 달이 더 지나야 했다. 우리는 다 같이 숨죽인 채 기다리고 있었다.

영화의 완성 이외에도, 개봉과 관련해 걱정해야 할 부분들이 있었다. 어느 토요일 스티브는 이렇게 말했다. "최신판 〈토이 스토리〉 예고편을 봤어요. 지나치게 아이들 취향이더라고요."

그때쯤 나는 스티브와의 주말 산책을 다시 시작할 수 있을 정도로 다리가 나은 상태였다. 이날은 산책 후 스티브의 집에 들렀다. 우리는 마당에 앉아 풍성하게 열매가 맺힌 과실수들을 감상하며 이야기를 계속했다. "예고편과 관련해 디즈니를 계속 압박해야겠네요." 나는 넌지시 제안했다.

디즈니는 봄부터 극장에서 '티저 트레일러'라는 예고편을 상영하고 있었다. 곧 개봉될 영화 내용을 감질나게 알려 주는 짤막한 맛보기 영상이었다. 첫 번째 티저 트레일러는 디즈니가 만든 장편 애니메이션 영

* 안전이나 보안의 이유로 무전 통신을 중단하는 일. (옮긴이)

화 〈구피 무비〉에 붙여졌다. 나는 1분 길이의 그 〈토이 스토리〉 티저 트레일러를 보겠다는 일념으로 온 가족을 데리고 〈구피 무비〉를 보러 갔었다. 그런데 막상 나오지 않았을 때의 그 엄청난 실망감이란! 영화 업계에 발을 담근 후 맞이한 나의 첫 번째 결정적 순간이 순식간에 날아가 버렸다.

나중에야 알게 된 일이지만 〈구피 무비〉를 상영하는 영화관의 80%에서만 〈토이 스토리〉 티저 트레일러가 상영되었는데, 마운틴뷰의 센추리 시네마 16 극장은 해당하지 않는 곳이었다. 우리 식구는 아쉬운 대로 내가 집에 갖다 놔서 이미 100번은 본 〈토이 스토리〉의 토막 영상으로 만족해야 했다.

이제 디즈니는 〈토이 스토리〉 개봉을 앞두고 본격적인 마케팅 캠페인을 준비하고 있었다.

"영화사가 영화를 마케팅하는 방식은 너무 고리타분해요." 스티브는 투덜거렸다. "요란스러운 예고편이나 저급한 옥외광고판 같은 것들 말이에요. 우리가 하면 그보다 더 잘할 수 있을 텐데 아쉽네요."

〈토이 스토리〉의 마케팅은 대단히 중요했다. 픽사는 가족 엔터테인먼트라는 개념을 진지하게 생각했고, 〈토이 스토리〉는 어린아이들만이 아니라 온 가족을 대상으로 하는 영화였다. 디즈니에서 어린 자녀가 있는 가족들만을 겨냥해 영화의 마케팅 캠페인을 진행한다면 영화를 보러 오는 관객층이 대폭 제한될 수 있었다. 우리는 개봉 첫 주말 흥행수익이 대단히 중요함을 알게 되었다. 전체 상영 기간의 분위기가 그때 결정되기 때문이다. 따라서 어린이, 청소년, 성인들의 관심을 각각 사로잡을 수 있도록 다양한 종류의 예고편을 준비하고, 광범위한 광고 캠페인을 진행해야 했다.

걱정을 가중하는 또 하나의 요인은 디즈니가 〈토이 스토리〉의 장난감과 관련 상품을 제작하는 방식이 실망스러웠다는 점이다. 늦게 시작한 탓에 디즈니가 통상적으로 거래하는 관련 상품 제조사들은 대부분 난색을 보였다. 우리는 마케팅이 별 탈 없이 진행될 수 있도록 확실히 해 두고 싶었다.

결국 스티브가 마케팅 문제를 놓고 디즈니와 직접 대화에 나서기로 했다. 그는 이미 그 최신판 예고편에 대해서도 디즈니 측과 통화를 마친 상태였다.

“내 말을 듣고 있는지 모르겠어요.” 스티브는 나에게 푸념했다. “다양한 관객들에게 어필할 필요가 있다는 점에 동의는 하는네, 내응 방식이 썩 마음에 들진 않네요.”

사실상 디즈니에 불평하는 것 외에 우리가 할 수 있는 일은 많지 않았다. 영화의 마케팅은 디즈니의 책임이었고, 궁극적으로 우리는 디즈니를 믿는 수밖에 없었다. 하지만 스티브가 가까이에서 영향력을 행사하는 게 나쁘지는 않으리라는 확신이 들었다.

그러는 사이, 나는 픽사의 사업 계획을 한창 마무리하는 중이었다. 이 무렵 세라 스태프와 나는 모든 방면으로 수치를 검토해 본 상태였다. 하지만 어떻게 들여다보든 근본적인 과제는 그대로 남아 있었다. 독자 생존이 가능한 회사를 만들기 위해 픽사가 달성해야 하는 성공 수준은 어느 모로 보나 정말 터무니없었다.

미국 내 박스오피스 실적은 할리우드가 영화의 성공을 가늠하는 척도다. 그것은 북미 지역 영화관에서 판매되는 입장권 매출액을 가리킨다. 우리는 박스오피스 성공 수준에 따라 다양하게 수익을 전망해 보았다. 예를 들어, 픽사의 각 영화가 미국 내 박스오피스에서 1억 달러의 매출을 거둔다고 가정할 경우, 사업 전망은 전혀 밝지 않았다. 제작비와 띄엄띄엄한 영화 개봉 간격 때문에 사업을 지탱해 나가기가 거의 불가능했다. 미국 내 박스오피스 수입이 1억 5천 달러는 되어야 간신히 유지해 나갈 수 있을 정도였다. 하지만 본격적인 궤도에 올라서려면 박스오피스 수입이 영화당 1억 8천 달러를 넘어야 했다.

하지만 현실은 이랬다. 출시하는 영화마다 1억 5천 달러 이상의 흥행 실적을 꾸준히 유지한 전례는 이제껏 전무했다. 1937년 〈백설공주와 일곱 난쟁이〉 개봉 후 디즈니가 출시한 모든 애니메이션 영화 중에서 단 두 편만이 매출 1억 5천만 달러를 넘어섰다. 1992년 〈알라딘〉이 2억 1,700만 달러를 벌어들였고, 1994년 〈라이온 킹〉이 3억 1,300만 달러의 미국 내 박스오피스 실적으로 모든 기록을 깨뜨렸다. 〈라이온 킹〉과 〈알라딘〉을 제외하면 디즈니 장편 애니메이션 영화의 평균 미국 내 박스오피스 수익은 1억 달러를 훨씬 밑돌았다.

그리고 그건 어디까지나 디즈니 영화 얘기였다. 디즈니는 전 세계적으로 신뢰를 받는 브랜드다. 다른 영화사들의 애니메이션 실적을 포함해 보면 평균은 급격히 낮아졌다. 사실, 디즈니를 제외한 어느 영화사도 첫 개봉에서 5천만 달러 이상의 미국 내 박스오피스 수익을 올린 애니메이션 영화를 출시한 적이 없었다.

컴퓨터 애니메이션이라는 새롭고 검증되지 않은 매체를 이용하는 픽사는 어떻게 해야 성공에 필요한 수준의 흥행 실적을 올릴 수 있을까? 어느 모로 보나, 독립적인 애니메이션 영화사를 구축하려면 단순히 전례 없는 수준이 아니라 거의 상상하기도 어려운 수준의 박스오피스 성공을 달성해야 했다.

그래도 우리는 사업 계획이 필요했다. 아무리 실현 가능성이 작더라도 픽사를 성공으로 끌고 가는 데 필요한 로드맵을 그려야 했다. 수없이 많은 조합을 검토해 본 후, 우리는 최종적으로 크게 4개의 축으로 구성된 계획을 수립했다.

첫째, 픽사 몫의 영화 수익을 늘려야 했다. 디즈니와의 기존 계약에 따른 수익 분배 조건으로는 픽사가 독자 생존 가능한 기업으로 성장할 수 있는 시나리오가 절대 나오지 않았다. 우리는 여러 가지 가능성을 검증해 보았고, 픽사의 목표 달성에 필요한 최소 수익은 50%라고 결론지었다. 따라서 우리 계획의 첫 번째 축은 픽사 몫의 수익을 최소 50%, 그러니까 현재 수준의 네 배 혹은 다섯 배까지 높이는 것이었다.

그다음, 진정으로 우리 몫의 영화 수익을 늘릴 생각이라면 픽사는 영화 제작비의 전부 혹은 상당 부분을 기꺼이 부담해야만 했다. 우리는 할리우드가 기본적으로 돈과 스타 파워라는 두 가지 통화로 굴러간다는 사실을 배우게 되었다. 두 가지 중 하나라도 가지고 있다면 더 큰 기회를 차지하고, 더 큰 수익을 나누어 받으며, 더 큰 영향력을 행사할 수 있었다. 두 가지 중 하나도 없는 자는 하나라도 가진 자의 변덕에 휘둘릴 수밖에 없었다. 우리가 만에 하나 디즈니와의 계약 조건을 다시 협상하게 되거나 그 계약이 끝나 다른 영화 배급사와 함께 일하게 될 경우, 우리 몫의 수익을 늘리는 이야기를 꺼내려면 영화 제작비를 부담할 준비가 되어 있어야 했다. 나는 어느 금요일 스티브가 픽사에 와 있을 때 이 문제를 그와 논의했다. 내 사무실에서 복도를 따라 조금만 걸어가면 나오는 그의 사무실에서였다.

“자금이 얼마나 필요하게 될까요?” 스티브는 물었다.

“적어도 7천5백만 달러요.” 나는 말했다. “인재 영입 비용, 보유 비용, 기술적인 어려움 증가가 제작비를 끌어올리고 있어요. 머지않아 예산은 영화 한 편당 7천만 달러에서 1억 달러 수준에 이를 거예요.”

“7천5백만 달러면 충분할까요?” 스티브는 궁금해했다.

“영화 두 편의 제작비를 절반 정도 부담할 수 있는 수준일 거예요.” 나는 대답했다. “일단은 그 정도면 충분해요. 물론 그것도 적은 금액이 아니죠. 은행과 개인 투자자들은 기겁을 할 거예요. 그렇게 많은 돈은 픽사를 상장시켜야만 모을 수 있어요.”

“어쩌면 더 필요할 수도 있겠네요. 넉넉히 1억 5천만이나 2억 달러 정도는 확보해 두는 게 나을지도 몰라요. 기왕 자금을 마련할 바에야 활동 자금이 두둑한 게 낫겠죠.”

픽사를 위해 더 많은 자본금을 마련한다는 생각에는 전혀 반대 의사가 없었다. 그러나 거액을 목표로 할수록 자금 마련에 성공할 가능성은 작아졌다. 픽사처럼 검증되지 않은 회사의 경우, 투자자들은 더 많은 돈을 내놓기에 앞서 적은 금액이 유용하게 쓰이고 있는지 확인하고 싶어 한다. 하지만 지금은 이걸로 논쟁할 때가 아니었다. 스티브와 나는 사업 계획의 두 번째 축에 동의했다. 픽사의 상장을 통해 자금을 마련함으로써 영화사를 키우고 우리 영화의 자금을 직접 부담한다는 계획이었다.

하지만 우리 몫의 영화 수익을 늘리고 자금을 마련하는 것만으로는 충분치 않았다. 픽사가 영화를 출시하는 빈도도 높여야 했다. 지금은 한 번에 한 편씩 영화를 만들고 있었으니 4~5년에 한 번 영화 개봉이 이루어진다는 뜻이었다. 이런 속도로는 사업이 제대로 돌아갈 리

없었다. 이번에도 우리는 다양한 시나리오를 시험해 보았다.

적어도 수치상으로는 매해 새 영화가 나오는 것이 이상적이었다. 지금 상태로서는 도달하기 힘든 목표 같았지만 제작하는 영화 개수를 유의미하게 늘리려면 여러 편을 동시에 제작할 수 있도록 픽사의 규모도 과감하게 커져야 했다. 따라서 영화를 더 자주 만들 수 있도록 픽사의 규모를 확대하는 것이 사업 계획의 세 번째 축이었다.

마지막으로, 픽사가 엔터테인먼트 회사로 확실히 자리 잡으려면 사람들에게 우리를 알릴 필요가 있었다. 디즈니와의 현 계약 조건으로는 디즈니가 모든 관심을 독차지할 것이고, 슬프게도 픽사가 그 영화의 실제 제작 팀임을 아는 사람은 드물 것이다. 지금대로라면 〈토이 스토리〉의 포스터에는 "월트 디즈니 픽처스가 〈토이 스토리〉를 소개합니다"라고 적혀 있거나, 더 심하게는 "디즈니의 〈토이 스토리〉"라는 문구에 픽사라는 이름이 작은 글씨로 들어가는 수준이 될 게 뻔했다. 이 경우 세상 사람들이 픽사를 영화 제작과 연관 짓기가 어려워진다.

"픽사에 대한 세상의 인식을 바꿔야만 해요." 어느 날 저녁 픽사의 브랜드에 관해 논의하던 스티브가 말했다. "디즈니가 주목을 받더라도 이 영화를 만든 건 '우리'라는 걸 사람들에게 알릴 필요가 있어요. 브랜드 없이 회사를 키울 수는 없죠." 픽사를 브랜드로 전환하는 것, 그게 우리 계획의 네 번째 축이었다.

우리가 해야 할 일은 그게 다였다. 전 세계 박스오피스에서 전례 없는 성공을 거둘 영화를 만드는 것 이외에, 우리가 할 일을 요약하면 다음과 같았다.

- **우리 몫의 수익을 4배로 늘린다.**
- **제작비로 쓸 자금을 적어도 7천5백만 달러 확보한다.**
- **지금보다 훨씬 더 자주 영화를 만든다.**
- **픽사를 전 세계적인 브랜드로 만든다.**

이 정도야 뭐 식은 죽 먹기 아니겠는가.

9
IPO라는 꿈

사업 계획의 핵심은 돈을 마련하는 것이었다. 그것도 아주 많은 돈을 마련해야 했다. 그것만이 우리가 스스로 영화 제작비를 부담하고 영향력을 행사하여 수익의 더 큰 비율을 우리 몫으로 가져올 수 있는 길이었다. 픽사처럼 작은 회사가 그런 거액의 돈을 조달하는 현실성 있는 방법은 기업 상장뿐이었다. 일반 은행이나 다른 자금원을 고려하기에는 너무 액수가 컸고 픽사의 실적을 고려할 때 위험 부담도 너무 컸다.

실리콘밸리에 성배가 있다면 그것은 회사 주식의 신규 상장, 즉 IPO이다. 이것은 종이 증서가 실제 돈으로 바뀌는 실리콘밸리의 월급날, 즉 '그분이 오시는 날'이다. 실리콘밸리의 모든 스타트업은 상장이라는 꿈을 간직하고 있다. 그러나 상장에 성공하는 비율은 아주 낮다. 상장을 이루어 내지 못한 회사 중 일부는 더 큰 회사에 인수되고, 그보다 더 소수는 알아서 자립해 나가며, 나머지는 문을 닫는다. 스타트업이 채산성을 가지고 스스로 지탱해 나갈 수 있게 되기까지는 몇 년이 걸린다. 꾸준한 투자금 유입이 없다면 자금이 바닥날 수밖에 없다.

상장에 성공하는 스타트업 직원들의 경우, 약속받은 부가 현실이 되고 성공을 공식적으로 인정받을 수 있다. 실리콘밸리가 IPO의 가능성을 중심으로 형성된 이유가 여기에 있다. 실리콘밸리의 유명한 샌드힐 로드에는 고급스러운 벤처캐피털 기업들이 줄지어 늘어서 있다. 그들 손에서 탄생한 스타트업 100곳 중 극소수만이 비공개 회사에서 상장 회사로의 도약을 이루어 낼 체력을 갖추고 있다. 상장은 성공을 보장하지는 않지만 적어도 게임의 판도를 바꿀 수 있는 도약이다.

기업은 주권株券, stock certificate이라는 종이를 통해 소유할 수 있다. 주식은 간단히 말해 회사에 대한 지분이다. 기업의 소유권은 기업이 원하는 개수만큼의 주식으로 분할할 수 있다. 100개의 주식으로 분할되었다면 각 주식은 회사의 100분의 1, 곧 1%에 해당한다. 1,000개의 주식으로 분할되었다면 각 주식은 회사의 1,000분의 1, 곧 0.1%에 해당한다. 월트 디즈니 컴퍼니는 10억 개를 훨씬 넘는 주식을 보유하고 있으므로, 각각이 아주 작디작은 회사의 한 조각을 나타낸다. 누구라도 회사의 주식을 소유할 수 있다. 한편 스티브는 픽사 주식 대부분을 소유했다. 직원들 몫으로 양도하려고 따로 떼어 둔 부분을 제외하고는 전부 스티브의 것이었다. 직원들이 스톡옵션을 행사하더라도 스티브는 여전히 주식의 상당 부분을 소유하게 될 것이다.

회사 지분의 소유권 형태는 비공개 혹은 공개다. 대부분의 기업은 비공개다. 일반인이 주식을 구할 수 없고 주식을 사거나 팔 수 있는 시장도 없다는 뜻이다. 이게 픽사의 상태였다. 스티브의 방문을 두드려서 주식을 좀 팔라고 그에게 직접 이야기하지 않는 한, 픽사의 주식을 살 수 있는 방법은 없었다. 스티브가 원한다 해도 자기 주식을 내다 팔 수 있는 시장 또한 없었다.

반면 공개 기업의 경우 누구든지 주식을 사고팔 수 있다. 뉴욕 증권거래소나 나스닥과 같이 그러한 목적의 시장이 따로 마련되어 있다. 기업이 공개되면 누구나 그 주식을 사고팔 수 있다. 사는 사람이 많을수록 주가가 높아지고, 파는 사람이 많을수록 주가가 낮아진다. 기업의 주식이 일반에게 처음으로 판매되는 시점을 주식의 신규 상장 또는 IPO라고 부른다. 그 순간 이후로는 해당 기업의 주식을 누구나 사고팔 수 있기 때문에 그 회사는 공개 기업이 된다.

어느 회사에게나 IPO는 연료를 가득 채운 로켓 추진 장치를 탄도에 부착하는 일과도 같다. 픽사의 경우, IPO는 더욱 큰 의미가 있었다. 이 무렵 우리는 스톡옵션 제도를 도입해 픽사 직원들에게 스톡옵션을 나누어 준 상태였다. 내가 예측했던 대로 많은 사람이 공정한 몫을 나눠 받지 못했다고 느꼈다. 해결 방법은 직원들이 가진 주식의 가치를 최대한 끌어올리는 것이었다. 이는 IPO를 얼마나 크게 성공시키느냐에 달려 있었다.

부담을 더욱 가중시키는 또 하나의 요인은 픽사의 IPO가 스티브에게 갖는 의미가 무척 컸기 때문이었다. IPO는 10년 전 애플에게 추방당했던 그가 황야에서 돌아온다는 상징적인 의미를 품고 있었다. 스티브의 부활을 의심의 여지 없이 보여 줄 만한 한 가지 사건이 있다면 그것은 픽사의 IPO였다. 픽사가 상장된다면 그 무엇보다도 확실하게 그의 재기가 증명될 것이다. 이걸 생각하면 상장에 관한 이야기를 꺼낼 때마다 그의 어조가 사뭇 진지해지고 잔뜩 무게감이 실리는 것도 전혀 이상한 일이 아니었다.

“픽사의 상장에 대해 줄곧 생각 중이었어요.” 스티브는 1995년 8월

초의 어느 날 밤 전화로 이야기를 꺼냈다. “지금까지 우리와 비슷한 사례는 없더군요. 실리콘밸리 역사상 가장 인기 있는 IPO가 될 수도 있겠어요. 우리는 기술만이 아니라 엔터테인먼트 쪽에서도 역사를 만들 거예요.”

“투자자들이 픽사의 사업을 이해하기는 쉽지 않을 겁니다.” 나는 의견을 냈다. “여러 가지 설명해야 할 부분들이 많아요.”

“이해를 왜 못하죠?” 스티브는 약간 발끈하며 말했다. “투자자들은 똑똑해요. 색다른 사업 모델을 경험해 봤다고요.”

물론 경험은 있었다. 좋은 방향의 경험이 아니라서 문제지. 나는 속으로 생각했다.

내가 예전 회사 일렉트로닉스 포 이미징의 IPO에서 얻은 교훈 중 하나는 투자자들은 예측 가능성과 안정성을 선호한다는 사실이었다. 그들은 상황이 불규칙하고 변화무쌍해 보이면 매우 불안해한다. 그리고 실제로 픽사의 사업 전망은 예측 가능성이나 안정성과는 전혀 거리가 멀었다. 영화의 박스오피스 실적을 예측하기란 불가능했고, 영화 개봉 일정도 상당히 불규칙했다. 〈토이 스토리〉 이후 3년이 흘러야 다음 영화가 개봉되었다. 픽사의 사업 실적을 예측한다는 건 어림짐작이나 진배없었다. 투자자들이 색다른 사업 모델을 받아들일 수는 있겠지만 내 생각에 그게 플러스 요인은 아니었다.

사실 법조계와 기업계에서 쌓은 내 모든 경험을 통틀어 기업 상장보다 더 많은 어려움과 위험으로 점철된 업무는 없었다. 전략, 재무, 법무, 시장 여건이 모두 맞아떨어지는 환상의 조합이 필요했다. IPO를 성공시키기가 얼마나 힘든지는 오랜 역사를 통해서도 알 수 있다.

IPO는 거의 4백 년 전, 다름 아닌 육두구nutmeg*에서 시작되었다. 20세기에 기업의 힘을 나타내는 전조가 혁신이었다면 17세기에는 육두구, 메이스, 정향, 계피, 후추, 생강 같은 향신료가 그런 역할을 했다. 이 이국적인 물질들은 유럽에서 엄청난 인기를 끌었다. 음식의 풍미를 더하고 보존 기간을 늘리며 약품과 최음제를 만드는 데 사용되는가 하면, 왕족을 위한 선물이나 심지어 상거래의 결제 통화로도 이용되었다.

머나먼 이국땅에서 이 진귀한 물질을 조달해 오기 위해 대규모의 향료무역이 발달했다. 반다해Banda Sea**에 있는 10개의 작은 화산섬들로 이루어진 반다 제도는 당시 세계에서 육두구 나무가 자라던 유일한 곳이었다. 유럽에서 출발한 원정선이 그곳에 갔다가 돌아오기까지는 2년이라는 시간이 걸렸다. 원정의 성공을 위해 각국 정부는 무역회사들의 합법적 독점을 허용했다. 그 회사들이 유일한 향료 공급원이 되도록 허가해 준 것이었다.

이들 가운데 1602년에 설립된 네덜란드 동인도회사가 있었다. 이 회사는 지구상에서 가장 막강하고 부유한 회사로 성장했다. 향신료 섬에 대한 지배권을 얻고자 무지막지한 만행을 휘두른 덕분이었지만 어쨌든 최초의 다국적 대기업이었다. 그리고는 2백 년 가까이 지배적인 상업 세력으로 군림했다. 1604년 네덜란드 동인도회사는 투자자들에게 주식을 팔았는데, 이것이 현대 IPO의 시초다. 이 회사는 모아들인 자본으로 항해 자금을 댔고, 주식 거래를 목적으로 하는 최초의 현대식 주식 시장인 암스테르담 증권거래소까지 만들었다. 이 거래소에서는 네덜란드 동인도회사에 대한 지분을 사들인 다음, 말 그대로 배가

* 육두구 나무의 열매로 양념이나 향신료로 쓰임. (옮긴이)

** 인도네시아의 동쪽 바다. (옮긴이)

들어오기를* 기다려 볼 수 있었다.

시간이 지나고 보니 회사와 개인적인 관련이 없는 사람들에게 회사의 소유권을 나누어 주는 것은 양날의 검과 같았다. 한편으로는 이전까지 결코 달성 불가능했던 거액의 자본을 모을 수 있었다. 장편 애니메이션 영화를 만들 돈 1억 달러를 모으는 것도 이론적으로 불가능한 일이 아니었다. 그러나 다른 한편으로는 순진한 대중에게서 자본금을 거두어들일 수 있다는 사실이 사기 위험을 동반했고 결국 세계 경제를 마비시켰다.

예를 들어, 네덜란드 동인도회사 주식을 사려는 사람이 몇 달 뒤 돌아오는 선대가 화물칸에 이국의 향료를 가득 실었는지, 아니면 그 귀중한 보물을 해적들에게 약탈당했는지 어찌 알겠는가? 더 나쁘게는, 네덜란드 동인도회사 관계자가 선대의 화물을 해적들이 가로채 갔음을 알면서도 아무것도 모르는 구매자들에게 높은 가격으로 회사 주식을 팔려고 그 정보에 관해 함구한다면 어쩌겠는가? 오늘날 '내부자 거래'라는 용어로 불리며 높은 악명을 자랑하는 이 문제는 향료무역만큼이나 오랜 역사를 지니고 있다.

다만 네덜란드 동인도회사의 상장 이후 몇백 년 동안은 주식 거래 과정에서 발생한 여러 가지 추문과 사기가 경제 전반에 끼친 영향이 그다지 크지 않았다. 주식 거래가 투자금을 가진 소수 계층에게 한정되어 있었기 때문이다. 하지만 1920년대에 들어서자 모든 것이 달라졌다.

* 원문의 'one's ship comes in'이라는 표현에는 '배가 들어오다'라는 뜻 외에도 '부자가 되다'라는 중의적인 의미가 있다. (옮긴이)

제1차 세계대전 이후의 번영 속에서 늘어난 미국의 중산층은 예전과 다른 규모로 주식 시장에 투자하기 시작했다. 그 말인즉 1929년 주식 시장이 붕괴했을 때 그에 따른 경제 혼란이 매우 광범위하고 그 강도도 높았다는 의미였다. 수백만 명의 재정적 안정이 일거에 무너졌고, 이후 몇 년 동안이나 온 나라가 깊은 불황의 늪에 빠졌다.

이런 대규모의 재앙이 두 번 다시 일어나지 않도록 미 의회는 대중으로부터 자본금을 조달하려는 기업에 적용되는 법안을 통과시켰다. 오늘날까지 이어져 내려오는 이 법은 증권거래위원회Securities and Exchange Commission(SEC)라는 정부 기관에 의해 집행된다. 상장 기업이 되고자 하는 픽사의 시도 역시 이 법의 지배를 받게 된다.

현대 증권법의 취지는 투자자들에게 동등하고 정확한 정보를 제공함으로써 그들 스스로 투자 결정을 내릴 수 있도록 맡겨야 한다는 것이다. 몇몇 사람은 모든 정보를 다 알고 나머지 사람들은 아무것도 모른 채 투자하는 세상은 막을 내려야 했다. 픽사를 상장시킨다는 것은 픽사가 사업의 모든 세부 내용을 설명하고 공개해야 한다는 뜻이었다. 상장 기업의 삶은 어항 속의 금붕어와도 같았다. 일단 상장 기업이 되면 더는 숨을 곳이 없었다. 그 무엇도 비밀이 없었다. 우리는 사업의 모든 세부 내용에 대해 끝도 없는 질문 세례를 견디어야 할 것이다. 픽사는 지금껏 한 번도 겪어 보지 못한 대중의 면밀한 감시를 받을 수밖에 없을 것이다. 우리는 거기에 대비해야 했다.

픽사의 사업 계획에 내재한 리스크와 회사 상장에 따르는 위험이 결합되자 나는 무척 조심스러운 태도를 보이지 않을 수 없었다. 하지만 스티브는 전혀 그렇지 않았다. 픽사의 IPO를 꿈꾸며 픽사 주가가 선명하게 새겨진 증권거래소의 모습을 마음속에 그렸으리라. 그 주가를 통해 스티브는 픽사에 대한 개인 투자가 정확히 얼마만큼 가치 있는 일이었는지를 만천하에 알리고 싶었을 것이다. 나는 그가 픽사의 IPO를 너무 낙관적으로만 바라보는 게 아닐까 걱정스러웠다.

"지금 시장은 견실하고 수용력도 높은 것 같아요." 스티브는 어느 날 아침 통화에서 확신에 찬 말투로 말했다. "제 주변 사람들도 지금이 딱 좋은 시기라고 이야기하고요. 다른 회사들도 상장을 준비하고 있잖아요. 넷스케이프는 오랜만에 보는 대규모의 공모가 될 것 같아요. 저는 픽사가 그보다 더 크게, 더 훌륭하게 해낼 거라고 생각해요."

곧 있을 넷스케이프 공모는 모두의 기대를 모으고 있었다. 넷스케이프는 네비게이터라는 최초의 범용 웹 브라우저를 개발해 명성을 얻었다. 이 회사의 기업공개는 인터넷이라는 새로운 영역에 대해 처음으로 이루어지는 공모였고, 미디어의 엄청난 관심을 받았다. 넷스케이프의 IPO는 불과 몇 주 뒤인 1995년 8월로 예정되어 있었다.

"넷스케이프는 완전히 새로운 산업을 대변하죠." 나는 대답했다. "인터넷은 굉장한 화두예요. 곳곳에서 투자자들이 인터넷에 관해 이야기하고 있어요. 하지만 애니메이션에 관해서는 이야기하지 않죠. 투자자들에게 픽사에 대한 확신을 심어 주어야 할 거예요."

"투자자들도 우리가 하는 일을 보고 나면 금세 이해할 거예요." 스티브는 주장했다. "될 수 있는 대로 빨리 픽사의 공모 계획을 세워야겠어요."

"시장이 언제 픽사를 가장 잘 받아들일지도 고려해야 해요." 나는 대답했다. "〈토이 스토리〉 개봉 전이냐 후냐를 결정해야겠죠. 개봉 전에 했다가 〈토이 스토리〉가 망하기라도 한다면 감당하기 힘든 재앙이 될 거예요."

"그건 왜죠?" 스티브가 쏘아붙였다. "우리가 픽사의 상장을 위해 블록버스터를 약속할 필요는 없어요. 영화 한 편을 만들자는 게 아니라 회사를 세우는 거니까요. 투자자들은 새로운 종류의 엔터테인먼트 회사라는 개념을 받아들이게 될 거예요. 〈토이 스토리〉가 실망스러운 실적을 낸다면 우리는 필요한 자금을 영영 마련할 수 없겠죠. 어쩌면 더 서둘러야 할지도 몰라요."

나는 차마 동의할 수 없었다. 픽사가 〈토이 스토리〉를 내세워 자본금을 모았는데 〈토이 스토리〉가 실패한다면 픽사의 주가는 곤두박질 칠 것이고 두 번 다시 회복할 수 없을지도 몰랐다. 투자자들이 즉각 손해를 본다면 픽사를 절대 용서하지 않으려 할 것이고, 새 영화로 투자자들에게 우리를 다시 증명해 보이기까지는 3년이 지나야 했다.

픽사는 기대감을 자극하는 이른바 '핫한' 회사에서 한때 유명했지만 실망스러운 회사로 한순간에 전락할 우려가 있었다. 일각에서 픽사는 이미 그런 평판을 얻고 있었다. 투자자들은 더욱 가차 없이 돌아서 버릴 것이다. 픽사를 상장시킨다면 타이밍이 절대적으로 완벽해야만 했다. 〈토이 스토리〉의 개봉 전에는 할 수도 없고, 해서도 안 된다는 게 내 생각이었다.

"스티브와 함께 일하다 보면 분통 터질 때가 있어." 나는 어느 날 밤 힐러리에게 하소연했다. "기발한 아이디어를 낼 때도 있지만 완전히 얼토당토않을 때가 있거든. 가끔은 통제 불능 상태가 된다니까."

"그런 사람하고 어떻게 일해야 하는지는 당신이 잘 알고 있잖아." 힐러리는 대답했다. "에피하고도 잘 해냈어. 스티브도 비슷할 거야."

스티브는 에피처럼 까다로운 성격이지만 똑같이 영리하고 활기 넘치는 사람이기도 했다. 하지만 픽사의 IPO 문제에 있어서 나는 온전성 검사sanity check*가 필요했다. 이 문제와 관련해 내가 도움을 청할 수 있는 사람이 한 명 있었으니, 그는 바로 나의 옛 상사이자 멘토 래리 손시니였다.

* 주장 또는 계산 결과의 합리성을 재빨리 확인하기 위한 간단한 테스트. (옮긴이)

10
이사회

래리 손시니는 내가 전에 근무하던 법무법인 윌슨 손시니 굿리치 앤 로사티의 매니징 파트너였다. 그는 실리콘밸리의 전설이었고 그렇게 불릴 만한 이유가 충분했다. 래리는 실리콘밸리에 상주하며 스타트업과 IPO 분야의 권위자로 활동했다. 그는 실리콘밸리의 유명 스타트업 중 거의 다는 아니더라도 상당수의 자문을 맡으며 로펌을 이끌었고, 주식 공모와 그 이후까지 업체들을 인도하고 조언해 주었다. 실리콘밸리의 내로라할 최고경영자와 이사회들이 그를 수석 법률고문으로 두고 있었다. 래리는 말하자면 실리콘밸리가 믿고 찾는 상담역이었다.

로펌 내에서도 래리는 존경심과 경외감의 대상이었다. 그는 유능한 변호사였다. 실력 좋고 영향력 있었으며 의뢰인에 대한 서비스를 최우선으로 삼았다. 나 또한 그가 품위 있고 너그러운 사람이라고 생각했고, 그를 멘토로 모시고 있음이 자랑스러웠다. 래리는 나에게 일자리를 주었고, 그의 회사에서 새로운 종류의 법률 서비스를 시작할 수 있게 기회를 허락했으며, 나를 파트너로 승격시켰고, 심지어 떠나기로 한 결정까지 지지해 주었다.

그는 실리콘밸리에서 우리 로펌의 위상과 역할에 대한 긍지가 대단했다. 한 번은 그의 사무실에서 잠시 이야기를 나누고 있었는데, 그가 로펌 운영을 스타트업 구축에 빗대며 이렇게 말했다. "우리의 임무는 간단해. 실리콘밸리 회사들이 전 세계에서 활약할 수 있도록 우리가 최고의 법률고문이 되어주는 것. 그러면 굳이 다른 곳을 찾아갈 필요가 없겠지."

그런 목표를 가지고 래리는 회사의 법률 서비스 품질을 꾸준히 높여갔고, 실제로 세계 최고의 로펌들과 어깨를 나란히 하거나 경우에 따라 그들을 능가하는 회사로 만들어 놓았다. 실리콘밸리의 성장과 함께 우리 로펌도 성장했다. 픽사의 상장을 래리보다 더 노련하게 감당할 수 있는 적임자는 없었다.

나는 팰로앨토에 있는 래리의 사무실에서 그를 만나기로 약속을 잡았다. 내가 사는 동네에서 그리 멀지 않은 곳이었다. 그 건물에 들어갈 때마다 변호사 시절에 대해 약간의 향수를 느끼지 않을 수 없었다. 래리는 늘 그렇듯 맵시 있는 이태리제 수트와 구두로 말쑥하게 차려입었다. 중간 키에 늘씬하고 다부진 체격, 슬슬 머리가 벗어지고 있는 그는 나보다 20년 가까이 선배였다. 우리는 재빨리 본론으로 들어갔다.

"래리, 스티브는 픽사의 상장을 열심히 밀어붙이고 있어요." 나는 이야기를 시작했다. "그럴 만한 이유야 충분하지만 리스크도 어마어마한 게 문제예요."

"꼭 지금 상장을 해야만 하는 이유는 뭐지?" 래리는 물었다.

"저희는 영화 제작비를 스스로 부담할 필요가 있어요." 나는 설명했다. "그게 영화 수익에서 저희 몫을 높일 수 있는 유일한 길이거든요. 그러려면 적어도 7천5백만 달러는 필요할 거예요. 반드시 지금 해야 할 필요는 없지만 〈토이 스토리〉 개봉이 저희에게 순풍이 되어 줄 테고, 스티브는 어서 IPO를 진행하고 싶어 안달이 나 있어요. 그에게는 많은 일의 성패가 거기에 달려 있으니까요."

나는 래리도 속사정을 이해하고 있다는 걸 잘 알고 있었다. 스티브와도 개인적인 친분이 있어 자주 조언을 해 주는 사이였기 때문이다.

"자네 생각은 어떤데? 어떤 리스크가 있는 거지?" 그는 물었다.

"픽사의 재무 프로파일이 대단히 문제죠." 나는 대답했다. "수익 실적이 없고, 매출은 예측 불가한 데다 들쭉날쭉하고, 언제 영화 수익을 조금 더 나누어 받을 수 있을지 그 시기도 전혀 알 수 없어요. 거기다가 〈도이 스토리〉 개봉 후에 다음 영화가 나오려면 3년이나 걸리고요."

"이래저래 힘든 설득 작업이 되겠네." 래리는 말했다. "금융 시장이 픽사라는 회사를 받아들이기가 만만치는 않겠어."

"투자자들이 리스크를 발견하게 되면 무슨 일이 벌어질지 걱정돼요." 나는 덧붙였다. "픽사는 디즈니 애니메이션을 대체할 차세대 기업으로 흥미진진한 투자 대상일지 몰라도 리스크가 엄청나니까요. 그걸 숨길 수는 없어요. 하지만 시작도 하기 전에 공연히 투자자들을 불안하게 만드는 건 아닐까 걱정이에요."

"투자자들에게 가급적 솔직하게 나가는 게 제일 좋은 방법이라는 데 나도 동의해." 래리는 말했다. "픽사는 흥미로운 이야깃거리가 있고, 스티브가 관여하고 있는 회사니까 분명 주목을 받겠지. 투자자들은 어쨌거나 위험을 파악하게 될 것이고. 하지만 회사 쪽에서 먼저 정보를 내주는 편이 더 나아. 그쪽 이야기를 다듬어 나갈 수 있도록 우리가 도와주지."

나는 이 회의 결과가 대단히 만족스러웠다. 픽사를 상장시킬 생각을 하다니 미친 게 아니냐고 가장 먼저 이야기해 줄 만한 사람이 바로 래리였다. 그가 전혀 승산이 없다고 생각했다면 큰 문제였겠지만, 갈 길이 험하다고 생각하는 것까지는 상관이 없었다. 그건 나도 이미 알고 있었으니까. 위험을 미리 공개할 필요가 있다는 의견에 래리까지 손을 들어 준 상황이다 보니, 픽사의 불안정한 사업 전망을 별로 외부에 알리고 싶어 하지 않는 스티브를 설득하기가 조금은 수월해질 것 같았다.

나는 그날 밤 전화로 스티브에게 이 주제를 꺼냈다.

"픽사의 비즈니스 리스크에 대해 우리가 알고 있는 바를 솔직하게 공개해야 할 거예요." 나는 말했다. "래리는 투자자들이 어쨌거나 알게 될 거라고 이야기하더군요. 우리 쪽에서 먼저 나오는 게 낫다고요."

"두 분 모두 그래야 한다고 생각하신다면 그래야겠죠." 스티브는 대수롭지 않다는 듯 말했다.

나는 그가 의견 자체에 반대하는 게 아님을 알 수 있었다. 그게 중요치 않다고 생각했을 뿐이었다. 그는 투자자들이 현명하게 판단할 것이며 픽사의 비전에 너무나 매력을 느낀 나머지 사업상의 위험 따위는 그들 눈에 최소화될 거라 확신했다. 그거야 아무래도 상관없었다. 나는 원하던 걸 얻었으니까. 위험을 공개해도 좋다는 암묵의 허가였다.

그날 밤 내가 고심하던 문제가 또 하나 있었다. 스티브는 픽사 이사회의 유일한 이사였다. 상장을 추진할 생각이라면 이사회 규모를 늘려야만 했다. 투자자들은 픽사에 회사를 감독하는 전문적이고 노련한 경영진이 있는지 알고 싶어 할 것이다. 하지만 이런 이야기를 스티브와 의논하기가 쉬우리라고는 예상치 않았다.

10년 전, 애플 이사회는 스티브가 매킨토시 사업부를 운영하는 방식이 극단적이고 변덕스럽다는 이유로 느닷없이 그를 해임함으로써 뒤통수를 쳤다. 그 일에 대해 한 번도 허심탄회하게 이야기를 나눈 적은 없었지만 스톡옵션을 발행할 시기에 이르러 스티브가 픽사의 경영권에 집착했던 일을 생각해 보면 여전히 애플에서 축출된 충격의 여파가 완전히 가시지 않았음을 짐작할 수 있었다.

스티브가 픽사의 주식 대부분을 소유하더라도, 픽사가 상장 회사가 되면 소액 주주를 포함한 모든 픽사 주주들이 이사회에 책임을 물을 것이다. 즉, 필요하다면 이사회가 독자적인 행동을 취할 수 있다는 뜻이었다. 픽사의 이사회 구성원을 선발하는 문제에 있어서 스티브가 상당히 까다롭게 굴 게 틀림없었다.

"지금은 픽사의 이사회 규모를 늘려야 할 때이기도 해요." 나는 운을 띄웠다. "회사를 상장시키기 훨씬 전에 괜찮은 이사회를 갖추어 둘 필요가 있거든요. 지금이 적기죠."

"소규모로 꾸렸으면 좋겠어요." 스티브는 말했다. "제가 덩치 큰 이사회를 좋아하지 않거든요. 최소한으로 작게 꾸린다면 어느 정도까지 가능할까요?"

"대여섯 명이면 충분할 거라 생각해요." 나는 말했다. "래리에게 확인해 볼게요. 작게 가는 쪽으로 해 보죠."

"여섯은 너무 많아요." 스티브는 반박했다. "여섯 명이나 필요하지 않아요. 또, 제가 같이 일할 수 있는 사람들, 픽사에 진심으로 마음 쓰는 사람들, 그냥 위신 때문에 참여하려고 하지 않는 사람들로 채웠으면 좋겠어요. 회사에 대해 아무것도 모르는 허수아비들로 이사회를 꾸리고 싶지는 않아요."

“이사회는 신뢰감을 심어 줘야 해요. 투자자들은 이사회를 보고 픽사의 전략이 타당한지 검증할 거예요. 기술 전문가들로만 채울 수는 없다고요.”

“저는 이름뿐인 할리우드 임원이나 유명 인사를 원치 않아요.” 스티브는 대답했다. “우리는 픽사를 이해하는 이사회 구성원이 필요해요. 픽사에 정말 관심이 있고 우리가 신뢰하는 사람들이요.”

이로써 대상은 크게 좁혀졌다. 이사회를 소규모로 꾸리되, 할리우드에서 신뢰감을 줄 만한 인물들 가운데 스티브가 잘 알고 믿으며 픽사의 이익에 진심으로 신경 쓰는 사람들을 선발해야 했다. 월스트리트를 만족시킬 만한 신뢰성이 있어야 했고, 스티브를 만족시킬 만한 친밀함이 있어야 했다. 좁은 바늘귀에 실 꿰기가 될 게 분명했다.

지난 몇 달 동안 우리는 명목상 훌륭한 이사회 구성원이 될 만한 사람들을 많이 만났다. 유니버설 스튜디오의 최고경영자와 최고운영책임자인 에드거 브론프먼Edgar Bronfman과 샌디 클리먼Sandy Climan이 완벽한 사례였다. 웬만한 기업이라면 이들 중 하나를 이사회 임원으로 모실 기회를 적극적으로 환영했을 것이다. 하지만 스티브는 두 명 모두에게서 결격 사유를 찾았다.

“에드거는 좋은 사람이죠. 하지만 디즈니의 최대 경쟁사 CEO를 굳이 우리 이사회에 합류시킬 필요가 있을까요? 샌디 클리먼의 경우도 똑같은 문제가 있겠네요.”

우리가 제일 잘 아는 할리우드 경영진들은 전부 디즈니 출신이었다. 디즈니 최고경영자 마이클 아이스너Michael Eisner와 디즈니 애니메이션의 대표인 피터 슈나이더Peter Schneider도 마찬가지였다. 픽사가 디즈니와의 관계를 모색해 나가고 있고, 다른 영화사와의 관계까지 고려

하는 상황이어서, 디즈니 임원을 픽사 이사회에 영입하기에는 이해 상충의 여지가 다분했다. 그건 안 될 일이었다.

또 하나의 가능성이 있었다. 우리의 할리우드 변호사 샘 피셔는 우리를 자기네 로펌의 시니어 파트너 중 한 명인 스킵 브리트넘Skip Brittenham에게 소개해 주었다. 스킵은 할리우드에서 손에 꼽히는 엘리트 슈퍼 변호사로 스타들의 법률 상담을 맡고 있었다. 내가 전화해서 할리우드에 대해 자세히 배우고 싶다고 이야기했을 때, 샘은 그를 꼭 만나 보기를 권했다.

스킵은 할리우드에서 벌어지는 많은 일이 그의 손에 달려 있다 할 정도로 카리스마 넘치는 전설의 변호사였다. 마른 체격에 용모가 준수했고 머리가 대부분 벗어져 옆머리만 남아 있었다. 캐주얼 수트를 입은 그의 따뜻하고 싹싹한 태도 때문이었는지 우리는 만나자마자 그에게 호감을 느꼈다. 스킵은 할리우드에 관해 이야기하기를 아주 좋아했고, 법조계에서 활동하면서 겪어 보지 않은 일이 거의 없는 듯했다. 그의 로펌이 우리를 대변해 주고 있었기 때문에 그는 이미 픽사 편이었다.

스킵을 만나던 날, 그의 사무실로 들어가려는데 작은 안락의자에 놓여 있는 쿠션에 수 놓인 문구 하나가 눈길을 끌었다. 꼼꼼하게 수 놓인 문구는 다음과 같았다. “질책당하지 않는 선행은 없다(No good deed goes unpunished).” 스킵은 내가 그걸 보고 있음을 눈치채고는 “그걸 이해하면 할리우드를 이해하는 거예요.”라고 말했다. 나는 뒤통수를 한 대 얻어맞은 듯했다. 쿠션 위의 문구는 너무도 냉소적이었다. 나는 그에게 이유를 물었다.

“반드시 알아 둬야 해요. 할리우드에는 엄연한 현실이 있고 그 현실에 맞서려 하면 상처를 입게 된다는 걸. 너무 많은 것을 너무 빨리 내주면 결국 훨씬 더 많은 것을 내주게 되어 있지. 직관에 어긋나는 말 같겠지만 명심해 둬요."

스킵 브리트넘이 왜 할리우드 최고의 변호사인지 그 이유를 파악하는 데는 오래 걸리지 않았다. 플라이 낚시장을 소유하고 있고 거기까지 자가용 비행기를 타고 가기 때문만은 아니었다. 스킵은 엔터테인먼트 비즈니스와 법률에 관한 박학한 지식에다 사람 마음을 끄는 매력까지 겸비하고 있어서, 그가 변호하는 중역과 유명 인사들은 그에게 굉장한 동지애를 느꼈다. 그는 아무리 해결하기 만만찮은 업무 상황도 의뢰인들의 예술적 욕구와 특성에 맞게 거뜬히 마무리 짓는 능력이 있었다. 픽사와 내가 그에게서 배워야 할 게 대단히 많음을 금방 알 수 있었다.

스킵을 처음 만났을 때 나는 그에게 물었다. "스타들이 할리우드에서 최고의 자리에 오르는 비결이 뭔가요?"

"사람들은 운이 좋았다고 생각하지. 하지만 내 생각은 달라요. 톱스타들이 자기 분야에서만이 아니라 사업적인 측면에서도 얼마나 수완이 뛰어난지 알면 깜짝 놀랄걸? 그들이 지금과 같은 자리에 이르게 된 건 절대 우연이 아녜요. 무척이나 영리한 사람들이지."

스티브와 나는 스킵이 훌륭한 이사회 구성원이 될 거라는 데에 의견을 같이했다. 스티브는 그가 관심 있어 할지 속을 떠보라고 했다. 의사를 타진해 본 결과는 '관심 없음'이었다. 스킵이 이사회 활동을 하는 경우는 극히 드물었다. 나는 이 문제로 그와 이야기를 나눌 수 있겠는지 문의했다. 그의 사무실은 전화를 연결해 주었고 나는 픽사에 있는 내 사무실에서 스킵과 통화했다. 애원했다는 게 더 정확한 표현일 것이다.

"스킵, 이사회 활동을 많이 안 하신다는 거 잘 알고 있고 그 이유도 납득이 가요. 시간을 잡아먹는 일인 데다 이사회 회의 때문에 이동도 잦으실 테니까요. 게다가 주력으로 삼으시는 법률 업무도 아니고요. 하지만 이건 달라요. 픽사는 익히 아시는 할리우드 회사들과 차이가 있어요. 실리콘밸리에서 탄생했고요. 저희는 몇 세대 동안 한 번도 이루어진 적 없는 스토리와 기술의 결합을 통해 실리콘밸리와 할리우드의 하이브리드 회사를 만들려는 참이에요. 선배님께서 저희에게 힘이 되어 주셨으면 해요."

"상황은 나도 이해해요." 스킵은 말했다. "하지만 지난 몇 년 동안 나는 이사회 활동을 점점 줄여 왔어요. 픽사의 변호사로 계속 조언을 해 드리면 되지 않겠어요? 이사회는 나한테 너무 번거로운 일이거든. 더구나 당신들은 여기서 멀리 떨어진 캘리포니아 북부에 있잖소."

스킵은 할리우드 인맥 중 픽사의 이사회 일원이 될 수 있는 마지막 가능성이었다. 우리는 그의 도움이 절실히 필요했다. 나는 스킵이 픽사의 내재적인 리스크 때문에 주저하는 게 아님을 알 수 있었다. 단지 번거롭기 때문이었다. 계속 매달릴 수밖에 없었다.

"스킵, 저희 법률고문이 되어 주시는 것도 감사하지만 저희는 더 많은 도움이 필요해요. 이사회 일원이 되시면 픽사의 미래와 스티브의 미래에 대단히 귀중한 역할을 하시게 될 거예요. 저희는 두 세대 만에 처음으로 장편 애니메이션 영화의 세계를 바꾸어 놓는 회사가 되려고 하거든요. 스티브도 진심으로 선배님과 함께 일하고 싶어 하고요. 선배님의 도움이 필요해요. 저희가 성공한다면 함께해 주신 것만으로도 정말 기쁠 거예요. 성공하지 못한다 해도, 선배님은 이사회를 관두시면 되고 크게 손해 보실 일이 없을 거예요. 제 힘이 닿는 한 최대한 번거롭지 않게 해 드릴게요."

"생각해 보지요." 스킵은 말했다.

이틀 뒤 스킵은 스티브에게 전화를 걸어 픽사의 이사회에 합류하고 싶다고 전해 왔다. 무엇이 그의 마음을 바꾸었는지는 알 수 없었다. 어쩌면 내 간절함이었을까. 아니면 픽사에서 함께하고 싶은 기회를 발견했던 걸까. 그것도 아니면 스티브 잡스와 함께 일한다는 사실에 끌렸을 수도 있다. 두 사람은 확실히 예전부터 죽이 잘 맞았다. 이유야 어쨌든 그가 수락했다.

한 명은 채웠고.

스티브가 원래부터 잘 알던 사이가 아닌 사람을 이사회 구성원으로 받아들이도록 밀어붙일 수 있는 건 거기까지가 한계였다. 스티브는 조 그라지아노Joe Graziano에게 합류 의사가 있는지 물어보자는 의견을 냈다. 스티브가 애플에 있을 때 애플의 최고재무책임자였다. 스티브는 내가 그를 만나 보길 원했다. 조가 픽사를 찾아왔고, 나는 그에게 회사를 구경시켜 주고 픽사의 사업에 대해 담소를 나누었다.

나는 단박에 조가 마음에 들었다. 그는 따뜻하고 친근감 있으며 아주 똑똑한 데다 레이싱 카를 굉장히 좋아해서 유쾌한 대화를 나눌 수 있었다. 픽사가 마주한 난관을 그는 금세 이해했다. 우리로서는 다행스럽게도, 조는 마침 스타트업에서 위험을 감수하며 일해 보고 싶은 커리어 단계에 와 있었다. 그는 픽사에 확실함을 요구하지 않았다. 그는 우리에게 충실하고 꾸준한 도움의 손길이 되어 줄 듯했다.

스티브를 포함해 세 명의 이사회 멤버가 갖추어졌다. 한두 명이 더 필요했다. 내가 픽사의 이사회에 꼭 모시고 싶은 사람이 하나 있었다. 바로 래리 손시니였다. 래리는 오래전부터 스티브의 막역한 친구이자 조언자였을 뿐만 아니라, 훌륭한 이사회 멤버로도 알려져 있었다. 복잡한 기업 상장과 그 이후까지 우리를 그보다 더 잘 이끌어 줄 수 있는 사람은 떠올리기 힘들 정도였다. 그는 스티브의 모든 기준을 충족했다. 스티브가 전화를 걸어 부탁했고 래리는 수락했다.

그렇게 이사회는 총 네 명이 되었다. 스티브 잡스, 스킵 브리트넘, 조 그라지아노, 래리 손시니. 기막히게 멋진 조합이 될 것이었다. 네 명 다 자기 분야의 거물이었고, 픽사에 절실히 필요한 신뢰성을 부여해 줄 수 있었다. 하지만 이것은 아주 작은 규모의 이사회였다. 구성원이 더 필요하지 않을까 걱정되었지만 스티브는 인원을 더 추가하고 싶어 하지 않았다. 나는 네 명이면 충분할지 래리에게 물었다. "괜찮아. 준비가 되면 나중에 더 추가해도 되지." 그는 대답했다.

이사회가 갖추어졌으니 이제 IPO를 본격적으로 탐색해 볼 수 있었다. 기업 상장으로 가는 모든 길은 중간에 투자은행이라는 특별한 세계를 통과해야 했다. IPO를 향한 진정한 여정은 픽사가 투자은행을 물색하면서 비로소 시작되는 것이었다. 나는 스티브가 픽사의 이사들을 까다롭게 선발했다고 생각했는데, 투자은행을 고를 때에 비하면 그 정도는 아무것도 아니었다.

11
문지기

반다 제도에서 향신료를 구해 올 돈을 마련하는 것이 목표이든, 캘리포니아 포인트 리치먼드에서 애니메이션 영화 만들 자금을 모으는 것이 목표이든, 기업은 그 돈을 구할 방법이 있어야만 한다. 대중에게서 돈을 조달하기로 하는 경우, 고도로 특화되어 있고 종종 오해를 사기도 하는 금융계의 한 분야가 이와 관련된 업무를 전담하고 있었으니 그들은 바로 투자은행investment bank이다.

투자은행은 돈이 있는 자(투자자)와 돈이 필요한 자(기업)를 연결한다. 기업이 상장을 원할 때, 중개자 역할을 하는 투자은행 없이 그 일을 해내기란 불가능하다. 그들은 돈이 있는 길목을 지키는 문지기다. 투자은행의 역할을 분명히 드러내는 독보적인 기능이 하나 있다면 그것은 투자자들이 돈을 걸 기업의 품질을 인증하는 것이다. 어느 투자은행이 됐든, 투자처로서 픽사의 가치와 신뢰성에 긍정의 인장을 찍어주는 투자은행이 있어야 했다. 그래야만 우리는 비로소 투자자들과 직접 소통할 수 있게 된다.

회사의 주식을 구입하려는 투자자는 해당 기업의 주식 가치가 어떻게 평가되는지 알아야 한다. 주식은 회사의 작은 조각(지분)에 지나지 않는다. 회사에 1만 주가 있고 각각 50달러에 거래되고 있다면 그 회사는 50만 달러 가치를 지닌다. 똑같은 주식이 한 주에 100달러씩 거래된다면 회사의 가치는 1백만 달러로 올라간다. 회사의 주식에 얼마를 지불해야 할지 알려면 회사의 가치를 알아야 한다.

회사의 가치를 평가하는 것은 투자은행의 주된 업무 중 하나다. 투자은행은 기업이 벌이는 사업의 모든 측면(역사, 자산, 채무, 제품, 수익, 시장, 유통 채널, 경영진, 경쟁사 및 성공과 관련된 그 밖의 요소)을 살피고, 투자 대상으로서 그 가치와 위험을 평가한다. 말하자면 물건은 사지 않고 이것저것 따지며 살피기만 하는 손님과도 같다. 평가가 완료되면 투자은행은 투자자들을 물색하고 회사의 주식 거래가 원활하게 이루어지도록 돕는다. 투자은행의 전반적인 평판은 투자자들이 투자 대상의 가치와 위험을 이해하도록 얼마나 신뢰감 있게 돕느냐에 달려 있다. 이것은 비단 IPO에만 국한되는 이야기가 아니라 기업 가치 평가가 관건인 모든 거래에 해당된다.

이러한 서비스를 제공하는 대가로 투자은행은 각 거래에 투자된 금액의 일정 비율을 수익으로 얻는다. 계산 방법은 다르지만 이것은 마치 전 세계에서 이루어지는 투자에 소액의 세금을 부과하는 것과도 같다. 전 세계의 금융 거래는 워낙 규모가 크기 때문에 1%라 하더라도 금액이 대단히 빠른 속도로 불어난다. 성공한 현대의 투자은행들이 왕족에 맞먹는 수준의 부와 권력을 손에 넣게 된 것은 바로 이러한 이유 때문이다. 세계의 자본 시장을 지키는 문지기 일은 무척 수익성 높은 사업이 되었다.

투자은행의 형태와 크기는 매우 다양하다. 어떤 회사는 규모가 작고 국지적으로만 활동하는 반면, 어떤 회사는 전 세계 구석구석에서 사업을 운영한다. 그들은 저마다 다른 산업에 특화되어 있는 경우가 많으며 서로 다른 부류의 투자자들과 관계를 맺고 있다. 그러나 스티브의 머릿속에 고려해 볼 만한 가치가 있는 회사는 두 곳뿐이었다. 이론의 여지가 없는 투자은행계의 제왕, 골드만삭스와 모건스탠리였다.

골드만삭스와 모건스탠리 모두 실리콘밸리에서 눈부신 명성을 쌓은 회사였다. 여러 이름난 실리콘밸리 회사들의 IPO에 관여했고, 1980년 애플의 IPO나 최근에 있었던 유명 인터넷 스타트업 넷스케이프의 IPO는 둘 다 모건스탠리의 주도하에 이루어졌다.

골드만삭스나 모건스탠리를 끼고 IPO를 진행할 경우 엄청난 홍보 효과가 뒤따랐다. 잘 나가는 스타트업 중 상장에 관심 있는 회사는 예외 없이 두 회사 중 한 곳이나 양쪽 모두에 일단 연락을 취했다.

IPO는 몇 군데의 투자은행이 관여하되 한 곳이 주도권을 잡는 형태가 일반적이다. 대표 주관사는 회사의 평가 절차를 진행하고, 증권거래위원회 보고를 감독하며, 회사를 투자자들에게 소개하고, 최종적으로 주식 시장에서 그 회사의 주식 거래를 개시하는 등 거래의 모든 측면을 주도적으로 진행한다. 골드만삭스와 모건스탠리는 대표 주관사 역할만 맡는 게 일반적이어서, 두 회사가 공동 주관하는 경우는 흔치 않았다. 픽사는 둘 중 한 회사만 이용할 수 있었고, 스티브는 이것을 화제로 삼기 좋아했다.

"어느 쪽이 더 낫다고 생각하세요? 골드만? 아니면 모건?" 픽사까지 차를 몰고 가던 어느 날 그는 내게 물었다.

"글쎄요. 제 생각엔 그쪽에서 픽사에 얼마나 기대감이 있고 특히 애널리스트들이 픽사를 얼마나 관심 있게 지켜보려 하느냐에 따라 달라질 것 같은데요." 나는 대답했다.

애널리스트는 투자은행의 핵심 요소였다. 그들은 각 기업을 소개하고 향후 실적을 예측하는 장문의 보고서를 쓰는 사람들이다. 픽사의 기업공개 이후에도 투자은행의 애널리스트는 투자자들의 편익을 위해 픽사의 사업을 지속적으로 평가하며 계속해서 보고서를 쓸 것이다. 픽사에 대한 보고서 작성에 열의가 있는 애널리스트들이 반드시 필요했다. 그들 없이는 월스트리트에서 잊히기 쉬웠다.

나는 계속해서 말했다. "두 회사 모두 로스앤젤레스에 사무실이 있어요. 엔터테인먼트 산업 전문가와 접촉하려면 그 사무실 사람들과 얘기를 나누어야 할 거예요."

"혹시 모건스탠리와 골드만삭스가 둘 다 픽사의 상장에 개입할 가능성이 있을까요?" 스티브는 물었다.

"그런 경우는 아주 드물죠." 나는 말했다.

"어쩌면 할지도 몰라요." 스티브는 말을 이었다. "두 회사 모두 큰 매력을 느낄 만한 상황이잖아요. 올해 가장 화제가 될 IPO에 참여할 기회니까요."

내가 둘 중 어느 쪽을 선호하든, 그건 스티브의 관심사가 아님이 분명해졌다. 그는 다른 생각이 있었다. 두 회사 모두를 원했던 것이다.

"그렇다면 물어볼 수는 있죠. 밑져야 본전이니까." 나는 말했다.

골드만삭스와 모건스탠리 둘 다 픽사의 IPO에 관여하는 것이 스티브가 원하는 바라면 나도 전혀 반대할 생각이 없었다. 오히려 황홀해 죽을 지경이라면 모를까. 둘 중 어느 한 곳하고만 함께 일하는 것만으로도 짜릿한 기분일 것이다. 어쩌면 스티브는 픽사와 거래하고 싶으면 두 회사가 반드시 같이 일해야 한다고 통보할 만한 영향력이 있는지도 몰랐다. 하지만 나는 우리가 너무 건방지게 굴어서는 안 될 위치에 있다고 생각했고, 괜히 같이 일할 것을 강요하는 바람에 골드만삭스나 모건스탠리와 일할 기회를 날려 버리는 건 아닐지 걱정스러웠다.

"일단 만나 봅시다. 그러고 나면 관심도를 가늠해 볼 수 있겠죠." 나는 제안했다.

모건스탠리와 골드만삭스의 실리콘밸리 지점장 두 사람은 서로 달라도 그렇게 다를 수 없었다. 모건스탠리의 프랭크 쿼트론Frank Quattrone은 아마도 실리콘밸리에서 가장 유명한 투자은행가일 것이다. 그는 전설적이고 영웅적인 평판의 인물로, 대담하고 사교적이며 웬만해선 감동시키기 어려운 사람이었지만 일단 같은 편에 서면 든든한 지원군이 되어 주었다. 그는 강한 개성으로 독보적인 아우라를 발산하는 인물이었다. 다부진 체격에 키가 크고, 덥수룩한 콧수염과 환한 미소가 인상적인 쿼트론은 다수의 핫한 기술 기업들을 상장시키는 일에 관여해 왔기 때문에 모두가 그의 관심을 얻기 위해 경쟁했다. 그해 들어 가장 뜨거운 열기를 모은 IPO인 넷스케이프의 IPO를 주도한 대표 리드 뱅커이기도 했다.

골드만삭스의 에프 마틴Eff Martin은 좀 더 조용하고 절제된 스타일이었다. 그는 온화한 미소에 행동거지가 세련되고 정중했다. 프랭크 쿼트론이 거친 서부를 연상시킨다면 마틴은 안정된 동부에 가까웠다. 나보다 열 살쯤 나이가 많은 마틴은 왠지 모르게 상냥하고 수더분한 구석이 있었다. 그는 언제나 차분하고 느긋해 보였다.

스티브는 두 사람 각자에게 전화를 걸어 픽사에 관해 알아보지 않겠느냐고 제안했다. 둘 다 이 기회에 열의를 보였다. 게임은 시작되었다.

스티브와 나는 간단한 프레젠테이션을 준비했다. 픽사의 비전, 사업 계획 및 그 계획의 실현에 따르는 위험을 보여 주기 위한 격의 없는 발표였다. 디즈니가 1930년대에 했던 일을 1990년대에 재연하여, 새로운 스토리텔링 미디어를 활용한 애니메이션 엔터테인먼트의 새 시대를 열고, 그럼으로써 전 세계인에게 사랑받을 상징적인 영화와 캐릭터를 만들겠다는 내용으로 구성되었다.

우리는 모건스탠리 및 골드만삭스와의 미팅을 미리 계획했다. 스티브가 먼저 픽사의 비전을 제시한 다음, 내가 나서서 네 개의 축을 중심으로 우리의 사업 전략을 설명하고, 위험과 난관이 자연히 내재된 픽사의 사업에 관해 이야기하기로 했다. 먼젓번에 래리 손시니와 상의한 대로 위험 요소에 대해서도 논의할 준비를 제대로 해 두었다.

미팅은 순탄하게 흘러갔다. 스티브의 훌륭한 전달력 덕분인지 쿼트론과 마틴은 픽사의 잠재력에 홀딱 마음을 빼앗겼다. 두 사람은 비전과 전략에 대해 더할 나위 없이 열광적인 반응을 보였다. 그들은 픽사가 일반적인 실리콘밸리 기술 기업이 아님을 이해했고, 둘 다 로스앤젤레스에 있는 자기 회사의 엔터테인먼트 전문가들을 이 일에 관여시키고 싶다고 말했다. 심지어 픽사의 리스크에 관한 이야기까지 잘 풀렸다.

"픽사가 영화 수익을 더 많이 나누어 받기까지 얼마나 오랜 시간이 걸릴 거라고 예상하시나요?" 마틴은 물었다.

"현재로서는 디즈니가 반드시 재협상에 나서야 할 이유는 없어요." 나는 대답했다. "기존 계약 조건에 따라 저희를 붙잡아 둘 수 있고, 그 경우 처음 세 편의 영화가 출시될 때까지 지금으로부터 7~8년이 걸리겠죠. 하지만 〈토이 스토리〉가 히트를 치면 재협상을 서두르고 싶어

할 가능성이 있어요. 특히 저희가 영화 제작비를 자체적으로 부담할 준비가 된 경우라면 더욱 그렇죠."

"재협상 의사를 내비치신 적이 있나요?" 마틴은 물었다.

"그러기엔 너무 이르다고 생각하고 있어요." 나는 설명했다. "첫 번째 영화를 출시한 후, 필요한 자금이 마련된 후에 이야기를 꺼내는 게 나을 듯해요."

"네, 네, 당연히 그렇겠죠. 그 부분은 굉장히 납득이 갑니다." 마틴은 말했다.

논의가 이 대목에 이르자 스티브가 초조해하는 기색이 역력했다. 그는 어서 이 단계를 건너뛰고 〈토이 스토리〉와 꿈, 픽사가 바꾸려는 세상에 대한 이야기로 되돌아가고 싶어 안절부절못했다. 하지만 쿼트론과 마틴은 본인이 엔터테인먼트 산업을 깊이 있게 알지 못하더라도, 할리우드에 대해 잘 아는 전문가들을 두고 있었다. 엔터테인먼트 사업을 분석하며 경력을 쌓아 온 그 전문가들이 컴퓨터 장편 애니메이션 영화를 만드는 데 따르는 재무적 어려움을 파악하는 데는 5분도 채 걸리지 않을 것이다. 나는 그들 눈에 우리가 엔터테인먼트 사업을 전혀 이해하지 못하는 풋내기가 아니라 상황을 제대로 알고 덤비는 사람들로 비치기를 원했다.

전반적으로 미팅은 아주 성공적으로 마무리되었고, 쿼트론이나 마틴과 함께 일할 생각만 해도 나는 짜릿한 기분이 들었다.

"두 사람 모두 우리 이야기를 대단히 마음에 들어 했어요." 스티브는 상기된 목소리로 말했다. "다음 번에는 픽사에서 만나기로 했죠. 직접 와서 보면 기대감이 더욱 커질 거예요."

분명 그러리라는 확신이 들었다. 그렇게 되면 그들은 우리의 홈그

라운드 안으로 들어오는 셈이다. 골드만삭스나 모건스탠리를 이 정도 까지 매료시킨 회사는 많지 않았다. 두 회사 모두 픽사를 방문하기로 한 것만도 굉장한 성과였다.

과연 픽사의 상장이 가능할까를 놓고 들었던 수많은 회의 끝에, 어쩌면 우리가 생각보다 더 유리한 입장일지도 모른다는 느낌이 들기 시작했다. 세계에서 가장 권위 있는 투자은행 두 곳이 픽사를 직접 찾아올 준비를 하는 마당에, 어쩌면 우리가 해낼 수도 있지 않을까 하는 자신감이 생겼다. 만약 양쪽 모두와 같이 일하게 된다면 어떨까 상상도 해 보았다. 그것만으로도 넷스케이프를 능가하는 성과였다.

12
할 말을 잃다

골드만삭스와 모건스탠리 두 회사 모두 포인트 리치먼드에 있는 픽사 사무실 방문에 잔뜩 기대감을 나타냈다. 직접 보여 주고 설명하는 방식의 미팅이 될 예정이었다. 이번엔 리스크에 대한 논의 없이, 픽사를 있는 그대로 구경시켜 주기로 했다. 그들에게는 회사의 내부를 들여다볼 수 있는 첫 번째 기회였다. 우리는 쿼트론과 마틴을 처음 만나고 난 후 얼마 지나지 않은 시점으로 미팅 일정을 잡았다.

픽사를 방문한 사람들은 십중팔구 최면에라도 걸린 듯한 상태가 되어 회사를 나서곤 했다. 정유 공장 길 건너편에 있는 허름하고 수수한 사무실은 그 안에서 이루어지는 예술적인 작업과 완전히 딴판이어서, 방문객에게 큰 놀라움을 선사했다. 우리는 두 투자은행 관계자에게 최고의 모습을 보여 주려고 준비를 철저히 했다. 먼저 방문한 사람은 모건스탠리의 쿼트론이었다. 그는 같은 사무실에서 근무하는 주니어급 은행가 두 명을 데려왔다.

우리는 에드와 내 사무실 가까이에 있는 회의실에서 가벼운 대화를 나누기 시작했다. 중앙에 커다란 테이블이 있고 한쪽 벽면 출입문 근처에 화이트보드가 있는 작고 창문 없는 공간이었다. 스티브, 에드와 내가 이 미팅에 참석했다. 스티브가 우선 픽사의 역사를 간략하게 소개하고, 〈토이 스토리〉 제작에 관한 최신 정보를 제공한 다음, 회사에 대한 비전을 펼쳐 보였다.

"이제 회사를 둘러보시겠습니다." 스티브는 이렇게 말하며 발표를 마무리했다.

"좋습니다. 너무나 기대하고 있었어요." 쿼트론은 대답했다.

가까이 있는 사무실부터 시작했다. 두 명의 엔지니어가 픽사의 다음 영화인 〈벅스 라이프〉의 3차원 외골격 모형을 만들고 있었다. 사무실은 별다를 게 없었다. 실리콘밸리에서 흔히 볼 수 있을 만한 평범한 사무실이었지만 곤충의 외피를 디지털 모형으로 만드는 엔지니어는 어디 가도 만나기 힘들 것이다.

그다음 우리는 구불구불한 복도를 지나 쿼트론과 그 일행에게 처음으로 영화와 관련된 작업을 보여 줄 장소로 갔다. 중앙에 커다랗고 높은 테이블이 있고 사방이 선반으로 둘러쳐진 작은 방이었다. 테이블과 선반 위에는 〈토이 스토리〉 캐릭터의 점토 모형이 놓여 있었다. 대개 30cm 정도 크기의 이 모형은 영화 캐릭터 개발에 사용되었고, 디지털화 작업을 거쳐 3D 컴퓨터 모형으로 거듭났다.

"우와!" 쿼트론은 경탄했다. "이거 굉장하네요. 그러니까 이런 식으로 캐릭터의 형태를 잡아 나가는 거군요?"

"맞아요." 에드가 설명했다. "이게 3차원으로 구현해 놓은 처음 상태죠. 저희는 이 모형을 활용해서 곧 보시게 될 컴퓨터화된 버전을 만들고 있어요."

"대단하네요. 미술관에 갖다 놓아도 손색이 없겠어요!" 쿼트론은 말했다.

시작이 좋았다. 소개는 아직 워밍업 단계였다. 그다음 순서로 우리는 영화의 장면과 배경을 예술적으로 표현해 내는 팀을 만나러 갔다. 색깔, 조명, 분위기, 스타일을 연구하는 사람들이었다. 거기서 우리는 앤디의 방, 마지막 추격 장면, 인형 뽑기 기계 안의 외계인 등 〈토이 스토리〉의 다양한 장면을 렌더링한 결과를 보여 주었다. 쿼트론은 감탄을 연발했다. "정말이지 굉장하군요. 이런 수준의 예술 작업이 여기서 진행되고 있는 줄은 전혀 몰랐어요."

다음은 스토리보드실이었다. 우리는 영화의 모든 세부 사항을 그려 놓은 흰색 카드 수천 장을 둘러보았다. 쿼트론은 한 편의 애니메이션 영화가 마무리되기까지 그런 카드를 25,000장쯤 그려야 한다는 사실에 놀라워했다.

그러고 나서 우리는 애니메이터들이 일하는 곳으로 갔다. 내가 픽사를 처음 방문했을 때 너무나 깊은 인상을 준 곳이었다. 우리는 애니메이터 중 한 명에게 시연을 미리 부탁해 둔 상태였다. 그는 한 번에 미세한 동작 하나씩, 영화의 대사 트랙과 완벽하게 맞아떨어지도록 신경 써 가며 커다란 컴퓨터 모니터 위의 캐릭터에 생명력을 불어넣는 고된 과정을 보여 주었다.

대미를 장식하기 위해 우리는 쿼트론과 그 일행을 상영실로 데려갔다. 그들은 생뚱맞게 갖다 놓은 낡은 소파에 한바탕 웃음을 터뜨리고는 자리에 앉아 상영을 기다렸다. 우리는 픽사의 단편 영화들과 〈토이 스토리〉 앞부분의 한 토막을 보여 주었다. 내가 처음 픽사에 왔을 때 보았던 그 장면이었다.

"어떻게 생각하세요?" 상영이 끝나자 스티브가 쿼트론에게 물었다.

"할 말을 잃었어요." 쿼트론은 대답했다. "정말로요. 여기서 이런 일이 진행되고 있으리라고는 상상도 못 했거든요. 이건 정말 놀라워요. 그야말로 백문이 불여일견이네요. 투자자들에게도 어떻게든 이걸 꼭 보여 줄 수 있도록 해야겠어요."

아주 좋은 징조였다.

며칠 뒤 골드만삭스의 에프 마틴이 방문했다. 우리는 그에게도 똑같이 회사를 구경시켜 주었다.

"끝내주네요!" 상영이 끝나자 마틴은 활짝 웃으며 말했다. "할리우드에서 멀리 떨어진 이곳에서 이런 작업이 진행되고 있다니 굉장해요. 흥미진진하기도 하고요. 보여 주셔서 감사합니다. 저희 할리우드 담당자들과 어서 논의해 보고 싶네요."

바로 우리가 듣고 싶었던 마법의 주문이었다. 골드만삭스와 모건스탠리 모두 할리우드에 있는 영화 산업 전문가들과 이야기를 나누는 것이 다음 단계였다. 그래야만 픽사가 벌이는 사업의 핵심을 논의할 수 있었다.

두 차례의 방문은 너무나 잘 풀려서 나는 어쩌면 스티브가 옳았을지 모른다는 생각이 들기 시작했다. 골드만삭스와 모건스탠리는 픽사의 IPO에 참여하고 싶은 열의가 너무 커서 어쩌면 함께 일하기를 마다하지 않을 수도 있었다. 그런 일이 정말로 벌어진다면 스타트업 업계에서는 거의 전무후무한 놀라운 쾌거일 것이다. 하지만 우리가 둘 중 하나만 선택해야 한다면 어느 쪽을 택할지 확신이 서지 않았다.

"어떻게 생각하세요? 특별히 선호하는 쪽이 있으신가요?" 나는 스티브에게 물었다.

“고민 중이에요. 프랭크 쿼트론도 마음에 들어요. 중요한 거래를 여러 건 처리해 본 경험이 있으니까요. 하지만 에프도 훌륭해요.” 스티브는 말했다.

“제 생각도 같아요. 양쪽의 엔터테인먼트 산업 전문가들도 만나 보고 싶네요. 그러고 나면 어느 한쪽으로 마음이 기울지도 모르죠.”

나는 그 기회가 정말로 기대되었다. 먼저 연락이 온 것은 골드만삭스의 마틴이었다. 픽사 방문 후 며칠 뒤 그는 스티브에게 전화를 걸어 넥스트에 있는 스티브의 사무실에서 만나자고 말했다. 나는 픽사로 가는 길에 잠시 들렀고 우리는 회의실에 모였다.

“저희 할리우드 담당자들과 이야기를 나누어 봤습니다.” 마틴은 말했다. “저희는 픽사가 대단히 마음에 들어요. 픽사의 이야기는 정말 너무나 환상적이고, 저희가 그 이야기를 써 나가는데 함께 하고 싶어요.”

우리가 꼭 듣고 싶었던 말이었다.

“다만 우려되는 부분은 타이밍입니다.” 마틴은 말을 이었다. “디즈니와의 계약 기간 때문에 언제쯤 더 많은 영화 수익을 거두어들일 수 있을지 불확실한 상태잖아요. 저희 판단으로는 수익이 늘어날 만한 가시성이 더 커질 때까지 기다렸다가 기업공개에 나서는 편이 더 나을 듯해요. 그렇게 되면 훨씬 더 나은 기회가 만들어질 거고요. 어떻게 생각하세요?”

끔찍한 생각이었다. 골드만삭스 입장에서는 디즈니가 재협상을 해 오거나 우리가 다른 영화사와 협의할 수 있을 때까지 몇 년이 걸릴지 모를 위험을 감수하고 싶지 않은 것이었다. 하지만 우리 입장에서는 그 재협상을 기대하며 자본금을 마련해야 했다. 이것은 아주 은근하게 포장된 거절이었다. 스티브는 충격을 받았다.

"상황을 제대로 이해 못하신 것 같은데요, 저희는 그렇게 오래 기다릴 수가 없습니다." 그는 항변했다.

"실망스러우신 것 충분히 이해합니다." 마틴은 공감을 시도했다. "하지만 지금으로서는 위험이 너무 커요. 저희는 기다리는 게 낫다고 판단했습니다."

마틴이 떠난 후, 스티브는 말문이 막힌 듯했다. 그는 이 말밖에 하지 않았다. "저 사람들, 전혀 이해를 못하고 있어."

그래도 괜찮았다. 어차피 대표 주관사는 하나만 필요하니까. 모건스탠리는 애플을 상장시켰으니, 그 회사가 다시 스티브 잡스의 IPO를 맡는 게 더 어울릴지도 몰랐다. 퀴트론은 스티브에게 빨리 연락을 주겠다고 약속했고, 아니나 다를까 며칠 뒤에 연락이 왔다. 하지만 그는 마틴처럼 미팅을 요청하지 않고 곧장 전화를 걸었다. 스티브는 바로 나에게 연락해 소식을 전했다.

"프랭크 퀴트론과 통화를 했어요." 그는 입을 열었다.

"잘 하셨네요!" 나는 말했다. "다음 단계가 뭐라고 하던가요?"

"다음 단계는 없어요." 스티브는 대답했다. "관심이 없대요."

전화에 어색한 정적이 흘렀다. 큰 타격이었다. 나는 무슨 말을 해야 할지 몰랐다. 스티브도 통화를 계속할 기분이 아닌 것 같았다.

"이유도 들으셨나요?" 나는 물었다.

"블록버스터 영화의 리스크와 그 예측 불가능성에 관한 이야기를 좀 하더군요."

스티브에게서 들은 이야기는 그게 전부였다.

역사에 길이 남을 IPO라는 스티브의 꿈은 한순간에 산산조각이 났다. 픽사의 IPO에 골드만삭스는 없을 것이다. 모건스탠리도 없을 것이다. 그렇게 문지기들은 문을 굳게 닫아걸었다.

13
서부인다운 호기로움

모건스탠리의 거절 소식을 전해 준 스티브의 전화를 내려놓으면서, 픽사에 대한 내 모든 두려움이 다시금 갑작스럽게 밀려왔다. 어쩌면 스티브의 자신만만한 태도와 투자은행가들이 처음에 보여 준 열의 때문에 픽사의 사업적 위험에 대한 내 판단력이 흐려졌는지도 몰랐다.

골드만삭스와 모건스탠리를 논의에 끌어들이기 전만 해도, 나는 둘 중 어느 쪽이든 같이 일하게 될 가능성이 희박하다고 누차 이야기했다. 거절당한다 해도 전혀 놀라지 않을 생각이었다. 하지만 일이 진행되는 과정에서 언제부턴가 그들이 우리와 함께하고 싶어 한다고 믿어 버리게 되었다. 그래서인지 거절은 한층 더 쓰라렸다.

다음 며칠 동안 사태의 여파가 깊숙이 스며들었다. 나는 스티브에게서 더 이상 아무런 이야기를 듣지 못했다. 스티브는 그냥 침묵을 지켰다. 나 또한 그 일로 소란을 떨고 싶지 않았다. 픽사는 불과 3개월 뒤 개봉 예정인 〈토이 스토리〉에 대한 기대감으로 완전히 들떠 있었다. 게다가 어차피 픽사의 투자은행에 대해서는 어느 누구도 깊은 관심을 갖고 있지 않았다.

물론 IPO에 관해서는 다들 생각했다. 그거야말로 자신의 스톡옵션 가치를 높일 수 있는 유일한 길임을 모두가 알고 있었기 때문이다. 〈토이 스토리〉의 개봉을 향해 달려가는 동안 IPO도 준비 중이라는 소문이 회사 안팎에 돌았다. 나는 IPO에 관한 나쁜 소식으로 풍선처럼 부풀어 오른 〈토이 스토리〉에 대한 기대감을 김빠지게 하고 싶은 마음이 전혀 없었다.

여느 때처럼 나는 장거리를 출퇴근하면서 생각할 시간이 많았다. 무엇보다도 골드만삭스와 모건스탠리가 일을 마무리한 방식이 마음에 들지 않았다. 투자은행과의 면담 과정에서 탈락하는 회사들이 흔하다는 건 익히 알고 있었지만 어쩐지 제대로 발언할 기회조차 얻지 못했다는 느낌이 들었다. 쿼트론과 마틴이 분명히 자기 은행의 할리우드 전문가들과 이야기를 나누어 보았겠지 싶다가도, 제대로 주장을 펼 기회도 갖지 못한 채 논외로 밀려나 버렸구나 싶어서 뒷맛이 씁쓸했다.

이제 나에게는 픽사의 IPO를 크게 성공시켜야 할 또 하나의 이유가 생겼다. 세계에서 제일 큰 양대 투자은행이 틀렸음을 증명해 보이고 싶어졌다. 그들은 투자은행계의 제왕일지 모르나 전지전능한 존재는 아니었다. 우리가 그걸 입증해 보이리라.

그보다 중요한 건 두 회사의 거절로 픽사의 상장과 관련된 더 심각한 문제점이 표면화되었느냐의 여부였다. 다시 말해, 어떤 투자은행이라도 그들과 똑같은 답을 내놓을 것인가? 픽사의 재무 프로파일이 너무나 위험스럽고 독특하기 때문에 분명히 그럴 가능성이 있었다.

더구나 올해 IPO를 하고 싶다면 바짝 서둘러야 했다. 투자은행에게 필요한 정보를 주고 상황을 이해시키려면 시간이 걸렸다. 모건스탠리와 골드만삭스에게 퇴짜 맞은 이유를 다른 투자은행이 궁금해한다면 그것 또한 걸림돌이었다. 다음 영화가 최소 3년 뒤에나 나올 상황에서, 이 중대한 시점을 놓치고 나면 필요한 자본금을 마련할 수 있게 되기까지 얼마나 오래 걸릴지 아무도 장담할 수 없었다. 그렇게 되면 사업 계획 전체가 위험에 빠지게 된다. 어느 투자은행이든 빨리 구해야 했다.

한 가지 가능성이 떠올랐다. 내가 전에 거래해 본 적 있는 투자은행 로버트슨 스티븐스Robertson Stephens였다. 로버트슨 스티븐스는 나의 전 직장 일렉트로닉스 포 이미징의 IPO를 진행한 대표 주관사였다. 나는 그 회사와 돈독한 관계였고, 그 회사 사람들도 나를 좋아하고 신뢰한다는 확신이 있었다. 이곳은 하이테크 기업의 공모에 특화된 소수의 부티크 투자은행 중 하나였다. 실리콘밸리에서는 명성이 자자했지만 규모나 영향력 면에서는 모건스탠리나 골드만삭스에 미치지 못했고, 엔터테인먼트 산업에 전문성이 없었다. 그런 이유로 엔터테인먼트 회사를 대표할 투자은행 선정에서 보통은 제외될 만한 회사였다.

하지만 우리에게는 선택의 여지가 없었다. 로버트슨 스티븐스가 이 일에 나서 준다 해도 엔터테인먼트 업계에 영향력이 있는 투자은행이 틀림없이 한 곳 더 필요할 것이다. 나는 개인적으로 로버트슨 스티븐스가 마음에 들었다. 그 회사는 덩치 큰 업체 못지않은 실력을 갖추었으면서 오히려 더 민첩하고 효율적으로 일한다는 자부심이 있었다. 그들이 픽사를 기술과 엔터테인먼트의 하이브리드 회사로 간주할 경우 도전해 볼 만하다고 판단할 가능성이 있었다.

나의 첫 단계는 래리 손시니에게 전화를 거는 것이었다. 그는 로버트슨 스티븐스를 잘 알았다. 그가 좋은 생각이 아니라고 말한다면 난 더 이상 진행할 의사가 없었다.

"괜찮은 생각인데." 래리는 말했다. "우리 로펌은 로버트슨 스티븐스와 돈독한 관계지. 자네도 마찬가지고. 엔터테인먼트 쪽에서 또 다른 업체를 물색한다는 의견에 나도 찬성하네. 시도해 볼 만하겠어."

이번에도 래리의 지지는 내게 추진력을 실어 주었다. 나의 전략은 기술 업계를 전문으로 하는 로컬 투자은행 한 곳을 설득해서 엔터테인먼트 회사의 IPO를 진행하게 하되, 엔터테인먼트 업계에서 우리의 신뢰도를 높여줄 투자은행 또 한 곳을 찾는 것으로 정리되었다. 어떻게 보면 복권을 두 번 맞아야 가능한 일이었다.

스티브도 이 계획에 찬성해야 했지만 내 짐작에 그가 거의 아는 바 없는 투자은행 로버트슨 스티븐스에 대해 그다지 열광하지는 않을 것 같았다. 스티브가 여길 대안으로 간주한다 하더라도, 새로운 투자은행을 몇 군데 더 알아봐야 올해 IPO라는 꿈이 이루어진다는 희망이나마 품어 볼 수 있었다. 이건 진작 했어야 할 일이었다. 나는 이 문제를 스티브와 논의했다.

"올해 IPO를 시도해 보려면 지금 당장 투자은행을 구해야 해요. 제가 로버트슨 스티븐스에 전화를 걸어 볼까 하는데 어떻게 생각하세요?" 나는 말했다.

"로버트슨 스티븐스요? 한 번도 상대해 본 적이 없는 곳이네요." 스티브는 의심스럽다는 투로 말했다.

"제가 잘 알아요. 정말 실력 좋고 괜찮은 업체예요. IT 업계에서는 가장 활발한 투자은행 중 한 곳이고요. 골드만이나 모건 못지않게 잘 해낼 수 있을 거예요. 하지만 로컬 기업이고, 엔터테인먼트 쪽 경험은 없어요. 기술 전문이라서요."

"우리한테는 엔터테인먼트 분야에서의 영향력이 필요한 줄 알았는데요." 스티브가 말했다.

"맞아요. 그쪽이 관심을 보일 경우, 엔터테인먼트를 잘 알고 그 회사와 함께 일할 투자은행을 한 군데 더 찾아야 할 거예요. 쉽지 않은 일이겠지만 연락해 볼 만한 가치는 있는 것 같아요."

"그럼 한 번 해 봐요." 약간 시큰둥한 목소리로 스티브가 대답했다.

로버트슨 스티븐스의 창립자 겸 회장은 샌디 로버트슨Sandy Robertson이었다. 그는 나의 전 직장 상사 에피 아라지와 가까운 친구 사이였고, 나도 샌디를 여러 번 만난 적이 있었다. 그는 신사적인 풍모가 넘치는 은행가였고, 서부인다운 과감함과 호기로움이 느껴지는 아주 세련된 사람이었다. 샌프란시스코에서 영향력 있고 중요한 인물이기도 했다. 나는 그가 픽사와의 논의에 시시콜콜하게 개입하지는 않더라도 그의 말 한마디면 실무 팀이 우리를 진지하게 대해 줄 것임을 알고 있었다.

그는 내 연락을 받고 매우 반가워했다. "에피는 어떻게 지내나?" 이게 그의 첫 질문이었다.

"잘 지내세요." 나는 대답했다. "지금은 새로운 모험을 즐기고 계시죠. 분명 뵙고 싶어 하실 텐데요."

"그럼 자네는 요즘 어떻게 지내나? 픽사에서 스티브 잡스와 함께 일하고 있다는 얘기는 들었는데."

"맞아요. 실은 바로 그 일 때문에 전화를 드렸습니다." 나는 말했다.

나는 샌디에게 픽사 이야기를 간략히 설명했다.

"당연히 검토해 봐야지. 이거 아주 흥미진진한 일이로군. 바로 연락을 주겠네."

몇 시간 뒤 나는 로버트슨 스티븐스 소속의 투자은행가인 브라이언 빈Brian Bean과 토드 카터Todd Carter에게서 전화를 받았다. 두 사람은 가급적 빨리 픽사에 관해 많은 것을 알고 싶어 했다. 나는 곧바로 샌프란시스코의 금융가에 자리 잡은 그 회사의 으리으리한 사무실로 방문 약속을 잡았다.

브라이언은 두 사람 중 더 연장자였고, 화려한 색깔의 멜빵을 맨 유쾌한 성격의 소유자로 예술, 문화, 새로운 도전을 사랑했다. 토드는 그보다 후배였고, 모든 세부 자료를 취합하는 등 현장 실무를 담당할 사람이었다. 토드는 전형적인 미국 소년 스타일로, 키가 크고 금발에 얼굴까지 잘생겨서 고등학교 때 '가장 장래가 촉망되는 학생' 투표에서 1위를 했을 것 같은 사람이었다. 그는 공손하고 또박또박하게 말을 했다. 나는 두 사람을 보자마자 마음에 들었다. 물론 친밀감이 느껴지지만 엉뚱한 구석이 있는 브라이언과 갓 대학을 마친 듯 어려 보이는 외모의 토드를 스티브가 어떻게 받아들일지는 상상이 되지 않았다.

나는 브라이언과 토드를 픽사로 초대해, 골드만 삭스와 모건 스탠리에게 했던 것처럼 간단한 프레젠테이션을 하고 회사를 구경시켜 주었다.

"이거 끝내주네요. 정말 기가 막혀요." 토드는 칭찬을 쏟아 냈다.

"저도 동감이에요." 브라이언이 맞장구쳤다. "여기서 하고 계신 일들이 정말 마음에 들어요. 너무나 독창적이고 창의력 넘쳐요. 보통의 회사와 다르지만 저희는 그 색다름이 좋아요."

바로 그거였다. 내가 찾고 싶었던 서부인다운 호기로움. 나는 이 두 은행가가 픽사라는 회사에 푹 빠져 버렸고 위험을 떠안고 밀어붙일 만큼 열광해 있는 상태라는 확신이 들었다. 하지만 골드만삭스와 모건스탠리도 이 단계까지는 왔었다는 사실을 되새겼다. 우리가 필요한 건 '그다음' 단계였다. 픽사가 어떤 회사인지 세부적인 정보를 취합하기 시작하는 단계로 진입해야 했다.

안타깝게도 스티브는 회의적이었다.

"저는 그 친구들, 확신이 서지 않아요. 그럭저럭 마음에 들긴 하는데 진짜 이 일을 해낼 능력이 있을까요? 투자자들 앞에서 우리가 보여줘야 할 영향력을 갖고 있는 게 맞아요?"

"자기들 입으로 해낼 수 있다고 말한다면 분명 해낼 겁니다." 나는 대답했다. "래리는 그 친구들을 데리고 여러 건의 거래를 성사시켰어요. 직접 확인해 보셔도 좋아요. 자기가 해야 할 일이 뭔지 분명히 아는 친구들이라고요. 하지만 일단은 합류 의사가 있느냐가 먼저죠. 아직 거기까지 이르지는 못했으니까요."

스티브는 그들의 실력에 대해 걱정을 떨치지 못했다. 그에 반해 나는 어느 투자은행이든 우리에게 관심을 보일지가 걱정이었다.

다음날 토드 카터에게서 전화가 왔다.

"저희는 픽사 이야기가 정말 마음에 들어요. 어서 세부적인 분석 단계로 들어가고 싶어요. 그래서 그 부분을 도와주실 금융 애널리스트도 한 분 모시고 갔으면 하는데요. 유일한 문제는 저희 쪽에 엔터테인먼트 업계 전문가인 애널리스트가 없다는 사실이에요. 다만 저희 디지털 미디어 애널리스트 가운데 키스 벤저민Keith Benjamin이라는 분이 이 건에 매우 관심이 많으세요. 그분이 자세한 내용을 알아보고 싶다는데, 괜찮으시겠어요?"

괜찮으시겠냐고! 나는 왈칵 눈물이 쏟아질 지경이었다. 토드는 엔터테인먼트 전문가가 없고 픽사에 대해 자세히 알고 싶어 하는 미디어 전문가만 있어서 죄송하다고 했다. 애당초 엔터테인먼트 전문 애널리스트가 있으리라고는 기대도 하지 않았는데! 구명 밧줄을 내려 주면서 제일 좋아하는 색깔이 아니라 미안하다고 사과하는 것이나 다름없었다.

"괜찮고말고요." 나는 말했다. "아무 문제 없어요. 엔터테인먼트 사업은 저에게도 생소한 분야였어요. 키스 씨의 이해를 도울 수 있게 저희가 필요한 정보를 제공해 드릴게요."

그들은 모두 다 같이 픽사에 왔다. 로버트슨 스티븐스 측의 브라이언 빈, 토드 카터, 키스 벤저민과 픽사 측의 스티브, 에드, 세라 스태프와 나. 우리는 모두 회의실에 앉았고, 마침내 내가 그토록 고대하던 회의를 했다.

우리는 로버트슨 스티븐스 일행에게 픽사의 비전, 사업 계획, 리스크에 관한 세부적인 내용을 차근차근 설명했다. 그동안 어떤 회사도 시도해 볼 기회가 없었던 방식으로 엔터테인먼트의 역사를 바꾸고자 한다고 밝혔고, 그것을 이루는 데 필요한 네 개의 축에 관해 설명했다. 영화 제작비 충당을 위한 자금을 마련하고, 더 많은 영화 제작을 감당할 수 있도록 스튜디오 규모를 확장하며, 픽사를 세계적인 브랜드로 만들고, 영화 수익에서 우리에게 떨어지는 몫을 늘린다는 내용이었다. 하지만 여기에는 분명 리스크가 있었다. 그것도 아주 큰 리스크였다. 월스트리트가 그 점을 이해해 줄 것인가가 관건이었다.

"감사합니다." 브라이언은 진심이 담긴 목소리로 말했다. "정말 엄청난 도움이 되었어요. 저희에게 며칠만 시간을 주세요. 다시 연락드리겠습니다."

그날 오후 나는 토드 카터에게서 전화를 받았다. 그는 회의를 준비해 주어 고맙다면서 자신들이 의사결정을 내리는 과정을 설명해 주겠다고 했다.

"결정은 저희 최고위원회가 내리게 됩니다. 저희 회사의 최고경영진들로 구성된 조직인데요, 그분들이 모든 계약에 대해 최종 결정을 내려요."

"픽사의 경우 어떻게 될지 감이 좀 오나요?" 나는 한 번 떠보았다.

"저도 말씀드릴 수 있었으면 좋겠네요." 토드는 대답했다. "픽사의 사업 모델에 난관이 있다는 걸 잘 알고 계시잖아요. 저희는 픽사에 대해 기대감이 커요. 비전도 마음에 들고요. 하지만 저희 투자자들이 위험을 감수할 수 있을지 확신이 필요해요. 제 개인적인 의견으로는 도전해 봤으면 하지만 제가 내리는 결정이 아니니까요. 접전이 될 것 같아요."

안심이 될 만한 이야기는 별로 없었다. 그냥 앉아서 기다리는 수밖에. 하지만 인내심을 갖기가 힘들었다. 토드에게 내색하지는 않았지만 이 시점의 나에게 선택의 여지란 전혀 없었다. 만약 로버트슨 스티븐스의 최고위원회가 반대표를 던진다면 가까운 미래에 IPO를 진행할 기회는 이대로 증발해 버리고 말 것이다.

이틀 뒤 브라이언 빈이 전화를 주었다.

"최고위원회가 결정을 내렸어요." 그는 말문을 열었다.

나는 숨을 죽였다.

"찬성이에요." 브라이언이 말했다. "저희 투자자들이 적극적으로 나설 거라고 판단했어요. 물론 장기적인 관점에서 투자하도록 해야겠지만 워낙 흥미로운 일들이 진행되고 있기 때문에 투자자들이 달려들 거라 생각해요. 저희를 픽사의 IPO에서 대표 주관사로 삼아 주신다면 영광이겠습니다."

나는 목이 멘 채 수화기를 내려놓았다. 복권을 맞은 것이었다. 이건 굉장한 일이었다. 나는 제일 먼저 스티브에게 전화를 걸었다.

"로버트슨 스티븐스가 합류하겠대요." 나는 말했다.

"그것 참 굉장한 소식이네요." 스티브는 말했다. 들뜬 듯하면서도 조심스러운 목소리였다. 잘 알지 못하는 투자은행과 함께 일한다는 생각에 아직 적응이 되지 않은 것 같았다.

나는 말을 이었다. "그 업체를 이 거래의 대표 주관사로 선정하고 싶으면 저희 쪽에서 먼저 의사 표시를 할 필요가 있어요. 다른 업체들도 참여시켜야겠지만 일을 이렇게 진행하기로 정했으면 지금 그쪽에 대표 주관사 역할을 맡기는 게 옳아요."

"먼저 그쪽 CEO와 이야기를 나눠 보고 싶어요." 스티브는 말했다.

로버트슨 스티븐스의 최고경영자는 마이크 맥캐프리Mike McCaffrey였다. 나는 그를 몰랐지만 훌륭한 은행가이자 멋진 사람이라는 평판이 있었다. 며칠 뒤로 만남의 자리를 주선했다. 토드 카터와 마이크 맥캐프리가 스티브, 에드, 나를 만나러 픽사로 왔다. 우리는 모두 마이크를 즉시 마음에 들어 했다. 그는 키가 크고 몸매가 탄탄했으며 논리 정연했다. 예리하고 현실적이면서 픽사와 스티브를 대단히 정중하게 대했다. 회의가 끝난 후 스티브가 나를 따로 불렀다.

"한 가지 부탁이 있어요. 이건 타협 불가능한 조건이에요."

"뭔데요?" 나는 물었다.

"로드쇼 중 가는 도시마다 마이크 맥캐프리가 함께해 주었으면 좋겠어요."

내 심장이 쿵 내려앉았다. 그건 말도 안 되는 얘기였다. 로드쇼는 은행가들이 적어도 2주 이상 픽사를 대신해 미국 구석구석 혹은 일부 유럽 지역까지 정신없이 바쁘게 돌아다니며 잠재 투자자들을 만나게 될 행사였다. 되도록 많은 투자자에게 우리 이야기를 전할 목적으로 진행되는 강행군이었고, 투자은행 CEO가 로드쇼에 동행한다는 이야기는 들어 본 적이 없었다. 이 도시 저 도시를 돌아다니며 투자자들에게 우리를 소개하는 일은 주니어급 은행가들이나 맡는 고된 노동으로 간주되었다. 마이크 맥캐프리는 아마도 20년 이상 그런 일을 해 본 적이 없을 것이다. 그는 로버트슨 스티븐스의 전체 조직을 경영하고 있었다.

나는 스티브에게 "농담이시죠?"라고 묻고 싶은 걸 꾹 참았다. 불합리한 요청이긴 했지만 이런 일로 마찰을 빚어서는 곤란했다. 스티브는 픽사 담당 은행가들에게 확신을 가질 필요가 있었고, 그렇게 해야만 확신을 심어 줄 수 있다면 시도해 보아야 했다. 나는 침착하게 대답했다. "말씀드려 볼게요."

나는 다소 멋쩍은 목소리로 브라이언 빈과 토드 카터에게 이 곤란한 사태를 설명했다.

"통상적인 요구가 아니라는 건 알아요. 하지만 스티브는 이 일에 많은 걸 걸고 있거든요. 흥이 나서 적극적으로 참여하는 게 아주 중요하죠. 스티브는 마이크를 마음에 들어 하고 신뢰해요. 그분이 함께해 주신다면 스티브도 일이 잘 풀릴 거라는 확신을 갖게 될 거예요. 어려우시겠지만 한 번 여쭤봐 주시겠어요?"

그들은 의향을 물었고 마이크는 승낙했다. 그것은 내가 목격한 최고의 비즈니스 스포츠맨십 중 하나였다. 브라이언 빈과 토드 카터조차 놀란 듯했다. IT 업계의 대표적인 투자은행 CEO인 마이크 맥캐프리가 비행기, 기차, 자동차를 갈아타고 다니면서 스트레스 많고 고단할 게 뻔할 픽사의 로드쇼에 함께 하다니. 왜 그걸 수락했는지 그에게 대놓고 물어본 적은 없었지만 스티브에 대한 순수한 경의의 제스처였을 거라는 확신이 들었다. 스티브는 업계에서 한참 동안 별 볼일 없는 신세로 존재감 없이 지내 왔으나, 실리콘밸리에서는 여전히 존경받는 인물이었다. 마이크 맥캐프리는 자신만의 방식으로 존경을 표현했음이 틀림없었다.

"마이크가 수락했어요. 로드쇼에 함께 하시겠대요." 나는 신이 나서 스티브에게 말했다.

"잘됐네요. 그럼 계약을 주도할 투자은행이 정해졌군요." 스티브는 대답했다.

아주 오래간만에 처음으로, 나는 바람의 방향이 실제로 바뀌기 시작했을지도 모른다고 느꼈다.

14
할리우드에서 먹히는 평판

로버트슨 스티븐스를 대표 주관사로 확보한 흥분이 조금 가시기까지는 그리 오랜 시간이 걸리지 않았다. 우리에게는 아직 엔터테인먼트 회사로서 픽사의 신뢰도를 입증해 줄 만한 투자은행이 없었고, 투자 공동체에 우리가 충분히 역량 있는 회사임을 설득시키려면 그런 존재가 반드시 필요했다. 모건스탠리나 골드만삭스였다면 할리우드에서의 명성이 워낙 뛰어났기 때문에 완벽했을 것이다. 하지만 로버트슨 스티븐스는 그쪽에 전혀 알려지지 않은 회사였다.

나는 로버트슨 스티븐스의 애널리스트 키스 벤저민이 마음에 들었다. 그는 월스트리트가 읽게 될 픽사에 관한 보고서를 쓸 사람이었다. 그는 픽사에 푹 빠져 있었고 탐구심이 강했으며 똑똑하고 열성적이었다. 하지만 엔터테인먼트 업계에서는 그를 아는 사람이 거의 없었다. 우리는 말 한마디면 할리우드에서 픽사의 신뢰도를 즉각 끌어올릴 수 있는 누군가가 필요했다.

어느 날 사무실에 앉아 있다가 문득 한 가지 아이디어가 떠올랐다. 나는 해롤드 보겔의 책 《엔터테인먼트 산업의 경제학》을 읽고 또 읽은 상태였다. 그가 엔터테인먼트 분야에서 업계 애널리스트로 경험을 쌓았다는 사실이 기억났다. 책을 확인해 보았더니, 1977년부터 메릴린치에서 엔터테인먼트 업계 선임 애널리스트로 활동해 왔다고 적혀 있었다. 또한 《인스티튜셔널 인베스터*Institutional Investor*》 잡지는 그를 여러 해 연속 엔터테인먼트 산업 최고의 애널리스트로 선정했다. 그 정도면 월스트리트에서 최고 등급의 엔터테인먼트 업계 애널리스트로 통할 만했다.

나는 해롤드 보겔이 픽사에 크게 관심 있어 하리라고는 기대하지 않았다. 무엇보다도 영화사가 주식 시장을 통해 자금을 마련하는 경우의 위험성이 그의 책에 기술되어 있지 않았던가? 그래도 그는 이 분야를 잘 알 테고, 어쩌면 좋은 아이디어가 있을 수도 있었다. 나는 그와 이야기를 나누어 볼 가치가 있다고 생각했다.

나는 로버트슨 스티븐스의 토드 카터에게 전화를 했다. 토드는 내가 우리 거래와 관련해 엔터테인먼트 분야에 영향력 있는 인물을 물색 중이라는 걸 알고 있었고, 적극적으로 돕고 싶어 했다. 토드는 오래지 않아 해롤드 보겔이 메릴린치에서 17년간 근무한 후 1994년 말 회사를 떠났다는 정보를 구해 왔다. 이후 그는 뉴욕의 부티크 투자은행 카우언 앤드 컴퍼니Cowen and Company에서 매니징 디렉터 겸 선임 애널리스트로 엔터테인먼트, 미디어, 게임 분야를 담당하고 있었다. 한 번도 들어 본 적 없는 회사였다.

"제가 그분께 연락을 드려 볼까요?" 토드는 물었다.

"그래 주시면 정말 좋겠네요." 나는 대답했다. 대표 주관사가 다른 투자은행의 의사를 타진해 보는 것은 드문 일이 아니었다. 덕분에 직접 거절당하는 민망함을 면할 수 있게 됐으니 금상첨화였다.

“카우언 앤드 컴퍼니에 대해 좀 아세요?” 나는 토드에게 물었다.

“많이는 몰라요.” 토드는 대답했다. “IPO 사업 쪽에서는 아주 규모가 작은 업체지만 최근 몇 년 동안 활동이 한층 활발해졌어요. 서부에는 별로 알려지지 않았어요.”

토드는 해롤드 보겔에게 처음으로 전화를 걸었고, 그는 흔쾌히 이야기 나누고 싶다는 의사를 표명해 왔다. 그게 좋은 일인지 나쁜 일인지는 알 수 없었지만, 최소한 그 자리에서 거절당하지는 않아 다행이었다. 우리는 전화로 통화할 시간을 정했다. 나는 조심스럽게 이야기를 꺼냈다.

“대화에 응해 주셔서 정말 고맙습니다. 선생님의 책을 읽고 많이 배웠습니다. 선생님께서는 영화사가 주식 시장을 통해 자본금을 마련하는 방안을 열렬히 지지하지 않으신 걸로 알고 있습니다만 제 생각에 그건 픽사가 갈 수 있는 유일한 방향입니다. 몇 분만 할애하셔서 픽사가 엔터테인먼트 분야에서 커버리지를 얻을 수 있는 방법에 관해 조언해 주시면 대단히 감사하겠습니다.”

해롤드는 이 기회를 빌려 그게 얼마나 끔찍한 아이디어인지 다시 한번 상기시켜 줄 수도 있었다. 하지만 그는 이렇게 대답했다. “자세한 내용을 듣고 싶네요. 저도 멀리서나마 픽사를 예의주시해 왔습니다.”

예상했던 것보다 훨씬 덜 괴로운 답변이었다. 나는 전화상으로 해롤드에게 자초지종을 이야기했다.

“훌륭하네요.” 해롤드는 말했다. “아주 마음에 들어요. 픽사는 엔터테인먼트 업계가 해야 할 모든 것을 이미 하고 계시네요.”

‘뭐라고요?’ 나는 속으로 생각했다. 갑옷으로 무장했는데 날아드는 화살촉이 하나도 없다니! 오히려 해롤드는 더할 나위 없이 긍정적이고 쾌활하며 우호적이었다.

"그게 무슨 뜻인가요?" 나는 그에게 물었다.

"기술은 엔터테인먼트 부문의 거대한 원동력이죠." 해롤드는 설명했다. "앞으로는 훌륭한 스토리, 혁신적인 기술, 노련한 경영진을 접목한 회사가 선두를 달릴 겁니다. 픽사는 이 모든 요소를 다 갖추고 있어요. 제 말을 믿으셔도 좋아요. 이런 경우는 드물어요. 저도 이 일에 함께하고 싶네요. 어쩌면 카우언이 픽사의 IPO에서 일익을 담당할 수도 있겠고요."

해롤드가 그 순간 내 모습을 보았다면 바닥에 떨어진 내 턱을 보고 깜짝 놀랐을 것이다. 그는 우리 스스로도 확신하지 못했고 골드만삭스와 모건스탠리도 놓친 게 분명한 무언가를 픽사에서 발견했다. 해롤드 보겔이 생각하기에 픽사가 하고 있는 일이 중요하다면 정말로 중요한 게 틀림없었다!

골드만삭스와 모건스탠리에게서 굴욕적으로 퇴짜를 맞았던 때와는 완전히 다른 경험이었다. 이 분야 최고의 애널리스트 중 한 명이 우리에게 성공의 모든 요소를 갖추었다고 이야기하다니! 게다가 그는 거래에 함께하고 싶어 했다. 카우언 앤드 컴퍼니가 픽사의 IPO에 참여한다면 해롤드 보겔은 픽사가 엔터테인먼트 분야에서 의미 있는 이유를 투자자들에게 일깨워 주는 중추적인 역할을 담당하게 될 것이다.

하지만 나는 우선 스티브를 납득시켜야 했다. 로버트슨 스티븐스는 스티브가 잘 모르는 회사라 걱정이었다면, 카우언 앤드 컴퍼니의 경우 이름도 들어본 적 없을 게 분명했다. 그의 주변 사람들도 아마 처음 듣는 이름일 것이다. 나는 로버트슨 스티븐스 때문에 이미 한 번 무리를 했다. 그런데 이번에는 엔터테인먼트 업계의 애널리스트 한 명을 방패 삼아 스티브에게 카우언 앤드 컴퍼니를 믿어 달라고 요구해야 하는 상황이었다.

설득 작업을 시작하는 가장 좋은 방법은 만남의 자리를 마련하는 것이었다. 스티브에게는 해롤드 보겔의 명성을 설명하고, 해롤드 보겔과 카우언 앤드 컴퍼니의 투자은행 업무 팀에게는 한 번 와주십사 부탁을 드렸다. 우리는 픽사에서 만나기로 하고 날짜를 잡았다.

아델 모리셋Adele Morrissette은 카우언 앤드 컴퍼니의 디지털 미디어 투자은행 업무 팀을 이끌고 있었다. 그녀는 해롤드 보겔과 함께 픽사를 방문했고 우리는 즉각 본론으로 들어갔다. 아델은 똑똑하고 호감 가는 스타일로 대화하기 편한 상대였고 성격이 시원시원했다. 그녀는 픽사를 멋진 소재라고 생각했고 카우언 앤드 컴퍼니 입장에서 훌륭한 기회라고 여겼다. 해롤드가 픽사를 커버한다면 투자자들은 리스크를 한결 편안하게 받아들일 것이며 픽사에게 기회를 줄 가능성이 높아질 거라는 논리를 펼쳤다. 해롤드는 우리의 첫 대화 때와 마찬가지로 픽사에 대해 여전히 열정적이었다.

"어떻게 생각하세요?" 회의 후 나는 스티브에게 물었다.

"해롤드가 마음에 들어요. 자기 분야에 밝고 픽사를 제대로 이해하고 있네요." 스티브는 말했다.

골드만삭스 및 모건스탠리에게 낭패를 보고 난 후라, 나는 스티브가 그 부분을 진심으로 높이 평가한다는 걸 알 수 있었다.

그는 말을 이었다. "하지만 IPO에 있어서는 완전히 무명이나 다름없잖아요. 해롤드가 픽사를 커버하게 하려면 그 업체를 합류시켜야 하는 거죠?"

좋은 질문이었다. 투자은행의 애널리스트들은 고객사만이 아니라 원하는 회사라면 어디든 커버할 수 있었다. 즉, 카우언 앤드 컴퍼니가 IPO에 관여하지 않더라도 해롤드가 픽사에 관해 보고서를 쓸 가능성은 있었다. 하지만 신규 상장 기업이 톱 애널리스트의 커버리지를 얻기란 굉장히 힘든 일이었다.

"맞아요." 나는 말했다. "카우언이 관여하지 않더라도 해롤드는 픽사에 관해 보고서를 쓸 수 있어요. 하지만 위험 부담이 크죠. 픽사가 진지하게 받아들여지려면 엔터테인먼트 커버리지부터 시작하는 게 급선무예요. 저는 그걸 운에 맡기고 싶지 않아요. 차라리 카우언을 거래에 참여시켜서 해롤드가 확실하게 픽사를 커버하도록 맡기는 편이 나을 거예요."

"그쪽에서 3순위 주관사 자격으로 거래에 참여하려고 할까요?" 스티브는 물었다.

"분명 수락할 거라 확신해요." 나는 대답했다.

세 군데 투자은행을 IPO에 참여시키는 경우는 꽤 일반적이었다. 최적의 참여 업체 수가 정해져 있지는 않았다. 어떤 IPO는 두 곳의 투자은행을 사용했고, 네 군데 이상을 사용하는 업체도 있었다. 이것은 IPO의 규모, 투자자 접근성, 특화된 산업 전문가의 필요성 등에 따라 달라졌다. IPO로 판매되는 픽사 주식은 이 투자은행들에 할당된다. 카우언을 3순위 주관사로 낙점한다는 것은 그곳이 가장 적은 몫을 할당받게 된다는 뜻이었다. 이 은행은 IPO 투자 고객 명단이 비교적 짧을 가능성이 크므로 충분히 납득할 만한 결정이었다.

“3순위를 수락한다면 저는 상관없어요.” 스티브는 말했다. “다른 업체를 2순위로 선정해야 하겠지만요.”

나는 그걸로 충분히 만족스러웠다. 카우언 앤드 컴퍼니가 분명히 응할 거라는 확신이 있었다. 해롤드 보겔이 픽사의 애널리스트가 된다는 뜻이었다.

두 번째 복권이 맞았다. 예상대로 카우언 앤드 컴퍼니는 흔쾌히 수락했고, 질 댈러스Jill Dallas라는 쾌활하고 젊은 은행가를 담당자로 배정했다. 이로써 두 곳의 투자은행이 확정되었다. 그중 한 곳의 애널리스트는 엔터테인먼트 업계에서 흠잡을 데 없는 신임을 갖춘 사람이었다.

이 무렵 나는 스티브의 비위를 맞추기 위해 내 능력으로 할 수 있는 일은 다 한 것 같은 느낌이었다. 물론 IT 전문 부티크 투자은행과 실리콘밸리에서 아무도 모르는 뉴욕의 작은 투자은행의 도움으로 픽사를 상장시키는 것이 그의 꿈은 아니었다는 걸 나는 너무나 잘 알고 있었다. 그에게 이것은 대안에 불과했다. 하지만 나로서는 실제로 IPO를 이뤄 내기 위해 최선을 다한 결과였다. 나는 오래간만에 처음으로 될 거라는 확신이 들었고, 스티브도 그 가능성을 보았으면 했다.

“일이 정말 잘 풀리고 있어요, 스티브.” 나는 카우언 앤드 컴퍼니의 합류가 확정된 직후 말했다. “로버트슨 스티븐스와 카우언이 함께해 준다면 해낼 수 있을 거예요.”

“저도 그러기를 바라요. 하지만 아직 세 번째 은행을 정해야 하잖아요. 햄브레히트 앤드 퀴스트Hambrecht and Quist는 어떻게 생각하세요?”

로버트슨 스티븐스와 마찬가지로 햄브레히트 앤드 퀴스트는 실리콘밸리에서 잘 알려진 부티크 투자은행이었다. 1980년 애플의 IPO에서 대표 주관사인 모건스탠리의 뒤를 이어 2순위 업체로 활약한 바 있었다. 스티브는 그 회사의 최고경영자 댄 케이스Dan Case를 잘 알았고, 그는 스티브에게 픽사에 관한 이야기를 꺼낸 적이 있었다. 스티브는 원래 햄브레히트 앤드 퀴스트를 주관사로 고려해 보지 않았지만 이 회사를 개입시키는 것도 괜찮은 생각이라고 판단했다.

"거기 좋겠는데요." 나는 말했다. "그 회사도 기술 전문 은행이라 엔터테인먼트 쪽에서는 큰 도움이 되지 않을 듯하지만 이제 그 부분은 충분히 해결됐으니까요. 한 번 시도해 보죠."

이 업체를 합류시키는 데는 오랜 시간이 걸리지 않았다. 이로써 픽사의 투자은행 팀이 꾸려졌다. 로버트슨 스티븐스가 대표 주관하고, 햄브레히트 앤드 퀴스트가 2순위, 카우언 앤드 컴퍼니가 3순위로 공동 주관하는 형태였다. 진짜 일은 지금부터 시작이었다.

"드디어 이 일에 가망이 보여." 나는 8월 말의 어느 날 밤 힐러리에게 말했다. "이제부터 두어 달 동안 만사 제치고 이 작업에 매달리게 될 거야. 이번이 절호의 기회니까."

"스티브도 준비됐어?" 힐러리는 물었다.

"응, 스티브도 같이 준비 중이지. 내가 보기엔 엄청 들떠 있다니까."

"행운을 빌어. 당신이 기다려 오던 기회, 잘 살려 보라고."

정말이지 행운이 따라 줘야 했다. 실제로 IPO를 성공시키기란 투자은행을 찾는 것보다 훨씬 더 힘들었다. 우리는 이제 끝없는 회의에 들어갈 예정이었다. 은행가들은 픽사의 역사, 재무 정보, 사업 계획의 모든 세부 사항을 낱낱이 검토할 것이다. 법무 팀과 회계 팀도 가담해 우리가 증권법의 모든 뉘앙스와 요건을 준수하는지 두 번 세 번 반복해서 확인할 것이다. 픽사를 어떻게 평가할지, 주가를 얼마로 책정할지,

상장 시기는 언제로 할지를 놓고 논의와 토론을 거듭할 것이다.

가장 중요한 작업은 전체 거래의 중심축이 될 핵심 문서, 곧 투자설명서를 작성하는 일이었다. 픽사는 정신이 멍해질 만큼 깨알 같은 정보가 담겨 있는 이 법적 문서를 증권거래위원회에 제출해야 했고, 그 후에는 모든 잠재 투자자에게 전달해야 했다. 투자설명서는 양적으로는 물론이고 질적으로도 픽사 사업의 모든 측면을 철저하게 공개하고, 모든 투자자가 알아야 할 위험을 여러 장에 걸쳐 상세히 언급한다.

픽사의 역사, 비전, 사업 계획, 기술, 애니메이션 및 제작 과정, 경쟁사, 사업적 위험, 경영진, 이사회 구성원, 주식 소유권, 스톡옵션 제도를 비롯해 그밖에 회사를 이해하는 데 관련 있는 무수한 세부 사항에 관해서도 기술한다. 거의 책 한 권 분량의 이 문서 작성을 위해 투자은행가와 변호사들은 한 회의실에 모여 여러 주 동안 밤낮으로 단어 하나하나에 공을 들인다. 그 후 증권거래위원회가 내놓는 소견에 따라 상세한 답변을 제출해야 했다. 이 과정에서 투자은행, 변호사, 회계사 혹은 증권거래위원회 중 누구라도 투자설명서의 내용에 만족하지 않으면 기업공개는 불가능하다.

하지만 이거야말로 우리가 바라던 일이었다. 스티브가 나에게 처음 전화를 건 후 일 년이 다 되어 가고 있었다. 픽사의 IPO는 처음부터 그의 최우선 과제였고, 롤러코스터 같은 12개월을 보내고 난 뒤 목표를 목전에 둔 우리는 소매를 걷어붙이고 정말로 이 일을 해낼 준비를 하고 있었다.

15
두 개의 숫자

언젠가 스티브는 나에게 위대한 제품이 잉태되기까지는 겉보기보다 훨씬 더 오랜 시간이 걸린다는 말을 한 적이 있었다. 어디선가 툭 튀어나온 것 같은 제품도 알고 보면 개발, 실험, 시행착오의 매우 곤란한 과정을 거친다. 픽사는 거기에 부합하는 사례였다. 〈토이 스토리〉가 잉태된 것은 당시로부터 16년 전, 픽사가 루카스필름의 컴퓨터 그래픽 사업부였을 때였다. 픽사는 그때부터 수많은 난관을 헤치며 멀고 험난한 길을 걸어왔다.

그래서인지 1995년 11월의 어느 한 주간에 픽사의 미래 전체가 달랑 두 개의 숫자로 결정된다는 사실이 더더욱 아이러니하게 느껴졌다. 하나는 〈토이 스토리〉의 개봉 첫 주말 박스오피스 실적이었고 다른 하나는 IPO에서 판매될 픽사의 주가였다.

첫 번째 숫자인 〈토이 스토리〉의 개봉 첫 주말 박스오피스 실적은 〈토이 스토리〉가 전반적으로 어느 정도나 흥행할지를 말해 주는 지표였다. 개봉은 추수감사절 전날인 11월 22일 수요일로 예정되어 있었고, 디즈니에 따르면 그 주 금요일 밤의 박스오피스 실적만으로 개봉 첫 주말 박스오피스 실적은 물론 영화의 전반적인 실적까지도 충분히 예측 가능하다고 했다.

그 오랜 세월에 걸쳐 기술을 개발해 왔고 실제로 〈토이 스토리〉를 만드느라 4년이나 더 투자했는데, 11월의 금요일 하룻밤으로 결과물에 대한 세상의 평가를 알 수 있다니! 나는 올림픽 대회의 100m 경주가 떠올랐다. 세계에서 가장 빠른 주자가 되기 위한 평생의 훈련이 단 10초간의 경기로 압축되지 않는가? 만약 세상 사람들이 〈토이 스토리〉와 사랑에 빠질 경우, 픽사는 애니메이션 엔터테인먼트의 새 시대를 열 기회를 얻게 될 것이다. 그러나 만약 반응이 시큰둥할 경우, 픽사는 노력은 했지만 목표 달성에는 실패한 또 하나의 회사로 인식될 것이다.

어느 토요일 오후 팰로앨토에서 같이 산책을 하던 스티브가 내게 물었다. "개봉 첫 주말 박스오피스 실적이 어느 정도면 정말 기분 좋을 것 같아요?"

"1천만 달러 이상이면 다 괜찮을 것 같아요. 8백만 달러만 넘겨도 안심이긴 하지만요." 나는 대답했다.

"제가 생각하는 숫자는 1천5백만이에요." 스티브는 말했다. "1천5백만에서 2천만을 찍으면 미국 내 총 박스오피스 실적은 1억 달러를 넘길 것으로 예상할 수 있어요. 그렇게 되면 누구도 픽사 시대의 도래에 의문을 품지 않겠죠."

우리는 이런 내용의 대화를 몇 번째인지 모를 만큼 많이 했다. 〈토이 스토리〉의 박스오피스 잠재력과 그것이 의미하는 바를 상상해 보는 일은 무척 즐거웠다. 박스오피스 실적(북미 지역 총 입장권 수익)이 1억 달러를 넘는다면 기분이 끝내줄 것이다. 1억 달러는 영화 사업에서 마법의 수나 다름없었지만 달성하기가 아주 어려웠고 애니메이션의 경우는 더더욱 힘들었다. 그때까지의 영화 역사 전체를 통틀어, 네 편의 장편 애니메이션 영화만이 미국 내 박스오피스 1억 달러를 넘겼는데, 모두 디즈니가 제작한 영화였다(〈미녀와 야수〉, 〈알라딘〉, 〈라이온 킹〉, 〈포카혼타스〉).*

디즈니를 제외하면 그 밑으로는 실적의 격차가 엄청났다. 1995년까지 디즈니 계열이 아닌 장편 애니메이션 영화는 오직 세 편만이 미국 내 박스오피스 실적 5천만 달러 근방을 달성했다. 유니버설의 1986년 작 〈피블의 모험〉과 1988년 작 〈공룡시대〉, 그리고 팀 버튼 감독의 1993년 작 〈크리스마스의 악몽〉이 그 주역이었다.

사실, 지난 5년 동안 네 편의 디즈니 블록버스터를 제외하면 대형 영화사나 유명한 독립 영화사가 출시한 17편의 장편 애니메이션 영화는 평균 1,400만 달러에 조금 못 미치는 미국 내 박스오피스 실적을 기록했다. 개봉 첫 주말이 아니라 미국 내 총 박스오피스 실적이 그렇다는 얘기다. 애니메이션은 실제로 50년 넘게 디즈니의 독무대였다. 이렇게 혹독한 환경에서 픽사가 승리를 쟁취했다고 이야기할 수 있으려면 무엇이 필요할까?

첫 영화에서 디즈니를 제외한 그 어느 영화사도 이뤄 낸 적 없는 일을 해내는 것으로 픽사의 성공 여부를 가늠하겠다는 것은 거의 터무니없는 발상이었다. 우리는 다른 기준이 필요했다. 팀 버튼의 〈크리스마스의 악몽〉이 좋은 기준 같았다. 〈토이 스토리〉와도 비슷한 점이 상당

* Box Office Mojo, https://www.boxofficemojo.com/genre/sg4242469121/?ref_=bo_gs_table_25, 〈인어공주〉는 1995년 이후 이루어진 두 번째 개봉에서 1억 달러를 넘겼다. 또한 이 순위에서는 실사-애니메이션 조합 영화인 〈누가 로저 래빗을 모함했나?〉의 기록이 제외되었다.

히 많았다.

1993년에 개봉한 〈크리스마스의 악몽〉은 평단의 호평을 받았고, 스톱 모션 애니메이션이라는 비전통적인 기법을 사용해 만들어졌으며, 디즈니의 영화 배급사인 부에나 비스타 디스트리뷰션에 의해 배급되었다. 원래 디즈니 배너 아래 개봉 예정이었지만 일부 내용이 다소 암울하다는 점을 우려하여 디즈니의 터치스톤 픽처스 배너로 전환되었다. 이 영화는 미국 내 박스오피스 5천만 달러를 기록했다(몇 년 뒤 재개봉 후에는 7천5백만 달러로 상승했다). 어쨌든 〈토이 스토리〉가 5천만 달러를 넘겨 준다면 〈크리스마스의 악몽〉과 동일한 수준의 성공을 달성했다고 주장할 수 있었다.

"〈크리스마스의 악몽〉은 어때요?" 나는 스티브에게 상기시켜 주었다. "그 정도의 실적만 낸다면 체면은 세울 수 있을 것 같은데요."

"저도 팀 버튼 감독의 작품 좋아해요." 스티브는 대답했다. "5천만 달러를 넘기면 낯부끄럽지는 않겠죠. 하지만 1억 달러를 넘기면 격이 완전히 달라질 거예요."

〈토이 스토리〉가 1억 달러 이상의 국내 총 박스오피스를 달성하려면 개봉 첫 주말 실적이 1천5백만에서 2천만 달러 사이에 들어와야 했다. 네 편의 디즈니 블록버스터를 제외하면 지난 5년 동안 장편 애니메이션 영화의 평균 개봉 첫 주말 흥행 실적은 3백만 달러 미만이었다. 어느 모로 보나 우리는 별을 따겠다고 손을 내뻗고 있는 셈이었다.

픽사의 미래를 결정지을 두 번째 숫자는 공개 기업으로서 거래되기 시작할 픽사 주식의 가격이었다. 픽사가 상장 기업이 되는 순간, 그 주식은 나스닥 증권거래소에서 거래되기 시작한다. 나스닥은 대부분의 실리콘밸리 회사들이 상장된 전자 거래 시스템이다. 픽사의 기업공개와 관련된 모든 이슈 중 그 무엇도 픽사의 주식이 처음 상장될 때 얼마에 판매될 것인가만큼 스티브의 머릿속을 장악한 것은 없었다.

최초 주식 가격은 픽사가 투자자들에게 주식을 파는 가격이었다. 우리는 대략 6백만 주 정도를 판매할 계획이었다. 주식 가격이 10달러면 6천만 달러가 조성되고, 20달러라면 1억 2천만 달러가 조성될 것이다. 그 순간이 지나면 6백만 주는 투자자들의 손으로 넘어가고, 투자자들은 공개적으로 거래되는 여느 주식처럼 자유롭게 서로 주식을 사고팔 수 있게 된다. 픽사 몫으로 떨어지는 금액이 결정되는 것은 바로 그 최초 판매에서였다.

최초 판매 이후 시장에서 거래되는 픽사의 주가 또한 중요했다. 특정 시점에서 회사의 시가총액뿐만 아니라, 스티브의 지분과 픽사 직원들이 가지고 있는 스톡옵션의 총액도 그걸로 결정되기 때문이다. 세상에 존재하는 전체 픽사 주식 수를 감안할 때, 픽사의 주식이 주당 10달러에 거래될 경우, 픽사는 약 3억 7천만 달러의 가치가 있었고 그 가운데 스티브가 쥐고 있는 80%의 주식은 대략 3억 달러에 상응했다. 만약 주당 20달러에 거래된다면 픽사는 7억 4천만 달러의 가치가 있었고 스티브의 지분은 대략 6억 달러였다. 다시 말해, 첫 거래일 종료 시점의 픽사 주식 가격은 스티브의 복귀를 단지 상징할 뿐만 아니라 정확한 수치로 계량화해 보여 줄 것이다.

픽사의 주식이 처음 투자자들에게 판매되는 가격인 최초 주식 가격이 결정되는 방식은 과학 못지않은 예술이었다. 픽사가 증권거래위원회에 제출하는 투자 설명서에는 픽사 주식의 최초 판매 가격을 '제안'하게 되어 있었다. 그 제안가는 곧 투자은행 팀이 픽사에 투자하기 적절하다고 제시하는 가치이다. 투자은행들이 실시하는 그 모든 조사와 분석은 바로 그 숫자 하나를 결정하기 위함이었다. 픽사의 주식이 실제로 거래에 들어가기 전까지 제안가는 픽사의 가치를 결정짓는 확정적 숫자로 통하게 된다.

그러나 그것은 어쨌거나 '제안된' 가격에 불과했다. 투자자들이 픽사 주식에 기꺼이 지불해야 한다고 투자은행들이 생각하는 금액이었다. 실제 금액은 첫 주식 거래일까지 결정되지 않을 것이고, 그건 증권거래위원회 신고 후 몇 주가 지난 다음이었다. 그 기간에 우리는 이곳저곳을 돌아다니면서 투자자들을 만날 것이고, 투자자들의 관심도를 보고 픽사 주식의 실제 최초 판매가가 제안가보다 높을지, 낮을지, 아니면 비슷한 수준일지를 판단할 수 있다. 예를 들어, 최근에 있었던 넷스케이프의 IPO에서는 제안가가 주당 14달러 정도였는데, 로드쇼 이후 시초가가 그 2배인 주당 28달러로 뛰었다. 거래 개시 후 처음 몇 시간 이내에 주가는 다시 2배로 뛰었다.

IPO 로드쇼를 위해 우리는 2주 남짓한 기간 동안 샌프란시스코, 로스앤젤레스, 뉴욕, 보스턴, 런던을 비롯한 몇몇 다른 도시들을 돌면서 잠재 투자자들에게 우리의 이야기를 들려줄 예정이었다. 각 방문 후 투자자들은 우리의 투자은행들을 통해 픽사에 대한 관심 수준을 알려 오기도 할 것이다. 투자은행들은 투자자들의 실제 관심 수준을 확인한 다음, 그에 따라 시초가를 조정하기도 했다. 투자자들의 기대감이 굉장히 크면 시초가는 제안가보다 올라갈 것이다. 관심이 시들하다면 내려갈 것이다. 관심이 전혀 없으면 IPO를 아예 취소해 버릴 수도 있었다.

IPO의 제안가를 정할 때는 아주 미묘한 균형 잡기가 필요했다. 기업공개 초반에 주가가 낮을수록 픽사가 주식 판매로 조성하게 되는 자금은 줄어들지만 투자자 수요는 더 높아질 것이다. 반대로 초반 주가가 높을수록 픽사가 조성하는 자금 규모는 커지지만 투자자 수요가 낮아져서 그로 인해 가격에 하방 압력이 가해질 것이다. 스티브와 나는 이 숫자를 놓고 끝도 없이 논의를 계속했다.

"우리가 넷스케이프보다 더 가치 있어요." 스티브는 어느 날 저녁 전화 통화 중 이렇게 주장했다. "그 회사는 생긴 지 1년 정도밖에 되지 않았고 손실을 보고 있어요. 픽사의 영화가 히트를 치면 거기보다 더 수익이 많이 날 거라고요. 우리의 가치가 더 높게 책정되어야만 해요."

넷스케이프의 시가총액은 8월 9일 주식 거래가 시작된 시점에 10억 달러가 조금 넘었다. 그날 장 마감 후 시가총액은 20억 달러를 넘어섰다. 우리는 그 평가액이 어떻게 계산되었는지 전혀 들은 바가 없었지만, 인터넷에 대한 엄청난 관심 때문에 넷스케이프 주식 투자를 놓고 투자자와 언론이 한바탕 소동을 벌였다는 사실은 알고 있었다.

"우리도 같은 수준의 관심을 받을 거예요." 스티브는 계속했다. "그보다 더할 수도 있고요. 픽사는 20억 달러에 평가해도 무방해요."

하지만 내 생각엔 아무리 계산기를 두드려 봐도 픽사에 20억 달러를 책정할 수는 없었다. 투자은행들이 그 4분의 1만 생각하고 있다고 해도 놀라워했을 것이다.

"위험이 너무 커요." 나는 반박하려 애썼다. "근래 최대 규모였던 넷스케이프의 IPO를 모델로 삼으면 모든 걸 망칠 수도 있어요. 처음에는 투자자들의 만족도를 유지하면서 주식이 스스로 추진력을 얻도록 내버려 두는 편이 나아요."

"더 많은 투자자가 픽사에 대해 알게 될수록 투자에 뛰어들고 싶어 할걸요." 스티브는 물러서지 않았다. "부모들은 자녀에게 픽사 주식을 사 주려고 할 거고요. 디즈니 주식을 몇 주 소유해서 소중히 간직하는 것처럼요."

부모들이 자녀를 위해 픽사 주식을 사 주는 것은 물론 가능한 이야기였다. 스티브와 나는 최근 주주들에게 발행될 픽사의 주식 인증서에 서명을 마쳤다. 아래쪽에는 픽사의 단편 영화와 〈토이 스토리〉에 나오는 다섯 캐릭터가 새겨져 있었다. 언젠가는 수집가들이 찾는 진귀한 아이템이 될 수도 있겠지만 이런 이유로 구매되는 주식의 양이 픽사의 주가에 영향을 끼친다고 생각할 수는 없었다.

"그것 때문에 주가에 차이가 생길 거라 생각하시는 않아요. 주가는 자녀에게 주식을 선물해 주는 가족들이 아니라, 대량의 주식을 사고파는 대형 투자은행들에 의해 좌우될 테니까요. 근본적으로 주가는 우리 힘으로 어쩔 수 없는 부분이에요. 로버트슨 스티븐스와 나머지 투자은행들의 재량에 달려 있는 거죠."

"하지만 그들도 이해 못 할 수 있어요. 우리가 그들에게 픽사의 가치를 이해시켜야 한다고요." 스티브는 반박했다.

나는 로버트슨 스티븐스가 픽사의 가치를 충분히 알 거라 확신했고, 스티브가 너무 무리수를 두는 게 아닌가 싶어 걱정스러웠다. 픽사의 가치에 대한 그의 판단이 옳다 하더라도, 처음부터 그 가치를 요구하는 것보다는 시장이 추진력을 가지고 픽사를 끌어올리도록 맡겨두는 게 훨씬 나았다. 우리의 요구가 지나쳐서 투자자들이 실망했다는 언론 보도가 나는 일은 절대 없어야 했다. 픽사 몫의 자금을 조금 덜 마련하더라도, 픽사의 주식에 대한 신뢰감이 형성된다면 모두에게 장기적으로 득이 될 것이다.

마침내 우리 투자은행 팀이 나름대로 판결을 내렸다. 그들은 픽사의 주가가 10달러 후반대로 재빨리 자리를 잡아, 시가총액이 7억 달러 정도에 이를 것이라 판단했다. 제안가는 주당 12달러에서 14달러로 책정되었다. 초기 판매 후 추가 상승이 가능하도록 어느 정도 여유를 남겨 둔 가격이었다. 이렇게 되면 제안가를 기준으로 한 픽사의 시가총액은 5억 달러 정도라는 뜻이므로, 전혀 남부끄럽지 않은 수준이었다.

하지만 스티브의 동의가 필요했다.

"증권거래위원회에 서류를 제출할 때 12달러에서 14달러 선으로 시작해도, 로드쇼가 잘 마무리되면 넷스케이프처럼 주가를 두 배로 만들 수 있을 거예요." 나는 그에게 말했다. "두 배로 뛰면 픽사의 시가총액은 10억 달러가 되겠죠. 승부수를 던져 보면서도 보수적으로 시작해서 훨씬 적은 위험을 감수하고 시장에 판단을 맡기는 전략이에요. 은행가들은 전부 동의했어요. 저도 마찬가지고요."

어쨌거나 픽사의 시가총액이 10억 달러에 이르게 되는 경로를 그려 볼 수 있었다. 그렇게 되면 주식 대부분을 소유하고 있는 스티브는 엄청난 돈방석에 앉을 것이고, 픽사는 나중에 필요하다면 추가 자금을 마련할 기회도 노려 볼 수 있었다.

"그래도 우리가 넷스케이프보다 더 가치 있다는 제 생각에는 변함이 없어요." 스티브는 대답했다. "돈을 더 벌 기회를 놓치고 싶지도 않고요. 픽사가 더 가치 있다면 투자자들은 거기에 합당한 가격을 지불해야 하고 픽사에 그 돈이 돌아와야죠."

"역효과가 너무 커요." 나는 반박했다. "가격을 너무 높게 잡아서 투자자들을 실망시키면 우리 주식은 맥을 못 추고 그 누구도 이득을 보지 못 하게 돼요. 5억 달러라는 시가총액은 결코 남부끄럽지 않은 수준이고, 우리는 그걸 두 배, 세 배로 불릴 저력이 있어요. 이 문제에 관해서는 우리 은행가들의 판단을 믿어야 할 것 같아요."

"생각 좀 해 볼게요." 스티브는 말했다.

두어 시간 뒤 그가 내게 다시 전화를 걸었다.

"그렇게 합시다." 그는 말했다. "하지만 로드쇼를 마치고 나면 관심을 너무 많이 받아서 시초가를 2배로 늘려야 할 거예요."

나는 안도의 한숨을 크게 내쉬었다. 마침내 출발점이 정해졌다.

1995년 10월 12일, 주당 12달러에서 14달러의 가격대를 표시한 픽사의 투자 설명서가 증권거래위원회에 제출되었다. 우리는 엄청나게 열심히 일했다. 기술적인 세부 사항만이 아니라 표현의 질까지 모든 걸 세심하게 챙겼다. 증권거래위원회는 비공식적인 경로를 통해 픽사의 투자 설명서가 그동안 보아 온 서류 중 제일 훌륭하게 작성되었더라는 평가를 전해 왔다. 그 칭찬에 내 안에 숨어 있던 변호사 자아가 자부심으로 환히 빛났다. 몇 주 동안 질의응답이 오간 끝에, 증권거래위원회는 우리 신고서를 승인했고, 스티브, 에드와 나는 드디어 투자자들에게 픽사를 소개하러 길을 떠날 준비가 되었다.

이제 우리에게는 픽사의 이야기를 들려줄 발표 자료가 필요했다. 픽사의 역사, 열망, 사업 계획, 리스크를 한데 엮어 내고 우리가 만든 작품의 동영상 샘플을 곁들였다. 스티브와 나는 자료에 들어가야 할 내용을 세심하게 준비했고, 스티브는 필요할 때마다 이미지, 데이터, 수치를 요청해 가며 직접 프레젠테이션을 만들었다. 그런 다음 나를 불러서 보여 주고 다시 수정하는 방식으로 작업했다.

스티브는 프레젠테이션 슬라이드의 뉘앙스에 하나하나 신경을 썼다. 내가 보기엔 육안으로 식별이 불가능한 세부 사항까지도 예외가 아니었다. 폰트 커닝font-kerning으로 글자 사이의 간격을 조정한다든지, 폰트 스무딩font-smoothing으로 각 폰트의 곡선이 완벽하게 보이도록 다듬는 작업을 결코 소홀히 하지 않았다. 그는 프레젠테이션 전문가 웨인 굿리치를 고용해 이런 세부 요소를 확정하는 데에 도움을 받았고, 로드쇼 중 들르는 도시마다 프레젠테이션과 동영상을 완벽하게 보여줄 수 있도록 모든 부분을 빈틈없이 챙겼다.

그렇게 결전의 시간이 다가왔다. 11월에 접어들자 픽사는 줄줄이 잡힌 일정을 소화해야 했다. 단 두 개의 숫자(〈토이 스토리〉의 개봉 첫 주말 박스오피스와 픽사의 IPO 시초가)에 따라 16년 동안의 노력, 5천만 달러에 가까운 투자금, 세계에서 가장 실력 있는 스토리텔러와 프로그래머들의 지칠 줄 모르는 작업의 성과가 결정될 것이다. 그 달의 일정은 다음과 같았다.

11월 둘째 주에 IPO 로드쇼가 시작되어 2주 동안 이어진다.

로드쇼가 끝나고 난 후 11월 19일 일요일에 디즈니가 할리우드의 엘 캐피탄 극장에서 〈토이 스토리〉의 시사회를 개최한다.

11월 22일 수요일에 〈토이 스토리〉가 북미 전역의 영화관에서 개봉한다.

11월 25일 토요일에 우리는 〈토이 스토리〉 개봉 결과를 듣게 된다.

마지막으로 이 모든 일정이 무사히 진행되면 그다음 주 언젠가 픽사의 주식 거래가 시작되고 우리는 상장 기업이 된다.

이밖에 크게 진행 중인 일은 없었다.

16
엘 캐피탄

우리 딸 세라가 집 앞 현관에서 기다리고 있었다. 당시 일곱 살이었던 그 아이는 식구들 중에서 언제나 준비가 제일 빨랐는데, 뭔가 신나는 일을 할 때는 더욱 그랬다.

"서둘러요. 차가 와 있다고요. 지금 가야 돼요!" 세라는 소리쳤다.

세라만 믿으면 우리는 늦지 않을 수 있었다. 그 애는 깜찍한 검은 스커트와 흰색 상의를 입고 머리에는 하얀색 리본을 달았다. 11월 19일 일요일이었고, 힐러리, 제이슨, 세라와 나는 로스앤젤레스행 비행기를 타기 위해 새너제이 공항에 가는 길이었다. 그곳에 도착하면 우리는 마중 나온 차를 타고 새 단장을 마친 엘 캐피탄 극장으로 가서, 디즈니가 주최하는 〈토이 스토리〉의 초대자 한정 시사회에 참석할 예정이었다.

더욱 기대되는 건 디즈니가 엘 캐피탄 옆에 꾸며 놓은 '토이 스토리 펀하우스'였다. 디즈니는 〈토이 스토리〉를 바탕으로 하는 게임, 군것질거리, 쇼로 건물 하나를 가득 채웠다. 행여 늦을까 세라가 노심초사하는 게 당연했다.

며칠 전 우리는 IPO 로드쇼를 마쳤다. 스티브, 에드와 나는 픽사 이야기를 전하고 또 전했다. 우리는 픽사의 사업 계획과 그에 따르는 모든 위험을 설명했고 모든 질문에 최선을 다해 답변했다. 투자은행 팀이 줄곧 우리와 함께했고 마이크 맥캐프리도 정말로 모든 일정을 함께 소화했다.

그러나 투자자들의 반응을 읽어 내기는 어려웠다. 그들은 웬만해서 좋다고 펄쩍펄쩍 뛰거나 하지 않았다. 쓸데없이 흥분해 주식을 매입하기도 전에 가격을 끌어올릴 짓을 하지 않기 위해서였다. 로버트슨 스티븐스는 로드쇼를 잘 해냈다고 스스로 만족해하는 것 같았지만 그것이 어떻게 픽사 주식에 대한 수요로 연결될지 확인하기까지는 다소 시간이 걸렸다. 기다리는 동안 우리가 할 수 있는 최선은 어서 가서 〈토이 스토리〉의 시사회를 즐기는 것이었다.

우리는 그날 오후 일찍 로스앤젤레스에 착륙했고 주최 측이 마련해 준 차편으로 공항에서 시사회장으로 향했다. 엘 캐피탄 극장에 가까이 다가갈수록 디즈니가 벌인 〈토이 스토리〉 마케팅 캠페인의 흔적이 사방에서 눈에 띄었다.

"저기 봐요!" 세라가 소리쳤다. "〈토이 스토리〉 포스터예요!"

우리는 앞서 디즈니가 이 영화의 마케팅에 얼마나 힘써 줄까 의구심을 품기도 했지만 디즈니는 최근 들어 그러한 의구심을 다 풀고도 남을 만큼 적극적인 활동을 보여 주었다.

"이번 연휴, 장난감들이 살아 움직이는 모험이 펼쳐집니다."라는 말로 시작되는 예고편이 여러 주 동안 영화관에서 상영되었다. 이어서 "무엇에게든 맞설 준비가 된 두 영웅이지만 서로에게는 라이벌"이라는 카피가 등장하고, 마지막은 "월트 디즈니 픽처스가 세계 최초의 컴퓨터 애니메이션 영화를 선보입니다."로 마무리되었다.

디즈니는 핵심을 잘 짚어 내고 있었다. 고속도로 광고판, 버스 정류장, 전국을 돌아다니는 버스 옆면을 채운 대대적인 포스터와 빌보드 캠페인에서도 마찬가지였다. 픽사의 전 임직원은 지난 몇 주 동안 초조하고 흥분된 마음이었다. 인근 고속도로에서 첫 광고판을 목격한 이후 도처에서 〈토이 스토리〉 관련 광고물이 튀어나오기 시작했다.

어떤 포스터에는 "장난감들이 돌아왔다"라는 문구가 크고 굵은 검정색 글씨로, "토이 스토리"라는 글씨는 총천연색으로 인쇄되어 있었다. 각각의 캐릭터를 부각시킨 포스터들도 있었다. 공룡 렉스 포스터에는 "나는 겁 많은 렉스!"라고 적혀 있었고, 우디 포스터에는 "내 끈을 잡아당기지 말라고!"라고 쓰여 있었다. 각 포스터 아랫부분에는 "11월 22일에 살아납니다"라고 적혀 있었다. 이 영화의 존재감은 점점 커져서 누구라도 놓치기 힘들 정도였다.

이제 우리는 엘 캐피탄 앞의 하차 지점에 도착했다.

"모두 차에서 내리면 이런 일쯤은 너무나 익숙하다는 듯이 행동하시는 거예요." 열 살인 제이슨이 환히 웃으며 말했다.

제이슨은 무슨 일을 하든 그 안에서 웃음 포인트를 찾았다. 우리는 모두 카펫을 밟고 극장에 입장하는 이야기로 신나게 농담을 주고받고 있었다. 엄밀히 말해 텔레비전 카메라들이 늘어선 레드카펫을 밟는 것은 아니었다. 그건 스타들용이었다. 하지만 우리 카펫이 바로 옆에 마련되어 있었고, 레드카펫의 분위기를 가까이에서 느끼기에는 충분했다. 우리는 도로에 줄지어 선 기자와 팬들 바로 옆을 걸을 예정이었다.

"모르긴 몰라도 제이슨은 저 영화에서 목소리 연기를 해도 잘했을 거야." 힐러리가 흥을 돋우었다. "우리가 수행단처럼 제이슨 뒤를 따라 걷는 게 어떨까?"

제이슨은 그 아이디어를 마음에 들어 했다. 세라는 키득거리며 웃었다. 차가 멈추어 섰다.

"다 왔습니다!" 제이슨은 우리를 상기시켰다. "모두 넘어지지 않게 발 조심하시고요."

제이슨의 당부와 함께 우리는 차에서 내렸고 카펫을 걷는 모든 순간을 만끽했다. 어느새 우리는 좌석에 앉아 극장이 사람들로 채워지기 시작하는 광경을 바라보고 있었다.

"저기 봐, 톰 행크스야." 힐러리가 흥분을 감추지 못하며 소리쳤다.

진짜로 톰 행크스가 극장으로 걸어 들어오고 있었다. 그해 여름의 히트 영화 〈아폴로 13호〉를 막 마치고 난 그 시점에 그의 후광은 어느 때보다도 밝게 빛났다. 우리는 팀 앨런, 월리스 숀, 존 라첸버거 등 영화에 등장한 목소리의 주인공들이 차례로 들어오는 모습을 구경했다.

디즈니의 최고경영자인 마이클 아이스너까지 그 자리에 참석했다. 그가 반드시 참석해야 하는 디즈니 시사회 개수를 고려할 때 그것은 픽사에 대한 특별한 찬사와 다름없었다. 그리고 물론 존 래시터와 에드 캣멀을 비롯한 픽사의 다른 핵심 기여자들 역시 온 가족을 동반하고 참석했다. 디즈니는 이 행사를 진정한 가족 이벤트로 기획했기 때문이었다.

빠진 사람은 스티브뿐이었다. 그는 지출되는 비용 대비 도달 범위가 너무 소수의 개인이라고 여겨 엘 캐피탄 펀하우스라는 아이디어를 크게 지지하지 않았고, 〈토이 스토리〉가 실제로 만들어진 장소가 부각되도록 실리콘밸리에서 시사회를 하고 싶어 했다. 그래서 다음 날 저녁 샌프란시스코에서 특별 상영을 별도로 준비해 놓았다.

곧 극장이 다 찼고, 불이 꺼지자 숨죽인 침묵이 상영관을 메웠다. 큰 기대에 부푼 우리는 모두 편안하게 자리를 잡고 세계 최초의 컴퓨터 애니메이션 영화가 현실화되는 순간을 지켜보았다. 정말로 장난감이 살아 움직이는 영화였다! 내가 그곳에서 단순한 영화가 아니라 영화 역사의 한순간을 목격하고 있음을 깨닫기까지는 그리 오랜 시간이 걸리지 않았다. 나는 스토리보드, 러프 애니메이션*, 조명 처리를 하지 않은 시퀀스 형태로 영화 대부분을 보았기 때문에, 노래와 사운드트랙, 색상의 깊이감이 더해진 최종 형태로 감상하니 그저 입이 떡 벌어졌다.

시드네 집에 있는 징그러운 돌연변이 장난감들의 최종 애니메이션을 본 것은 처음이었는데, 그 괴기스럽게 생긴 녀석들이 단지 돕고 싶어 할 뿐이라는 걸 우디와 버즈가 깨닫는 순간에는 코끝이 찡했다. 결국 우디와 버즈가 시드네 집에서 탈출할 수 있게 돕는 대목은 정말 최고의 명장면이었다. 우디와 버즈가 로켓선을 타고 날아다니는 야외 장면을 볼 때는 그것이 단지 신나는 영화의 한순간이 아니라 몇 달 전만 해도 불가능해 보였던 기술적 성과임을 알기에 마음속으로 힘찬 박수갈채를 보냈다.

영화가 끝나자 마지막 자막이 다 올라갈 때까지 극장 안에 박수와 환호성이 이어졌다. 불이 켜지자마자 상영관 안은 들뜬 재잘거림으로 가득했다.

"정말 멋졌어요!" 제이슨은 선포하듯 이야기했다. "마지막 장면이

* 애니메이션 기초 작업으로 그려진 거친 스케치화. (옮긴이)

굉장했어요."

"영화의 입체감이 환상적이더라. 보는 내내 아름다웠어." 힐러리는 말했다.

"나는 영화 클립들을 수없이 봤는데도 전체를 보니 넋이 나갈 지경이었어. 어떻게 작업했는지 두 눈으로 직접 봤으면서도 '저걸 어떻게 했지?'라는 생각이 계속 들더라고." 내가 말했다.

"세라, 넌 제일 마음에 드는 부분이 어디야?" 제이슨이 물었다.

"우디가 칠판한테 총 뽑으라고 할 때랑 버즈가 방 안을 날아다닐 때." 세라가 대답했다.

"엄마가 제일 마음에 들었던 부분은 어딘 줄 아니?" 힐러리가 거들었다.

"어딘데요?" 제이슨이 대답했다.

"크레딧의 〈토이 스토리〉 베이비에서 제나의 이름을 보았을 때지!"

그렇고말고. 힐러리는 그 순간을 오래도록 잊지 못할 것이다.

영화 상영 후 우리는 바로 펀하우스로 안내되었다. 세 개 층에 걸쳐 아이들이 〈토이 스토리〉의 재미를 다시 한번 만끽할 수 있도록 꾸민 행사장이었다. 우리는 '녹색 군인의 방'에서 가짜 호수와 다리로 이루어진 장애물 코스를 탐험하고, '우디의 즐거운 목장'에서 웨스턴 밴드의 라이브 음악을 듣고, '버즈의 은하수'에서 레이저 사격 게임을 즐기고, '피자 플래닛 카페'에서 갖가지 군것질거리로 요기해 가며 두 시간을 보냈다. 외계인 점액 같은 슬러시를 포함해 달달한 간식들이 넘치도록 준비되어 있었다.

하지만 우리는 '미스터 포테이토 헤드의 놀이방'에서 더 이상 전진할 수 없었다. 여기는 다채로운 그리기와 만들기 놀잇감이 가득한 곳으로, 세라는 라이트-브라이트*를 가지고 놀기 시작하자 거길 떠나고 싶어 하지 않았다. 안내원들이 박수를 치며 그만 놀이를 마무리하도록 부드럽게 유도한 후에야 비로소 그 자리를 뜰 수 있었다. 펀하우스의 도우미들 모두가 복도에서 출구까지 일렬로 늘어서서 사람들이 지나가는 동안 박수를 쳐 주었다. 세라는 못내 아쉬워했다.

우리는 대기 중이던 차로 돌아와, 무척 피곤하지만 황홀한 기분에 들떠 집으로 돌아왔다. 드라마 속에 들어갔다 나온 느낌이었다. 제이슨과 세라는 아빠가 대체 왜 픽사 합류를 고민했었는지 절대 이해하지 못할 것이다.

〈토이 스토리〉 시사회의 감동을 뒤로하고, 우리는 마침내 가장 중요한 2주간의 일정에 돌입하고 있었다.

* 알록달록한 플라스틱 막대를 조명이 들어오는 검은색 판에 꽂아 원하는 글씨나 그림을 만드는 장난감. (옮긴이)

17
PIXR

"집에 가는 길인데 잠깐 들러도 될까요?" 시사회가 끝나고 이틀 뒤 나는 회사를 나서면서 스티브에게 전화로 물었다. 〈토이 스토리〉 정식 개봉 하루 전인 11월 21일 화요일이었다. 이 대화만큼은 꼭 만나서 하고 싶었다.

"물론이죠. 들러요."

스티브의 집 옆문으로 들어가는데 온몸에 전율이 느껴졌다. 살갗에 소름이 돋았다.

스티브는 홈 오피스에 있었다. 책상에 앉아 컴퓨터로 뭔가 작업 중이었다.

"로버트슨 스티븐스가 오늘 오후에 저한테 전화를 줬어요." 나는 입을 열었다.

스티브는 로드쇼 결과를 초조하게 기다리고 있었다.

"우리가 해냈어요, 스티브." 나는 차분한 목소리로 말했다.

"우리가 해내고야 말았어요." 내 목소리가 조금 더 커졌다. "투자자들 반응이 긍정적이에요. 픽사의 주식 공모는 초과 청약될 것 같아요.

로버트슨 스티븐스도 모든 준비를 마쳤고요. 다음 주 말경에 픽사의 공모를 시작했으면 한대요."

"가격이 얼마나 될지 알고 있나요?" 스티브는 물었다.

"정확히는 몰라요. 하지만 로버트슨 스티븐스는 IPO에서 제안가 12~14달러대를 훌쩍 넘길 가능성이 크다고 생각하고 있어요. 관심도가 무척 높거든요."

"와, 그거 참 잘됐군요." 스티브는 입가에 슬며시 미소를 띠었다.

"정말 잘됐어요." 나는 말했다. "투자자들이 우리 이야기를 마음에 들어 한 거예요. 앞으로 해야 할 일이 많다는 점, 이게 장기적 안목으로 바라봐야 할 투자라는 점도 이해하고요. 하지만 투자자들은 픽사를 믿고 있어요. 우리가 할 수 있다고 말이죠. 그러니까 투자에 뛰어들려는 거죠."

"굉장하네요." 스티브는 내 말을 음미하듯 천천히 말했다. "정말 굉장해요."

IPO의 최종 가격은 주식공개 하루나 이틀 전까지 정해지지 않을 것이다. 그 사이에 우리가 예의주시하는 또 다른 숫자가 나올 예정이었다. 바로 〈토이 스토리〉의 개봉 첫 주말 박스오피스 실적이었다.

11월 25일 토요일 아침, 나는 초조함에 이리저리 서성거릴 수밖에 없었다. 〈토이 스토리〉가 금요일 밤에 어느 정도의 실적을 거두었는지 줄줄이 걸려 올 전화를 통해 확인하기로 되어 있었다. 우선, 픽사의 박스오피스 정보를 집계 중이던 세라 스태프가 전화를 주기로 했다. 우리는 정확한 숫자를 알아야 했고, 그걸 해석할 방법도 알아야 했다.

알고 보니 추수감사절 영화 개봉은 평소의 주말 개봉에 비해 약간 특이한 점이 있었다. 무엇보다도 영화가 추수감사절 전날인 수요일에 공식 개봉되었다. 금요일은 추수감사절이 끝나고 대대적으로 쇼핑을 하러 가는 날이었기 때문에 그 점 또한 참작해야 했다. 디즈니가 우리의 수치 이해를 도와주기로 약속했다.

"언제 알려 준대?" 힐러리가 물었다.

"오전 10시경이라고 했어." 나는 대답했다.

이제 10시 30분이 다가오고 있었다. 첫 번째 마법의 숫자인 〈토이 스토리〉의 개봉 첫 주말 박스오피스 실적을 잠시 후면 알게 될 것이다. 나는 1천만 달러만 돼도 괜찮다는 사실을 상기했지만 1천5백만 달러를 넘기면 진짜 기분 좋겠다고 생각했다.

"나도 긴장되네." 힐러리는 말했다.

20분 뒤 전화가 울렸다. 나는 얼른 달려가 받았다.

"네, 네. 그렇군요. 알겠습니다. 고마워요. 네, 자세한 내용을 보내주시면 좋겠네요. 제 팩스 번호 알고 계시죠? 감사합니다."

나는 방금 들은 내용을 소화하려 애쓰며 수화기를 내려놓았다.

"뭐래?" 힐러리가 재촉했다.

"엄청난 결과가 나왔어." 나는 말했다. "어마어마해. 가능하리라고 생각지도 않았던 수준이야. 디즈니는 주말 박스오피스 실적으로 3천만 달러 가까이 예상하고 있대! 금요일 밤 박스오피스 실적만 1,150만 달러에 근접했고."

힐러리와 나는 하이파이브를 했다.

"우와!" 힐러리는 탄성을 내뱉었다. "상상했던 것보다 훨씬 더 높은 거잖아!"

"3천만 달러라니!" 내가 말을 받았다. "게다가 관객 투표 결과는 역대 최고 수준을 훌쩍 넘어섰대. 디즈니는 이 영화가 엄청난 대박이 될 거라고 생각하나 봐. 1억 달러는 가볍게 넘길 거고, 어쩌면 1억 5천만 달러도 넘길지 모른다고 보고 있어."

5분 뒤 전화가 다시 울렸다. 스티브였다.

"놀라운 결과예요." 스티브는 흥분한 목소리로 이야기를 시작했다. "디즈니 마케팅 팀하고 통화한 후에 존과 통화했어요. 아이스너와도 통화했고요. 이건 엄청난 기록이에요. 그쪽에서는 이게 올해 최대 규모의 영화가 될 수도 있다고 생각하고 있어요."

그해 그 시점까지 가장 크게 성공한 영화는 미국 내 총 흥행수익 1억 8천4백만 달러를 달성한 〈배트맨 포에비〉였다. 2위는 1억 7천2백만 달러를 기록한 〈아폴로 13호〉였다. 우리가 그 영역에 범접할 수 있으리라고는 누구도 생각지 못했다.

"정말이에요?" 나는 물었다. "그러면 2억 달러에 근접하게 된다는 뜻인데."

"그럴 수도 있어요." 스티브는 말했다. "우리가 해냈어요, 로렌스. 완벽하게 해냈어요."

전화를 끊고 방금 들은 내용을 전하면서 다시 한번 온몸에 전율이 느껴졌다. 올해 최대 규모의 영화라니! 픽사가. 〈토이 스토리〉가.

계산기를 두드리기가 어려웠다. 우리는 그저 어안이 벙벙했다. 관객들은 우디, 버즈와 사랑에 빠지고 있었다. '맙소사, 얘들도 미키마우스와 밤비처럼 문화적 아이콘이 되겠군.' 나는 속으로 생각했다. 첫 번째 숫자인 개봉 첫 주말 박스오피스는 그렇게 우리의 예상을 완전히 뛰어넘었다.

월요일 아침 픽사는 축제 분위기였다. 모두가 환희에 넘치다 못해 황홀경에 빠지기 일보 직전이었다. 다들 주말에 친구와 가족들을 데리고 영화 보러 갔던 이야기를 나누느라 업무는 뒷전이었다. 생각지도 못했던 박스오피스 숫자에 은근한 자부심을 느끼면서도 전혀 믿지 못하겠다는 분위기가 역력했다.

하지만 우리 팀과 나는 기쁨을 만끽할 틈이 없었다. 로버트슨 스티븐스는 향후 절차를 진행할 준비가 다 되었다고 확답해 주었다. 수요일은 픽사가 목표로 삼은 IPO 날짜였다.

그날 오후 나는 스티브에게 전화를 했다.

"로버트슨 스티븐스는 주당 20달러 이상 가격을 매겨도 괜찮겠다고 생각하고 있어요. 12~14달러 가격 범위보다 훨씬 높아진 거예요."

12달러에서 14달러는 우리가 투자자들을 만나기 전의 제안가였다. 이제 우리는 그보다 훨씬 높은 숫자를 이야기하고 있었다.

"그쪽은 22달러를 염두에 두고 있어요." 나는 말을 이었다. "투자자들이 가담하고 싶은 건 확실하지만 가격이 그보다 훨씬 높아지면 일부 투자자들이 망설일 수 있어 우려하는 거죠. 이렇게 되면 픽사의 가치는 8억 달러가 되고, 우리가 현금으로 1억 4천만 달러를 확보하게 된다는 뜻이에요."

"그렇게까지 높일 의향이 있다는 게 확실해요?" 스티브는 물었다.

"네. 마이크 맥캐프리 씨와 직접 이 사안을 논의하실 수 있도록 제가 전화를 연결해 드릴게요. 이건 믿을 수 없는 가격이에요. 픽사의 사업 모델에 내재된 리스크에 대해 여전히 우려가 남아 있는 상황인데도 말이죠."

스티브는 로버트슨 스티븐스의 최고경영자 마이크 맥캐프리와 통화를 했고, 우리는 픽사의 이사회 구성원들과도 별도로 통화했다. 모두가 가격을 승인했다.

"축하합니다." 스티브는 우리 모두에게 말했다. "우리가 좋은 조건을 얻어 냈어요. 어디 한 번 성공시켜 봅시다."

그렇게 우리는 시초가에 합의했다.

이틀 뒤인 11월 29일 수요일, 스티브, 에드와 나는 로버트슨 스티븐스의 샌프란시스코 사무실에 있는 컴퓨터 주변에 옹기종기 모였다. 나스닥 주식 시장은 약 30분 전인 오전 6시 30분에 개장되었다. 로버트슨 스티븐스는 픽사 주식을 진수시킬 준비를 끝마쳤다. 픽사의 주식은 PIXR이라는 종목 코드로 거래될 예정이었다.

이 자리에는 로버트슨 스티븐스의 토드 카터, 마이크 맥캐프리, 브라이언 빈과 투자자들을 상대로 한 주식 거래 실무를 담당할 켄 피츠시몬스도 함께 있었다. 주식 거래가 매끄럽게 시작되도록 만전을 기하는 것이 그의 업무였다. 나스닥 증권거래소는 뉴욕 증권거래소와 달리 물리적인 장소가 아니다. 거래 시작을 알리는 종 같은 건 없고 컴퓨터 화면 위의 종목 코드들만 있었다.

오전 7시가 조금 지난 시각, 6백만 주의 픽사 주식이 주당 22달러의 가격으로 투자자들에게 개방되었다. 픽사의 주식을 사고 싶은 사람이면 누구든 즉시 살 수 있는 상태가 된 것이다.

"여기 있네요! 픽사의 첫 거래가 시작되었어요." 토드 카터는 소리쳤다.

우리는 종목 코드 PIXR을 처음으로 확인할 수 있었다. 픽사는 이제 상장 기업이었다.

하지만 거래는 22달러로 시작되지 않았다. 그것은 최초 투자자들이 주식을 취득하기 위해 픽사에 지불한 가격이었다. 거래가는 즉시 30달러대 후반으로 뛰었다. 수요가 천정부지로 치솟았다. 우리는 반쯤은 환하게 웃으며, 반쯤은 믿을 수 없다는 표정으로 모두 그걸 뚫어져라 바라보았다.

토드 카터가 침묵을 깼다. 그는 스티브를 향해 돌아서더니 말했다.

"축하드려요, 스티브. 이제 억만장자가 되셨네요."

첫 거래일 종가 기준으로 픽사의 주가는 39달러였다. 덕분에 픽사의 시가총액은 15억 달러 가까이에 이르렀고 스티브는 그야말로 억만장자가 되었다. 나중에 들은 이야기지만 내가 픽사의 거래 현황을 지켜보느라 컴퓨터 화면에 붙어 있는 동안, 스티브는 가까운 사무실로 들어가 친구 래리 엘리슨Larry Ellison, 즉 오라클 코퍼레이션의 창립자 겸 최고경영자에게 전화를 걸었다고 한다. 그가 한 말은 "래리, 내가 해냈어."가 전부였다.

다음 날 《월스트리트저널》이 내놓은 IPO 관련 보도의 헤드라인은 다음과 같았다.

스티브 잡스, 픽사 IPO로 억만장자가 되어 권좌에 복귀하다

기사 내용은 이랬다. "총 14억 6천만 달러에 이르는 픽사의 시가총액을 투자 과열 조짐으로 해석하는 애널리스트들이 많다. 디즈니는 〈토이 스토리〉 매출의 80%에서 90%를 가져갈 뿐만 아니라, 적어도 1999년까지 세 편의 영화를 만들기로 한 계약으로 픽사를 꼼짝 못 하게 묶어 놓은 탓에, 작금의 상황은 픽사보다는 디즈니에게 훨씬 득이

클 것으로 보인다."*

픽사의 평가액에 대한 비슷한 논조의 회의론에 대응해, 《LA 타임스》는 다음과 같이 스티브의 말을 인용했다. "가치를 결정하는 것은 내가 아니다. 그래서 시장이 있는 게 아니겠는가. 하지만 우리는 60년 만에 겨우 두 번째로 블록버스터 장편 애니메이션 영화를 제작한 영화사이고, 이 작업에 3D 컴퓨터 그래픽이라는 새로운 매체를 사용하고 있다."**

그것은 괜히 하는 말이 아니었던 것으로 드러났다. 〈토이 스토리〉는 상영 기간 종료 시까지 1억 9천2백만 달러에 조금 못 미치는 미국 내 총 박스오피스를 기록하며 1995년 최대 규모의 영화가 되었다. 당시 기준으로 이 영화는 역대 개봉된 장편 애니메이션 영화 개봉작 중 디즈니의 〈알라딘〉과 〈라이온 킹〉에 이어 세 번째로 많은 수익을 거두어들였다.

픽사가 상장되던 날 퇴근 시간에 집에 가려고 픽사의 주차장으로 걸어 나오는 내 모습을 누군가가 보았다면 뛸 듯이 가벼워진 내 발걸음을 분명 눈치챘을 것이다. 나는 반신반의와 의기양양 사이의 그 어떤 감정에 도취해 있었다. 지난 한 해 동안 나는 코앞에 닥친 일들에 완전히 몰입해 있었다. 어떻게든 모든 일을 진전시키려고 애썼지만 겨

* G. Christian Hill, "Steve Jobs Is Back in the Saddle Again, Becoming a Billionaire in Pixar IPO," 1995년 11월 30일 자 《월스트리트저널》, http://blogs.wsj.com/wsj125/2014/11/29/nov-30-1995-pixars-ipo/

** Amy Harmon, "Like 'Toy Story,' Pixar Stock Is a Hit Its First Day on the Street," 1995년 11월 30일 자 《LA 타임스》, http://articles.latimes.com/1995-11-30/business/fi-8751_1_toy-story

우 몇 센티미터 움직이는 것으로 끝날 때도 있었다.

그런데 회오리바람과 같이 정신없던 일주일 사이 픽사는 마침내 하늘 높이 날아올랐다. 우리는 세상 사람들에게 잊힌 생기 없는 회사에서 역대 최고의 애니메이션 영화를 만든 회사이자 올해 가장 성공적인 IPO를 이루어 낸 회사로 거듭났다. 스톡옵션을 발행하기 몇 달 전부터 너무나 많은 불안과 걱정의 근원이었던 주가는 픽사의 그 누가 예상한 수준보다 높아졌다. 겸손하고 끈기 있으며 기발한 천재성을 갖춘 인재들로 이루어진 픽사의 팀이 마땅히 받아야 할 보상을 생각한다면 무척 흐뭇한 결과였다.

여러 해 뒤 나는 픽사의 IPO에서 내가 어떤 역할을 했었는지 자세히 알게 되었다. 토드 카터는 나를 만나 로버트슨 스티븐스가 픽사를 상장시키기로 한 결정이 얼마나 아슬아슬하게 내려진 것이었는지 이야기해 주었다. 결정을 내린 최고위원회는 한 번도 두 번도 아니고 세 번씩이나 만나서 과연 투자자들이 픽사의 내재적인 리스크를 용인할 것인지 논의했다고 한다. 그들은 이걸 계속 진행해야 옳을지 결정을 내리지 못했고, 특히 스티브가 너무 높은 평가액을 고집하는 데다 그가 픽사와 넥스트 양쪽에서 책임을 맡아 일하는 업무 형태를 투자자들이 불편하게 받아들이지는 않을지 걱정을 했다고 한다.

토드는 또한 국면 전환에 나의 영향력이 얼마나 중요하게 작용했는지도 설명했다. 최고위원회는 리스크에 대한 내 관점이 자신들과 일치한다는 점에 신뢰를 보냈고, 픽사의 가치 평가에 있어 내가 중심추 역할을 할 거라 믿었다고 한다. 또한, 스티브가 넥스트 일에 신경 쓰는 동안 내가 그 자리를 충분히 메워 줄 거라 판단했다고 한다. 으쓱한 기분이 드는 말이었지만 오히려 나는 로버트슨 스티븐스가 픽사를 위해 힘써 준 것이 감사했다. 픽사를 할리우드에서 성공시키기 위해 첫 영화가 출시되기도 전에 자신들의 평판을 걸고 무모한 베팅에 나서 주었으니 말이다.

만약 그 최고위원회가 다른 길을 택했다면 모든 것이 달라졌을 것이다. 1995년 안에는 IPO에 도전할 시간이 없었을 것이고, 픽사를 일으켜 세우는 데에 필요한 자본금을 필요한 시기에 마련하기가 얼마나 어려워졌을지는 아무도 모르는 일이다. 어느 모로 보나 픽사의 운명은 가느다란 실 몇 가닥에 매달려 있었다.

나는 IPO 결과가 말할 수 없이 기뻤지만 내가 할 일은 이제 시작일 뿐이라는 사실도 잘 알고 있었다. 이제 나는 상장 기업의 최고재무책임자로서 모든 압박을 감당해야 했다. 차후 몇 달 동안 월스트리트 애널리스트들이 픽사에 대한 보고서 작성에 착수하고 투자자들이 우리에게 사업 계획을 이행할 능력이 있는지 감시하기 시작하면 엄청난 업무 역량을 발휘해야 할 것이었다.

어차피 IPO는 우리가 기술한 네 개의 축 가운데 하나에 불과했다. 그밖에도 픽사의 산출물을 비약적으로 늘리고, 영화 수익에서 우리 몫을 대폭 확대하며, 픽사라는 브랜드를 구축해야 하는 과제가 여전히 남아 있었다. 픽사는 안정적인 궤도에 도달했다고 보기 어려웠다. 그래도 나는 그 순간을 충분히 만끽하며 가슴에 새기고 싶었다. 우리는 해롤드 보겔이 책에서 예지력 있게 묘사한 길고도 험난한 장애물 코스를 우수한 성적으로 헤치고 통과한 것이다.

하지만 해롤드 보겔이 전한 이야기는 그걸로 끝이 아니었다. 몇 년 뒤 그는 자신의 책을 편집하면서 내용을 약간 수정했다. 영화사의 일반주 공모는 "투자자들에게 악몽"이 되기 쉽다고 밝힌 문단 바로 아래에 그는 다음과 같은 새 문단을 하나 추가했다.

*"그러나 드문 예외로 1995년 말 픽사의 일반주 공모가 있었다. 이 회사의 경우, 690만 주를 주당 22달러에 판매하여 대략 1억 5천만 달러의 자본금을 마련했다. 픽사의 공모가 큰 성공을 거둔 이유는 (공모가 진행된 주에 개봉된) 〈토이 스토리〉 제작을 위해 새로운 컴퓨터 기술을 도입했을 뿐만 아니라, 메이저 영화사인 디즈니와 여러 편의 영화에 대한 배급 계약을 체결해 지원을 받았고 뛰어나고 검증된 역량을 갖춘 경영진과 창의력 넘치는 임원들이 회사를 이끌었기 때문이었다."**

해롤드의 책에서 이 부분이 수정된 것을 눈치챈 사람은 세상에 나 말고 아무도 없을 것이다. 하지만 나는 지금도 그 일을 생각할 때마다 미소를 짓곤 한다.

* Vogel, Entertainment Industry Economics, p. 117

3부

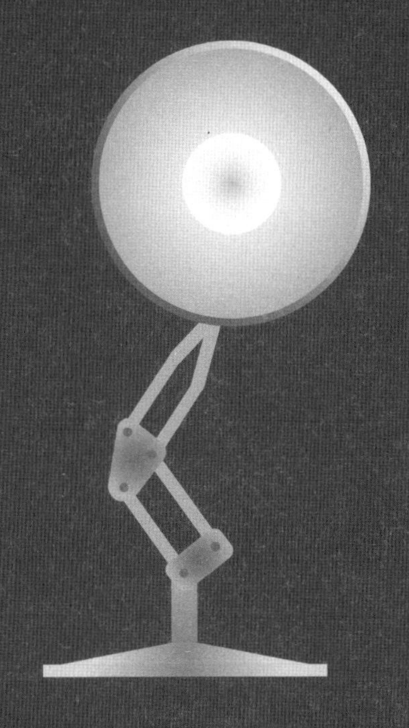

18
가슴에서 우러나온 이야기

IPO를 통해 1억 4천만 달러를 마련한 것이 굉장한 성과처럼 보일지 몰라도, 그 자본금은 실질적인 사업 성공으로 전환되어야만 했다. 반다 제도에서 향신료를 조달해 올 돈을 마련하는 경우와 마찬가지로, 항해의 위험은 여전히 우리 앞에 도사리고 있었다.

투자자들에게는 〈토이 스토리〉의 성공조차 재빨리 옛날얘기가 되어 버리기 쉬웠다. 작년의 향신료 항해일 뿐이라는 뜻이다. 꾸준한 실적이야말로 사업 성공의 보증 마크지만 픽사는 아직 그 단계와는 한참 거리가 있었다. 이것은 사업 계획의 다른 축들에 달린 문제였다. 4년에 한 편보다 더 자주 영화를 만들고, 그 영화에서 나오는 수익을 더 많이 누릴 수 있어야 하며, 픽사를 브랜드로 전환해야 했다.

하지만 그러한 과제와 씨름을 벌이기에 앞서, 우리는 가장 중요한 과제를 마주해야 했다. 어떻게 하면 '훌륭한' 영화를 만들 것인가 하는 과제였다. 그러지 않고서는 무슨 짓을 하든 픽사는 한 번의 히트작으로 엔터테인먼트 가도를 어지럽힌 반짝 기업의 대열에 합류하기 쉬웠다.

큰 히트작 뒤에 후속작을 내놓으려면 만만치 않은 어려움이 따른다. 성공의 문제점은 아주 작은 성공일지언정 사람의 마음가짐을 바꾸어 놓는다는 데에 있다. 한 번 성공한 사람은 더 이상 당초 훌륭한 성과의 원동력이 되었던 그 벼랑 끝을 따라 걷지 않는다. 이제는 명성, 은행 예금, 브랜드, 현실적인 고객 기대치 등 지켜야 할 것들이 생겼기 때문이다. 그래서 성공은 칼날을 무디게 만들 수 있다.

픽사라는 엔진이 계속 돌아가게 하려면 또 다른 히트작을 만들고 또 만들고 그 후에도 계속 만들어야만 했다. 픽사가 예리한 창의력을 유지하려면 어떻게 해야 할까? 회의를 소집하고 화이트보드에 "블록버스터 만들기"라고 쓴다고 해서 될 일이 아니었다. 이것은 모차르트를 복제하려는 시도나 다름없었다.

특히 두 가지 이슈가 과제의 핵심이있다. 하나는 영화를 얼마나 자주 만들 것인가이고, 다른 하나는 창작 과정에서의 선택에 누가 최종 결정권을 가질 것인가였다.

1995년 말경 픽사는 〈벅스 라이프〉라는 제목의 두 번째 영화를 한창 개발 중이었다. 존이 감독을 맡았지만 〈토이 스토리〉의 마케팅으로 바빠지자 앤드루 스탠턴Andrew Stanton이 영화 제작에서 큰 몫을 담당할 수 있도록 권한을 위임했다. 존은 앤드루가 향후 자기 영화를 감독할 수 있도록 훈련시키고 싶어 했다. 줄거리 작업은 일 년도 더 전인 1994년에 이미 시작되었고, 지난 여름에 디즈니로부터 영화 내용을 승인받은 상태였다.

이번에도 스토리 팀은 기술적으로 구현 가능한 수준과 불가능한 수준을 넘나들며 한계를 시험하고 있었다. 곤충의 외피는 장난감의 플라스틱 표면보다 훨씬 복잡했다. 영화의 배경은 거의 전부 실외였다. 곤충들의 작은 세계에서는 잎사귀와 나무 사이로 햇빛이 비쳐 들 때

생기는 선명한 광택을 표현해 주어야 했다. 그리고 무엇보다도 힘든 부분은 영화가 개미 왕국을 중심으로 한다는 점이었다. 개미 몇 마리 가지고는 어림도 없었고, 개미 군단을 만들어야 했다. 이 과제는 빌 리브스의 몫이 되었다. 그가 이끄는 팀은 개미 떼를 자동으로 애니메이션화하는 기술을 개발 중이었다.

〈벅스 라이프〉는 빨라야 1998년 말이나 되어야 개봉될 예정이었다. 〈토이 스토리〉 이후 거의 3년 만이었다. 우리는 앞으로 나올 영화들의 제작 시기를 결정해야 했다. 이것은 네 개의 축 가운데 하나인 '영화를 더 자주 만든다'와 자연스럽게 연결되었다. 문제는 얼마나 자주 만들 것인가였다.

"일장일단이 있어요." 나는 어느 날 저녁 스티브와의 통화에서 이렇게 말했다. "영화를 더 자주 개봉할수록 창작물의 품질에 대해 더 많은 위험을 감수해야 해요. 반대로, 제작 빈도가 떨어질수록 픽사의 재무적 생존 능력에 대해 더 많은 위험을 감수해야 하고요."

"어느 정도의 출시 속도면 사업적 리스크가 줄어들까요?" 스티브는 물었다.

"수치를 보면 적어도 일 년에 영화 한 편씩을 출시하는 게 답이에요. 일 년에 두 편이라면 더 좋겠지만 우리 상황에서 그 수준에 도달하기는 어렵겠죠."

우리는 픽사에서 만나 이 문제를 에드와 상의했다. "너무 무리한 도약이에요. 스토리 팀은 일 년에 한 편씩 만들 준비가 되어 있지 않아요." 에드는 말했다.

종종 픽사의 '두뇌위원회'라고 일컬어지는 스토리 팀은 존 래시터,

앤드루 스탠턴, 피트 닥터, 조 랜프트로 이루어져 있었다. 〈토이 스토리〉의 편집자 리 언크리치Lee Unkrich도 핵심적인 역할을 수행했다. 그들은 모두 〈토이 스토리〉 제작의 구심점이었으며, 앞으로 큰일을 해낼 사람들이었다. 존의 천재성은 훌륭한 영화를 만드는 능력만이 아니라 인재를 알아보고 그들도 똑같은 일을 할 수 있게 키워 낼 능력까지 갖추었다는 데에 있었다. 스티브, 에드와 나는 스토리 팀을 "존 래시터 애니메이션 감독 학교"라는 애칭으로 부르기도 했다.

하지만 새로운 감독을 길러 내기에는 시기상조였다. 단 한 편의 영화를 만들어 본 입장에서 감독 양성에 시간이 얼마나 걸릴지 확신할 수 없었다. 더욱이 영화마다 예술 및 기술적 역량과 제작 능력을 갖춘 인재들이 다수 필요했기 때문에, 충분한 인원을 채용해 제작 규모를 확대하기까지 얼마나 많은 시간이 소요될지도 알 수 없었다. 〈토이 스토리〉를 만드는 동안 픽사의 직원 수는 대략 150명 정도였다. 하고 있는 작업에 비해 우스꽝스러울 정도로 적은 숫자였다. 이 숫자를 대폭 늘려야만 했다.

"제가 보기에 다들 일 년에 한 편이라는 빈도를 주저하는 것 같군요." 나는 말했다. "하지만 2년에 한 편으로는 도저히 계산이 나오지 않아요. 혹시라도 영화 한 편이 잘못되면 자그마치 4년 동안 정체기를 겪어야 한다는 뜻이니까요. 상승 동력을 너무 많이 잃어버리게 돼요."

또 하나의 옵션은 18개월에 한 번씩 영화를 출시하는 방법이었다. 매년 영화를 출시하는 경우에 비해서는 타산이 맞지 않았지만 그래도 한 해는 여름 개봉, 다음 해는 겨울 개봉, 이런 식으로 중요한 개봉 시기를 두 번 맞출 수 있었다. 이전보다 더 큰 히트작을 내놓아야 할 것이고, 만약 실망스러운 반응이 나온다면 돌아올 타격이 더 커질 것이다. 하지만 18개월에 한 번씩 영화를 출시한다는 계획은 납득할 만했고, 우리는 거기서 합의를 보았다.

18개월에 한 편씩 영화를 내놓으려면 무엇이 필요한지 계획하다 보니, 픽사의 규모를 적어도 서너 배로 키워야 한다는 게 분명해졌다. 그 시점부터는 필요한 인재를 어디서 찾을 것인가가 숙제가 되었다. 픽사 직원들 수준의 예술적 재능, 애니메이션 능력, 기술적 역량을 갖춘 인재는 드물었고 복제해 내기도 거의 불가능했다. 인재 풀을 곱절로 늘리는 것은 아무도 없는 상태에서 월드시리즈 야구 우승 팀 두세 개를 꾸리려는 것과 같았다. 적절한 인재를 발굴하고 채용할 수 있는 완벽한 스카우트 시스템이 필요했다.

나는 레이철 한나Rachel Hannah를 영입해 채용 업무를 일임했다. 레이철은 주변 사람들까지 전염시키는 뜨거운 열정으로 세계 최고의 애니메이션, 기술, 예술 분야에서 필요한 인재를 발굴해 올 수 있는 시스템들을 솜씨 좋게 정착시켰다. 신규 입사자들이 되도록 빨리 능률적으로 일할 수 있도록 에드는 픽사대학교 설립에 대한 비전을 살려 이를 구성하는 작업에 착수했고, 랜디 넬슨Randy Nelson을 영입해 실무를 맡겼다. 그 둘은 힘을 합쳐 신입 및 기존 픽사 직원들을 교육할 완전한 사내 교육 기관을 구축했다. 픽사대학교의 비전은 단순한 전문성 개발과 훈련에 국한되지 않았고, 픽사의 창의적 깊이와 역량을 진화시키고 영속시켜줄 폭넓은 예술 교육을 망라했다.

우리는 또한 디즈니 임원 출신인 세라 맥아더Sarah McArthur를 영입해 픽사의 제작 팀을 이끌게 했다. 세라는 〈미녀와 야수〉와 〈라이온 킹〉에서 핵심적인 역할을 했고, 월트 디즈니 피처 애니메이션의 제작 부문 수석 부사장을 역임해 업계 내에서 명성이 드높았다. 그녀는 픽사가 낚은 대어였다. 〈토이 스토리〉의 성공이 아니었다면 넘보지도 못했을 인재였다.

그러나 창작물의 품질을 높이는 문제에 이르자, 픽사의 미래에 중대한 의의를 갖는 두 번째 이슈가 기다리고 있었다. 바로 창작 과정에서의 선택을 누가 승인할 것인가 하는 문제였다. 픽사에 처음 합류했을 때만 해도 나는 이러한 결정의 중요성을 인식하지 못했다. 이제는 그게 무엇보다도 두려운 부분이었다. 영화가 창작 과정에서 잘못된 길로 들어서게 될 가능성이 얼마나 큰지 알게 되었을 때 나는 큰 충격을 받았다.

각 영화는 '피치pitch' 혹은 '트리트먼트treatment'와 함께 시작된다. 이것은 영화의 내용에 대한 간략한 비전을 말한다. 〈벅스 라이프〉의 경우, '사악한 메뚜기 떼에게서 개미 왕국을 구출하는 부적응자들에 관한 영화'와 같은 식으로 정리할 수 있다. 피치는 스토리의 기본 요소와 주요 캐릭터에 대한 요약으로 이어진다. 그 피치가 강점이 있다고 판단되면 이야기를 발전시키고 프로젝트를 진행할 수 있도록 제작 기금이 할당된다.

피치는 영화 제작 과정에서 줄줄이 거치게 되는 창작 검문소의 시작에 불과했다. 스토리보드, 대본, 캐릭터 디자인, 원화, 각 캐릭터의 컴퓨터 모형, 캐릭터의 목소리 연기를 맡을 배우, 영화에 필요한 시퀀스의 개수, 그 시퀀스를 애니메이션화하는 방식, 악보와 노래, 영화 제목, 심지어 영화의 길이까지 누군가가 승인해 주어야 했다.

게다가 제작 과정에서 이런 승인은 여러 차례 되풀이될 수밖에 없었다. 창조적 비전은 완성된 형태로 툭 튀어나오지 않는다. 서서히 진화하고 이리저리 흐르며 어쩌다 발을 헛디뎌 결실을 맺는 경우가 비일

비재하다. 영화 한 편당 4천 장의 스토리보드 그림도 영화 제작 과정에서 각각 대여섯 번씩 다시 그려지는 게 보통이었다. 이러한 작업의 승인을 누가 담당할 것인가? 우리는 투자자들의 돈 1억 달러 이상을 영화 제작에 투자할 생각이었다. 따라서 모든 것을 책임감 있게 살펴야만 했다.

디즈니는 창작에 관련된 의사결정을 위해 잘 다듬어진 시스템을 갖추고 있었다. 제프리 캐천버그(디즈니를 떠나기 전까지), 피터 슈나이더, 톰 슈마허 등 디즈니의 임원들은 창작 프로세스의 모든 단계에 관여했다. 디즈니의 애니메이션 영화감독들과 고위 간부들 사이에는 매우 뚜렷한 보고 체계가 있었고, 간부들의 승인 없이는 조금도 작업을 진행할 수 없었다.

디즈니가 왜 이런 식으로 일하는지는 이해하기 쉬웠다. 창작 과정에서 저질러진 실수는 수정하는 데 매우 큰 비용이 들 수 있다. 제작이 한창 진행 중인데 줄거리나 주요 등장인물에 전면적인 변화가 생길 경우, 변경의 잔물결이 영화의 모든 측면에 영향을 미친다. 계획에 없던 비용 수백만 또는 수천만 달러가 깨지는 건 순식간이다. 임원 대부분은 이런 위험을 감수할 여력이 없기 때문에 창작 프로세스를 엄중히 감시하고 싶어 한다. 사실 나는 왜 그렇게 많은 엔터테인먼트 회사들이 과감하게 창작적 위험을 감수하려 들지 않는지 그제야 이해가 되기 시작했다. 경영진은 위험한 실험 대신 안전한 길을 선호하면서, 창작 개발 과정을 철저히 통제하는 경우가 많았다.

픽사에 대한 이해관계가 커지자, 픽사의 창작 프로세스가 엇나가지 않도록 경영진 차원에서 어떤 형태로든 관리 감독 수단을 갖추어야 한다는 압박감도 커졌다. 지금까지는 소규모의 스토리 아티스트 그룹을 데리고 영화를 한 편 출시한 수준이었다면 조만간 영화 한 편당 제작 예산이 1억 달러에 육박하기 시작할 전망이었다. 우리는 크리에이티브 팀에게 어느 정도의 자유를 허용해야 할지 걱정스러웠다.

나와 에드, 스티브는 어느 금요일 스티브가 픽사에 와 있는 동안 이 문제를 존과 함께 논의했다.

"여러분의 우려는 이해합니다. 충분히 이해해요." 존은 말했다. "하지만 우리가 안전한 영화를 만들려는 건 아니잖아요. 스토리와 애니메이션에서 끊임없이 장벽을 넘어서고 싶은 거죠. 우리 스토리 팀은 어디와도 비교 불가예요. 놀라운 비전과 깊이를 갖추고 있죠. 우리는 스토리 팀을 믿어야 해요."

"디즈니는요?" 스티브는 물었다. "디즈니도 훌륭한 영화를 만들지만 제프리 캐천버그 같은 임원이 크리에이티브 부문을 감독하잖아요."

캐천버그는 〈인어공주〉, 〈알라딘〉, 〈라이온 킹〉 등 수많은 영화의 제작을 관장하며 디즈니의 부활을 끌어낸 인물이었다. 당시에는 디즈니를 떠나 드림웍스에서 자신의 애니메이션 스튜디오를 만들어 가고 있었다.

하지만 존에게 제프리 캐천버그의 이야기를 꺼낸 것은 돌진하는 황소에게 빨간 망토를 보여 준 것이나 다름없었다. 캐천버그가 드림웍스에서 처음 제작한 장편 애니메이션은 픽사의 차기작처럼 개미를 주인공으로 했다. 픽사 사람들은 캐천버그가 픽사 영화의 콘셉트를 들은 후 작품 아이디어를 구상했다고 생각했다.

"우린 캐천버그처럼 영화를 만들지 않아요." 존은 재빨리 쏘아붙였다. "우리에겐 놀랍고 독창적인 이야기를 만들 아이디어가 있으니까요. 독창적인 작품을 만들 수 있는 제작자는 아주 드물어요. 우리에겐 그럴 역량이 있고, 그게 바로 우리가 해야 할 일이에요."

"그럼 창작에 관련된 의사결정 프로세스가 어떻게 진행되어야 한다고 생각하세요?" 내가 물었다.

"영화는 가슴에서 우러나와야 해요." 존은 설명했다. "단순히 오락거리를 제공해 주는 차원이 아니라, 관객들이 정서적으로 공감할 만한 이야기를 들려줘야 하죠. 그러려면 마음을 담아 영화를 만들어야 해요. 영화가 감독 개개인에게 의미 있게 다가오도록 해야 한다는 뜻이에요."

존의 목소리에 담긴 열정과 확신이 너무나 강렬했던 나머지 나는 그의 말에 감동하지 않을 수 없었다. 그는 말하는 동안 자기 가슴에 손을 얹었었다.

"스토리 팀을 믿어 주세요." 그는 말을 이었다. "우리의 마음이 전해질 수 있게요."

"그러니까 지금 하시는 말씀은 어떤 위험에도 불구하고 크리에이티브 팀을 믿어야 한다는 이야기군요." 스티브는 말했다.

"네." 존이 대답했다. "무리한 요구인 줄은 알지만 그래야 한다는 게 제 생각이에요."

존의 요구는 어디에도 전례가 없는 일이었다. 그는 모든 창작 접근법을 픽사 스토리 팀의 손에 맡겨 주기를 원했다. 그런 일은 전무후무했다. 디즈니도 그렇게 한 적이 없었다. 그리고 실제로 자기 영화에 대해 완벽한 통제권을 가진 소수의 할리우드 감독들조차 오랜 기간에 걸쳐 상징성 있는 영화를 만든 선례가 없었다. 픽사는 이제 한 편의 영화를 출시했을 뿐이고, 앞으로 활약할 픽사의 감독들 대다수가 장편 영화 감독은 처음일 것이다. 우리가 그들에게 창작과 관련된 의사결정 권한을 제한 없이 부여할 경우, 궁극적으로 생산 과잉을 초래해 재정적 어려움에 빠질 수 있을 뿐만 아니라, 할리우드 풋내기 티를 낸다고 받아들여질 우려가 있었다.

존이 회의실을 나간 후, 스티브는 에드에게 의견을 물었다.

"픽사가 단편 영화부터 〈토이 스토리〉까지 존이 설명한 방식대로 작업해 온 건 사실이에요." 에드는 말했다. "이제 더 많은 영화를 만들려고 애쓰는 중이고 제작 예산이 올라가다 보니 리스크가 높아진 것뿐이죠. 하지만 존의 생각을 진지하게 받아들일 필요가 있어요. 영화사들은 안전을 위해 스토리를 희생시키는 경우가 너무나 많거든요."

우리는 선택지들을 하나씩 짚어 보았다. 첫 번째는 우리가 직접 영화 제작 과정에 더 깊이 관여하는 방법이었다. 픽사의 회장단이 픽사가 만드는 영화에 참견하는 걸 불합리하다고 생각할 사람은 아무도 없었다. 특히 할리우드 기준으로는 매우 당연해 보였으나, 우리에게는 창작 과정에서의 선택을 판단할 만한 경험이나 자격이 전혀 없다는 사실을 스스로 너무나 잘 알고 있었다.

물론 누구나 가질 수 있는 개인적인 취향과 의견 정도야 있었지만 스토리를 평가하는 것은 그 나름의 깊이와 예술성, 체력이 필요한 일이었다. 영화에 대한 개인적인 관점과 전문적인 비평은 천지 차이였다. 시도해 보면 어떨까 하는 유혹도 느껴졌지만 스토리를 직접 이끌 수 있다는 확신이 들지 않았다.

두 번째 옵션은 조금 더 솔깃했다.

"누군가를 고용해서 픽사의 창작적 선택을 감독하게 할 수도 있겠죠." 스티브는 제안했다. "〈토이 스토리〉를 성공시켰으니 이쪽 일에 도움이 될 만한 사람을 분명히 영입할 수 있을 거예요."

"디즈니의 조 로스Joe Roth 씨와 상의해 보세요. 그분이라면 아이디어가 있을 거예요." 내가 제안했다.

이후 며칠 동안 우리는 크리에이티브 담당 임원을 채용하는 방안을 검토하며 생각나는 인물들을 심사해 보았다. 하지만 확 끌리는 인물은 없었다. 애니메이션 쪽에서는 떠오르는 이름이 전혀 없었다. 애니메이션 분야의 유력 인물들은 이미 디즈니나 드림웍스에서 일하고 있었다. 잘해야 실사 영화 출신의 크리에이티브 임원으로 만족해야 하는 형편이었다.

내가 느끼기엔 또 다른 요인도 작용하는 듯했다. 크리에이티브 리더를 물색하는 데에 좀처럼 활력이 붙지 않았던 것은 단지 적임자를 찾지 못해서만이 아니었다. 존의 호소가 그만큼 심금을 울렸기 때문이었다.

스티브와 나는 어느 주말에 이 문제로 이야기를 나누게 되었다.

스티브가 먼저 말했다. "훌륭한 영화를 만들려면 응당 그래야 하는 것 아닐까요? 영화 제작자들의 가슴에서 우러나와야 한다는 것 말이에요. 굳이 다른 사람을 개입시켜 그걸 방해할 이유가 없지 않겠어요? 마감일과 예산이 아니라 창의적 비전에 초점이 맞추어져야죠."

"디즈니는 임원들의 감독하에서도 훌륭한 영화를 만들긴 했죠. 〈알라딘〉과 〈라이온 킹〉은 모두에게 사랑받잖아요." 나는 지적했다.

"하지만 디즈니에 존 래시터가 있던가요?" 스티브가 혼잣말처럼 중얼거렸다.

그것은 정곡을 찌르는 질문이었다. 디즈니에는 화려한 명성을 자랑하는 애니메이션 감독들이 포진해 있었지만 존과 그의 젊은 팀은 근본부터 달랐다. 그들은 컴퓨터 애니메이션이라는 완전히 새로운 매체로 이야기를 전달하는 방법을 사실상 새롭게 발명해 내고 있었다.

"그리고 우리는 목표로 하는 바도 달라요." 스티브는 덧붙였다. "진정으로 독창적인 영화, 누구도 보고 듣지 못했던 이야기를 전하는 게 목표니까요."

이 대목에서 최고재무책임자인 내가 했어야 할 일은 경비 초과에 따르는 엄청난 위험을 스티브에게 상기시켜 주고, 예산을 초과 집행했으나 실망스러운 박스오피스 실적을 거둔 것으로 악명 높은 영화의 사례를 열거하며, 크리에이티브 팀이 세멋대로 날뛸 경우의 위험성을 자세히 설명하는 것이었다. 그 무렵 나는 그런 사례들을 훤히 꿰고 있었다. 하지만 나는 그런 이야기를 꺼내지 않았다. 그러려고 픽사에 온 게 아니었다. 에드, 존, 픽사의 팀을 믿었기 때문에 그 자리에 온 것이었다. 그런데 막상 와서 보니 위험회피적 할리우드의 문화는 다소 충격이었다. 나는 영화 제작에 실리콘밸리다운 대범함을 조금 가미해도 괜찮지 않을까 생각했다.

게다가 존은 본인을 믿어 달라고 이야기하지 않았다. 스토리 팀과 그들의 프로세스를 믿어 달라고 요구하고 있었다. 그 프로세스가 제대로 굴러가려면 서로의 작업에 대한 가차 없는 비평이 얼마나 많이 필요한지, 그 비평을 듣기 위해서는 자존심을 내려놓을 용기가 얼마나 많이 필요한지, 그걸 가장 잘 아는 사람이 존이었다.

이 모든 정보를 종합해 보니 내 안의 스타트업 본능이 지금은 우리 팀을 믿어야 할 때라고 이야기하고 있었다. 그거야말로 실리콘밸리 스타일의 영화 제작 방법일 것이다. 보호막을 치지 않고 혁신에 모든 것을 거는 것, 위대함에 모든 것을 거는 것, 세상을 바꾸기 위해 도전하는 것.

"반드시 할리우드식으로 해야 할 필요는 없죠." 나는 말했다. "그 점에 있어서는 전적으로 찬성입니다."

하지만 존과 스토리 팀에게 창작 통제권을 이양하는 것은 이성적인 결정이 아니었다. 전통적인 접근법대로라면 "틀을 깨지 말라. 할리우드에서 해 오던 방식보다 더 잘할 수 있다고 믿는 건 순진해 빠진 생각이다."라고 이야기해야 마땅했다. 나는 픽사의 회장단 세 명이 창작 과정의 의사결정에 아무런 발언권이 없다고 밝히면 월스트리트가 어떻게 나올지도 궁금했다.

그다음 주 스티브가 픽사에 들렀을 때, 그는 에드와 나를 붙잡고 이 문제를 마지막으로 논의했다. 나는 에드와의 대화를 통해 에드의 마음이 이미 실리콘밸리식 접근법 쪽으로 기울었다는 사실을 알고 있었다.

"그러면 우리는 존과 스토리 팀을 신뢰하는 겁니다. 믿고 가는 겁니다." 스티브는 말했다.

"그래요." 에드가 대답했다.

"옳은 결정이에요." 나도 거들었다.

이 결정이 의미하는 바는 그 순간 이후로 픽사 영화에 대한 모든 크리에이티브적 결정이 존, 앤드루, 피트, 조와 그들이 육성하는 팀에 의해 내려진다는 것이었다. 스티브, 에드와 나는 픽사가 만드는 영화 내용에 대해 어떠한 의견도 내지 않고, 창작 프로세스에 대한 승인 권한을 행사하지도 않을 것이다. 존과 그의 팀이 로봇이 사랑에 빠지는 내용의 무성 영화를 만들고 싶다고 해도 우리는 간섭하지 않을 것이다.

영화 주인공을 제작 도중에 바꾸고 싶다고 해도 우리는 그 결정을 지지할 것이다. 사이드라인 밖으로 물러나 픽사의 크리에이티브 팀이 작업하는 모습을 지켜보고, 할 수 있는 범위 내에서 그들을 도와주고 지원하고 보살피기는 하겠지만 그들이 창작 과정에서 내리는 선택에 간섭하지는 않을 것이다.

나는 이 결정을 전적으로 지지했지만, 한편으로는 최고재무책임자로서 마른 침을 꿀꺽 삼켜야 했다. 우리가 제작 예산과 마감에 대한 통제력을 잃어버릴 수 있다는 뜻이었기에 이것은 대단히 위험천만한 조치였다. 실질적으로 우리는 창작 과정의 실수 때문에 예산과 마감일이 선로를 이탈할 때의 부정적인 측면보다 창작의 자유를 부여할 때의 긍정적인 측면이 더 크다고 평가하는 셈이었다.

혹자는 팀에 존 래시터 같은 사람이 있으면 창작 통제권을 이양하기가 쉽다고 이야기할 수도 있겠다. 하지만 내 경험상 그것은 어떤 경우에도 쉬운 일이 아니다. 픽사에게도 절대 쉽지 않았다. 픽사의 모든 영화 하나하나는 머리카락이 쭈뼛 서는 창작 과정에서의 위기를 거쳤고 계속해서 우리의 결정을 시험에 들게 했다. 뛰어난 창작은 실패라는 낭떠러지 위에서 추는 춤이며 안전함의 유혹에 맞서 벌이는 전투이다. 승리에는 지름길도, 공식도, 잘 닦여진 길도 없다. 끊임없는 시험이 있을 뿐이다.

하지만 나는 우리의 결정이 진심으로 자랑스러웠다. 우리는 인재들에게 진정한 자율을 보장해 주는 쪽을 선택했다. 픽사의 크리에이티브 리더들에게 우리가 그들을 신뢰한다는 신호를 보낸 것이었다. 이 접근법이 모든 회사에 적합하다고 말할 수는 없다. 하지만 생수, 모바일 게임, 컴퓨터 칩, 아니면 그 밖에 무엇을 만드는 회사든 창의적 요소에 대한 통제력을 누가 가질 것인가는 모든 팀이 내려야 할 가장 중요한 결정 중 하나라고 말할 수 있다. 두려움과 자존심 때문에 창의력의 고삐를 바싹 잡아당기고 싶은 유혹이 들고, 안전 때문에 창의적 영감이 뒷전으로 밀려나기도 쉽다. “스토리가 왕이다”라는 원칙을 내세우는 것과 그것을 오롯이 실천하는 것은 완전히 별개의 문제다.

19
계약 분석

달력이 1996년으로 넘어갈 무렵, 픽사는 하나가 아닌 두 편의 영화를 제작할 수 있는 조직 체계를 갖추었다. 〈벅스 라이프〉 제작이 본격적으로 진행 중이었고, 〈토이 스토리〉의 속편인 〈토이 스토리 2〉에 대한 작업도 시작되었다.

〈토이 스토리 2〉는 극장 개봉 없이 가정용 비디오 시장에 직접 출시될 예정이었다. 디즈니는 최근 몇 년간 〈알라딘〉의 속편인 〈자파의 귀환〉 같은 비디오 전용 영화를 내놓으며 큰 성공을 거두어 왔다. 속편은 광범위한 극장 배급의 혜택을 누리지 못하기 때문에, 수지타산이 맞으려면 오리지널 영화보다 훨씬 더 적은 비용으로 제작되어야 했다.

나는 예전부터 픽사가 비디오 전용 영화 출시를 합리화시킬 수 있을 만큼 영화 제작 비용을 충분히 줄일 수 있을지에 대해 회의적이었다. 우리는 〈토이 스토리〉 비디오 게임의 제작을 시도하는 과정에서도 비슷한 난관에 봉착하고 있었다. 게임은 훌륭했지만 제작 비용이 엄두도 못 낼 만큼 높았다. 디즈니는 전통적인 애니메이션의 속편을 비교적 저렴하게 만드는 요령을 연마해 왔지만 픽사에는 저비용 컴퓨터 애니메이션을 만들 방법이 없었다.

〈토이 스토리 2〉의 또 다른 문제점은 디즈니와의 계약 기간을 연장시킨다는 데에 있었다. 속편은 우리가 계약에 따라 인도해야 할 세 편의 오리지널 영화 중 하나로 간주되지 않았다. 나는 그 계약에서 벗어날 방도를 모든 각도에서 찾고 있었는데, 이렇게 되면 오히려 계약 기간이 늘어날 뿐이었다.

하지만 속편 제작은 성장 동력을 키우는 효과가 있었다. 픽사의 크리에이티브 팀과 제작 팀은 영화 개봉작보다 더 빠르게, 더 적은 비용으로 속편을 제작할 방법을 어떻게든 찾을 수 있으리라 생각했다. 이것은 하다못해 보유 비용 문제를 해결하는 데라도 도움이 되었다. 작업하는 영화도 없이 놀고 있는 제작 팀 직원들에게 비용을 지급하는 낭비를 방지할 수 있다는 뜻이다. 어쨌든 이론상 극장용 영화보다 훨씬 적은 시간이 걸릴 거라는 판단하에 우리는 속편 제작에 도전해 보기로 결정했다.

그러는 사이 스티브와 나는 사업 계획의 네 가지 축 가운데 하나인 '우리 몫의 영화 수익 늘리기'로 관심을 돌렸다. 이 문제는 영화 배급 계약 조건과 직접 맞물려 있었다. 현재는 디즈니와의 계약이었지만 앞으로는 디즈니를 비롯해 유니버설, 폭스, 패러마운트, 워너브라더스, 컬럼비아 등 모든 대형 스튜디오가 그 대상일 수 있었다.

두 세대 동안 이 영화사들은 영화 배급 사업을 지배해 왔다. 방대한 네트워크를 갖춘 그들만이 영화를 전 세계 곳곳의 영화관에 배급할 수 있었다. 대형 영화는 미국 내에서만 2,500개에서 3,000개에 이르는 영화관에서 개봉된다. 이런 파급력을 갖추기 위해 픽사는 대형 영화사 중 한 곳과 계약을 체결해야만 할 것이고, 그 계약서에는 픽사 몫의 수익은 물론 우리의 또 다른 축인 브랜딩에 관한 조건도 기술되어 있을 것이다. 우리 영화를 픽사 브랜드로 유통하려면 어느 영화사가 우리 영화를 배급하든 그에 대한 합의가 필요했다.

우리의 선택은 디즈니와의 기존 계약을 잘 참고 견딘 후에 디즈니 혹은 다른 대형 영화사와 새로 계약을 맺든지, 디즈니와의 계약을 지금 재협상하든지, 둘 중 하나였다. 기존 계약을 잘 참고 견딜 경우, 계약 종료 시 최대의 유연성을 확보할 수 있지만 그러기까지 길게는 8년이 걸릴 수 있었다.

간단히 말해, 픽사에게 어느 쪽이 더 나은가를 평가해야 하는 문제였다. (이게 선택할 수 있는 방법인지조차 모르겠으나) 디즈니와 지금 재협상할 것인가? 아니면 나중에 디즈니 혹은 다른 영화사와 새로운 계약을 체결할 것인가? IPO 때와 마찬가지로 스티브와의 대화에서 이 주제에 할애되는 시간이 많아지기 시작했다.

"디즈니와 재협상하는 방향으로 움직이려면 〈토이 스토리〉 성공의 여운이 아직 신선하게 남아 있는 지금부터 당장 진지하게 생각을 해봐야 해요." 1996년 1월 초의 어느 날 밤 나는 스티브에게 제안했다.

"아니면 다른 영화사와 자유롭게 협상하고 최고의 배급 파트너를 선택할 수 있는 유연성이 확보될 때까지 기다리는 게 나을 수도 있겠죠." 스티브는 말을 받았다.

우리 중 누구도 디즈니와 접촉해 계약 내용 변경을 시도하는 게 옳은지, 한다면 언제가 좋은지 자신하지 못했다. 우리가 이해한 건 지금 디즈니와 재협상을 한다면 다음 두 편의 영화에 대해 더 나은 조건을 얻어 낼 수 있겠지만, 만약 기다린다면 나중에 그 계약으로부터 자유로워졌을 때 그보다 더 나은 조건을 얻어 낼 수도 있다는 사실이었다.

우리는 여러 차례 의견을 바꾸며 공방을 계속했다. 미래의 옵션을 포기하는 게 아무렇지도 않을 만큼 강력한 계약 조건을 협상해 낼 수 있다고 확신하는 경우에만 지금 행동을 취하는 것이 타당했다. 하지만 우리가 그걸 어떻게 알겠는가?

이런 종류의 평가를 쉽게 내리는 공식은 없다. 비즈니스 관계에서, 아니 따지고 보면 거의 모든 인간관계에서 변화를 이끌어 내는 능력을 좌우하는 두 가지 요소가 있다. 바로 레버리지와 협상력이다.

레버리지leverage란 교섭력을 의미한다. 자신에게 유리한 쪽으로 변화를 이끌어 낼 수 있는 힘이다. 레버리지가 클수록 원하는 것을 얻을 가능성이 높아진다. 포커에서 레버리지는 손에 들고 있는 패의 실제 힘과 동급이다.

이에 반해 협상력negotiation이란 주어진 레버리지 하에서 가능한 최선의 조건을 뽑아내기 위해 사용하는 전술을 지칭한다. 포커로 치면 패를 놓는 방식이다. 용기, 두려움, 끈기, 신뢰성, 창의력, 차분함, 협상을 접고 물러날 의지, 비합리적인 행동까지 감수할 의향 등 모든 것이 협상력에 영향을 끼친다. 훌륭한 협상가는 변변찮은 협상가에 비해 같은 레버리지를 더 효과적으로 이용하는 능력이 있다.

디즈니와의 최초 계약에서 픽사는 레버리지와 협상력 양쪽 모두에서 열악한 모습을 보였다. 픽사는 그때 막 하드웨어 사업을 접은 상태였고 그저 살아남기 위해 고군분투하고 있었으며 장편 영화를 만들어 본 적이 없었기 때문에 레버리지가 크지 않았다.

협상력이라는 측면에서 나는 스티브가 드문 경우지만 순간적으로 방심했다고 느꼈다. 그러나 그것은 이미 4년도 더 지난 일이었다. 스티브는 "한 번 속는 것은 상대방 탓이지만 두 번 속는 것은 내 잘못"이라는 격언을 곧잘 인용했다. 4년 전에 벌어진 일은 두 번 다시 되풀이되지 말아야 했다.

디즈니와의 계약에서 유리한 쪽으로 협상하기 위해서는 지금 우리가 가진 레버리지가 어느 정도인지를 파악할 필요가 있었다. 디즈니에게 섣불리 다가갔다가 뒷받침해 줄 힘이 없으면 곧바로 정중하게, 아니 어쩌면 별로 정중하지 않게 그 자리에서 묵살당할 수 있었다.

1996년 1월 말의 어느 금요일 스티브가 픽사에 왔을 때 우리는 내 사무실 옆의 작고 창문 없는 회의실로 들어갔다. 픽사가 디즈니와의 관계에서 어떤 입지를 갖고 있다고 생각하는지 의견을 나누기 위해서였다.

우리는 여느 때처럼 화이트보드에 주요 항목을 기록했다. 회의실 앞쪽에 목재로 테를 두른 화이트보드가 하나 비치되어 있었다. 전에도 논의했던 항목들이었지만 이렇게 한곳에 모아놓고 보면 도움이 되었다. 스티브는 화이트보드 펜을 가져다 두 개의 단을 만들고 각각 디즈니와 픽사라고 썼다. 디즈니라고 쓰인 단에는 디즈니에게 레버리지를 주는 항목들을 적었다. 픽사라고 쓰인 단에는 픽사에게 유리한 항목들을 적었다.

디즈니에게 유리한 항목 하나: **계약을 변경해야 할 의무가 없음.**

"아시다시피 디즈니가 우리와의 재협상에 나서도록 강요할 방법은 없어요." 스티브는 말했다. "세 편의 영화를 만들기로 계약을 했고, 디즈니는 단지 그러고 싶다는 이유만으로 그 계약을 고집할 수 있어요."

"앞으로 두 편의 영화를 만들 동안 우리는 발이 묶인 상태죠." 내가 덧붙였다. "디즈니가 수익 대부분을 가져가고, 계약이 끝날 때까지는 다른 영화사와 협의도 불가능해요. 디즈니 입장에서는 훌륭한 계약인데, 무엇 때문에 바꾸려 하겠어요?"

스티브는 디즈니 쪽에 두 번째 항목을 추가했다: **컴퓨터 애니메이션에 직접 투자할 수 있음.**

〈토이 스토리〉의 영향으로 디즈니는 컴퓨터 애니메이션에서 자사의 잠재력을 검토해 보게 되었다. 그들은 물색할 수 있는 최고의 인재를 영입해서 자체 역량을 개발할 수 있다고 얼마든지 결론 내릴 수 있었다.

"디즈니가 컴퓨터 애니메이션에 대대적으로 투자할 경우, 우리와의 계약 연장에 흥미를 잃을 수도 있어요." 스티브는 말했다.

"디즈니는 그럴 만한 자원이 풍부해요." 나는 덧붙였다. "게다가 시간적 여유도 있죠. 픽사와 맺은 계약이 몇 년 동안 부표 역할을 해 줄 것이고, 그러는 사이에 자체적으로 컴퓨터 애니메이션 역량을 키울 수 있으니까요. 그쪽이 필요로 하는 소요 시간을 우리가 제공해 주는 셈이에요."

디즈니 입장에서는 이보다 완벽한 전략이 없었다. 더는 필요 없을 때까지 픽사를 이용해 어려운 시기를 넘기고, 그러는 내내 최대의 수익을 거두어들인다. 그렇게 해서 자체적인 컴퓨터 애니메이션 기술을 갖춘 다음, 픽사와의 관계를 정리해 버리면 그만이었다.

"디즈니 밑에 적어야 할 또 하나의 항목이 있어요." 나는 덧붙였다. "애니메이션 영화에 대한 전문성을 고려할 때, 디즈니는 다른 어느 영화사보다 자신들이 픽사에 줄 수 있는 게 많다고 틀림없이 자인하고 있을 거예요."

스티브는 디즈니 쪽에 이렇게 적었다: **픽사가 가진 다른 옵션들이 미흡함.**

디즈니가 장편 애니메이션 영화를 배급하는 데에 다른 누구보다 뛰어나다는 것은 분명했다. 장난감, 옷, 브랜드 소품 등을 양산하고 판매하는 역량은 타의 추종을 불허했다. 영화와 그 캐릭터들을 소개할 수 있는 최고의 테마파크까지 갖추고 있었다. 게다가 애니메이션 영화에 디즈니 브랜드가 찍혀 있으면 다른 어떤 영화사도 제공할 수 없는 특별함이 부여되었다. 픽사가 달리 어디서 그런 유통 영향력을 찾을 수 있단 말인가? 디즈니는 자신들이 픽사를 필요로 하는 것보다 훨씬 간절히 픽사에 디즈니가 필요하다고 결론짓는 게 당연했고, 그게 옳을 수도 있었다. 이것은 확실히 우리의 레버리지를 갉아먹는 요인이었다.

그다음으로 스티브는 디즈니 쪽에 이렇게 추가했다: **픽사는 히트작이 하나뿐임.**

"우리는 히트작이 하나밖에 없어요. 반복해서 히트작을 낼 수 있음을 증명하기 전까지 디즈니가 계약 변경을 주저할 수 있죠." 스티브는 말했다.

히트작이 하나뿐인 경우는 이런 문제점이 있었다. 한 번의 히트는 실적으로 내세우기에 부족했다.

"디즈니에게 유리한 점이 또 없나요?" 스티브는 물었다.

"이미 논의했던 내용이긴 한데, 어쩌면 애니메이션에 대한 아이스너의 관심이 시들해지고 있는지도 몰라요. 얼마 전에 거액을 들여

ABC를 인수하는 승부수를 던졌잖아요. 거기엔 ESPN이 포함되고요. 애니메이션은 그에게 점차 부차적인 사업이 되어 가고 있을 수도 있어요." 나는 말했다.

마이클 아이스너는 디즈니의 최고경영자였다. 그는 변덕스럽고 심중을 파악하기 어려운 사람이라는 평판이 자자했다. 그가 애니메이션을 크게 개의치 않을 수도 있다는 주장은 조금 설득력이 떨어지지만, 애니메이션보다 텔레비전과 다른 매스컴에 관심이 더 클 가능성은 있었다. 그는 ABC 인수에 190억 달러를 썼다. 어쩌면 그것은 디즈니의 새로운 방향성을 보여 주는 움직임일 수도 있었다.

스티브는 디즈니 쪽에 이렇게 썼다: **애니메이션의 우선순위가 밀리고 있을 가능성이 있음.**

이제 디즈니의 레버리지 목록은 다음과 같이 채워졌다.

디즈니

- **계약을 변경해야 할 의무가 없음**
- **컴퓨터 애니메이션에 직접 투자할 수 있음**
- **픽사가 가진 다른 옵션들이 미흡함**
- **픽사는 히트작이 하나뿐임**
- **애니메이션의 우선순위가 밀리고 있을 가능성이 있음**

위 요소 중 어느 하나도 픽사에는 그리 좋은 징조가 아니었다. 종합해 보면 픽사의 레버리지에 대한 전망은 암울했다. 모든 교섭력은 디즈니가 가지고 있고, 픽사는 코끼리 몸통에 달라붙은 파리에 불과하다고 이야기할 수 있을 정도였다. 디즈니는 우리가 쓸모 있는 동안만 주변에 날아다니도록 내버려 두다가 언제라도 찰싹 때려 없애 버릴 수 있었다.

하지만 아직 우리에게는 픽사 단이 남아 있었다.

픽사 쪽에 스티브가 쓴 첫 번째 항목은 이랬다: **제작비를 부담할 수 있는 IPO 자금.**

"이제 우리는 제작비를 스스로 부담할 수 있어요. 디즈니가 모든 비용을 댈 필요가 없죠." 스티브가 말했다.

그게 우리가 IPO를 한 이유였다. 돈이라면 이제 우리도 꽤 있었다. 우리는 픽사의 다음 영화 제작비가 5천만 달러에 육박할 수 있고, 이후의 영화는 그보다 더 들 거라 전망했다. 우리가 절반을 부담하겠다고 제안한다면 분명히 디즈니의 관심을 끌 것이다.

그다음 내가 두 번째 항목을 보탰다: **〈토이 스토리〉의 성공**. 스티브가 그것을 받아 적었다.

"〈토이 스토리〉가 그렇게 성공할 줄은 아무도 예상치 못했죠. 특히 디즈니는요." 나는 말했다.

〈토이 스토리〉는 극장에서 여전히 상영 중이었고 미국 내 박스오피스 1억 7천만 달러를 넘기며 디즈니의 예상을 훌쩍 뛰어넘었다. 디즈니 입장에서는 충격적이게도 컴퓨터 애니메이션이라는 기묘한 실험이 주류로 부상해 버렸다. 사람들은 픽사가 영화 전체를 만들었다는 사실을 모를 수도 있었지만 디즈니는 알고 있었고, 이 때문에 픽사와 컴퓨터 애니메이션을 지엽적인 문제로 치부해 버리기가 더 곤란해졌다.

"이것만으로는 디즈니가 재협상에 나서도록 강제할 수 없지만 적어도 픽사의 비위를 맞춰 주는 쪽으로 마음이 기울게 만들 힘은 있어요." 나는 덧붙였다.

할리우드의 초특급 변호사이자 이제 픽사의 이사회 일원인 스킵 브리트넘은 할리우드에서 성공이 어떻게 위력을 발휘하는지 이야기한 적이 있었다. 그의 말이 진실이라면 픽사라는 별은 요즘 어느 때보다도 밝게 빛나고 있었다. 이 점은 우리에게 어느 정도 레버리지를 부여해 줄 것이다.

"드림웍스 요인도 있어요." 나는 하나 더 꼽았다.

드림웍스는 1994년에 제프리 캐천버그가 월트 디즈니 컴퍼니에서 물러난 후 설립한 회사였다. 잘 알려진 대로, 그를 사장으로 진급시키지 않은 최고경영자 마이클 아이스너의 결정에 대한 반발이 사임 이유였다. 월트 디즈니 스튜디오 사업부의 회장으로서 캐천버그는 디즈니의 애니메이션 사업을 회생시킨 장본인이었다. 그랬던 그가 스티븐 스필버그 및 데이비드 게펜과 함께 설립한 드림웍스의 비전은 실사 영화를 제작하고 디즈니와 정면으로 격돌할 새로운 애니메이션 스튜디오를 구축하겠다는 것이었다.

픽사에게 드림웍스가 갖는 의미는 두 가지였다. 첫째, 드림웍스 애니메이션은 픽사의 잠재적 경쟁자다. (당면한 논의에 있어서 더 중요한) 두 번째 의미는 드림웍스가 디즈니에게 경쟁 위협이 되기 때문에 디즈니는 픽사를 가급적 자기편으로 만들고 싶어 할 수 있다는 것이었다. 60년 동안 경쟁자가 없던 디즈니로서는 애니메이션 분야에 심각한 경쟁자를 하나도 아니고 둘이나 만드는 위험을 감수하느니 픽사를 자기네 진영에 두는 것이 더 나은 선택이었다.

"캐천버그는 애니메이션 사업에서 디즈니를 간절히 꺾고 싶겠죠." 스티브는 말했다. "디즈니 입장에서 그는 눈엣가시 같은 존재예요. 만약 아이스너가 픽사를 다른 영화사에 빼앗기고 드림웍스가 애니메이션에서 성공한다면 아이스너는 애니메이션 사업을 말아먹은 디즈니 CEO로 기억될 수도 있어요."

스티브는 픽사 쪽에 이렇게 썼다: **드림웍스는 디즈니에게 위협.**

그러더니 스티브는 또 하나의 항목을 추가했다: **기다릴 경우 더 좋은 조건으로 계약 가능.**

"지금 디즈니와 담판 짓지 않을 경우, 우리는 나중에 이 계약이 끝날 때 더 좋은 조건으로 계약을 맺게 될 거예요. 그때는 픽사와 거래하고 싶어 하는 여러 영화사가 입찰에 나서겠죠. 수익의 80~90%까지 챙길 수 있을지도 몰라요. 지금 디즈니에게서 받을 금액보다 훨씬 많겠죠." 스티브는 말했다.

"그걸 너무 기대해서는 안 돼요." 나는 반박했다. "만약 다음 영화들의 실적이 좋지 않으면 나중에 더 불리한 조건을 감수해야 할 수도 있거든요. 이 항목은 우리에게 유리할 수도 불리할 수도 있어요. 오히려 디즈니와 지금 재협상할 경우, 당장 〈벅스 라이프〉부터 더 나은 조건을 얻어 낼 수가 있지만요."

"하지만 저는 디즈니와의 파트너십을 위해 우리가 지불할 수밖에 없는 프리미엄도 있다고 생각해요." 스티브는 덧붙였다. "아무래도 그쪽이 다른 대형 영화사들에 비해 애니메이션 관련 경험이 많아서겠죠. 우리가 나중에 다른 영화사와 계약한다면 이보다 더 유리한 조건을 얻어 낼 수도 있어요."

픽사가 디즈니와 거래 관계를 유지함으로써 프리미엄을 지불하게 된다는 의견에는 나도 동감했다. 아마도 다른 영화사에 주어야 하는 것보다 더 많은 수익을 디즈니가 가져가는 형태일 것이다. 아울러 다른 영화사와 맺게 될 계약 내용은 그때 가서 우리의 실적에 따라 달라지리라 생각했다. 하지만 그 점을 지금 강조할 필요는 없었다.

이제 표는 다음과 같은 모습이 되었다.

디즈니	픽사
• 계약을 변경해야 할 의무가 없음 • 컴퓨터 애니메이션에 직접 투자할 수 있음 • 픽사가 가진 다른 옵션들이 미흡함 • 픽사는 히트작이 하나뿐임 • 애니메이션의 우선순위가 밀리고 있을 가능성이 있음	• 제작비를 부담할 수 있는 IPO 자금 • 〈토이 스토리〉의 성공 • 드림웍스는 디즈니에게 위협 • 기다릴 경우 더 좋은 조건으로 계약 가능

앞으로 상황이 어떻게 전개될지 가늠하기는 어려웠다. 양쪽 모두 레버리지가 있었다. 하지만 지금 협상을 밀어붙여 유리한 조건을 얻어낼 수 있을 정도로 픽사의 레버리지가 충분할까? 나는 도전해 볼 만하다고 느꼈다. 어느 한 가지 항목만으로 디즈니를 협상 테이블로 불러내기에 충분했다. 그리고 지금 실현되지 않더라도 얼마든지 기다릴 의향이 있었다.

"한번 부딪쳐 봐야 한다고 생각해요." 나는 스티브에게 말했다.

"디즈니가 먼저 나서 준다면 더 좋을 텐데요." 스티브가 대답했다. "우리는 이제 막 이 엄청난 히트를 냈잖아요. 아이스너가 우리 비위를 맞추고 싶어 하지 않을까요?"

스티브의 말이 옳았다. 디즈니가 먼저 움직여 준다면 훨씬 좋을 것이다. 나약해 보이거나 절박해 보이고 싶지는 않았다. 나 역시 픽사가 먼저 행동에 나서는 게 불안했다.

"그러면 더 좋겠죠." 내가 맞장구쳤다. "하지만 알려진 바에 따르면 아이스너는 절대 그런 식으로 일하지 않을 거예요. 속내를 잘 드러내지 않으니까요. 디즈니가 픽사를 위해 더 구미 당기는 거래 조건을 제시할 마음이 있다고 해도, 지금은 전혀 급할 게 없는 상황이죠. 어쩌면 〈토이 스토리〉의 여운이 아직 환하게 빛나고 있을 때 우리가 먼저 행동에 나서는 게 맞는지도 몰라요."

"하지만 그쪽에서 거절한다면 관계에 나쁜 영향을 줄 수 있고, 다음 두 편의 영화를 만들기가 힘들어질 거예요." 스티브가 덧붙였다.

"저는 이 문제가 영화 제작에 영향을 주지 않았으면 좋겠어요." 나는 말했다. "비즈니스와 크리에이티브 관계는 별도여야 한다고요."

"우리가 먼저 접촉할 경우 원하는 것들을 짚어 봅시다." 스티브는 말을 이었다.

이것은 스티브와 내가 많은 이야기를 나눈 또 하나의 주제였다. 우리가 디즈니에게 먼저 접촉해 계약을 재협상하자고 제안할 경우, 우리가 원하는 게 무엇인지 명료하게 파악하고 있어야 했다. 이것은 협상 전략의 문제였다.

협상에서는 자연스럽게 입장 교섭positional bargaining에 빠지기 쉽다. 궁극적인 입장 외에 다른 입장을 따로 마련해 만일에 대비하는 행위다. 입장 교섭의 위험성은 어쩔 수 없이 대안적 입장을 염두에 두게 만들어, 당초 입장에 대한 확신을 약화시킨다는 데에 있다. 이것은 자기 자신과의 협상과도 같다. A안이 최적의 결과일 수 있는데 마음속으로는 B안에 정착하기로 자신을 이미 설득한 것이다.

스티브와 나는 둘 다 이런 식으로 협상에 접근하는 걸 지독히도 싫어했다. 우리는 차선책을 생각하지 않고 우리 입장을 전개해 나가는 방식을 선호했다. 스티브는 협상에서 얻고 싶은 걸 결정하고 나면 거기에 대해 종교적 신념에 가까운 집착을 보였다. 원하는 걸 얻지 못하면 다른 무엇도 그 자리를 대체할 수 없다고 생각했으므로, 그냥 자리를 나와 버렸다. 이것 때문에 스티브는 굉장히 강력한 협상가가 되었다. 그는 난공불락의 요새처럼 굳건하게 자기 입장을 고수했다. 그러나 이게 도를 넘다 보면 결국 아무것도 얻지 못할 위험이 있었다. 대안을 생각해 놓지 않을 거라면 원하는 바가 무엇인지 주도면밀하게 파악해 두어야 했다.

스티브는 화이트보드 펜을 다른 색으로 바꾸어 들더니 보드 한편에 이렇게 썼다: **새로운 계약.**

그 밑에는 이렇게 썼다: **1. 창작 통제권.**

"창작물의 운명에 대한 통제권이 필요해요." 스티브는 주장했다. "훌륭한 영화를 만들 역량은 이미 입증됐고요. 우리가 무한정 디즈니만 바라보며 창작 과정에서의 선택을 승인해 주길 기다릴 수는 없죠."

스티븐 스필버그나 론 하워드 같은 유명 감독을 제외하고, 다른 누군가에게 영화 제작 자금을 지원받는 독립 제작사가 창작 통제권을 갖는다는 이야기는 거의 들어 본 적이 없었다. 통제권은 비용을 부담하는 쪽이 가져가는 게 보통이었다. 우리는 픽사 내부적으로 창작 통제권을 존과 그의 팀에게 넘겨주기로 이미 결정했다. 이제는 그들에 대한 외부의 영향력을 줄여 주고 싶었다.

"우리가 영화 제작비를 댈 의향이 있다는 건 도움이 될 거예요." 나는 덧붙였다. "하지만 디즈니는 조금이라도 자금을 부담하는 한 이 부분을 신경 쓰겠죠."

그럼에도 우리는 둘 다 픽사의 미래를 위해 창작 통제권이 반드시 필요하다는 데에 동의했다.

"또 한 가지 반드시 얻어 내야 하는 건 유리한 개봉 시기예요." 나는 말했다.

영화는 언제 개봉하느냐가 매우 중요했다. 특히 고예산 가족 영화는 더욱 그랬다. 최적의 시기가 두 번 있었다. 초여름과 추수감사절이었다. 추수감사절 개봉 영화는 크리스마스까지 상영이 이어진다. 박스오피스 기회 면에서 다른 어떤 시기도 이와 견줄 수 없었다. 디즈니든 다른 회사든, 우리가 체결할 계약은 픽사 영화가 최적의 시기에 개봉될 수 있도록 보장해 주어야 했다. 스티브는 화이트보드에 이렇게 썼다: **2. 유리한 개봉 시기.**

"디즈니는 픽사 영화 개봉을 자사 영화 개봉처럼 취급해 줘야 해요." 스티브는 다시 한번 못을 박듯 덧붙였다.

그런 다음 또 썼다: **3. 진정한 50대 50의 수익 공유.**

이것은 중요한 포인트였다. 모든 재무 전망에 따르면 우리는 영화 수익의 최소 50%를 가져와야만 미래를 내다볼 수 있었다.

"진정한 50대 50이요. 공평하게 계산해서." 스티브는 말했다.

"영화사에게 유리한 구식 할리우드 계산법 말고요." 나는 덧붙였다.

"그러고 나면 브랜딩 이슈가 남네요." 나는 말을 이었다. "픽사 영화는 픽사 이름으로 내야죠."

끝도 없이 논의했던 문제였다. 스티브는 이렇게 적었다: **4. 픽사 브랜드.**

"영화를 만든 건 우리예요. 세상에 그걸 알려야 해요." 스티브는 말했다.

그것은 픽사 사업 계획의 네 번째 축이었다.

"다른 게 더 있나요?" 스티브는 물었다.

"굵직한 이슈 중에서는 없어요." 나는 대답했다. "이게 우리가 무슨 일이 있어도 얻어 내야 할 항목들이에요."

이제 화이트보드에는 다음과 같은 목록이 하나 생겼다.

새로운 계약

1. 창작 통제권

2. 유리한 개봉 시기

3. 진정한 50대 50의 수익 공유

4. 픽사 브랜드

물론 협상에는 여러 가지 다른 이슈들도 있을 테지만 우리의 계획은 이 네 가지 사안을 고수하는 것이었다. 이 가운데 하나라도 포기한다면 픽사의 미래는 크게 위태로워질 수 있었다. 우리에게는 이게 절대 양보할 수 없는 협상 결렬 요인이었다.

"이제 준비가 된 것 같네요." 나는 말했다.

"제가 아이스너에게 전화를 걸게요. 우리 생각을 전하겠어요." 스티브가 대답했다.

나는 그게 옳은 결정이라고 확신했다. 하지만 약간 겁도 났다. 너무 무리한 요구를 한다고 생각해 아이스너가 마음을 닫아 버린다면 가까운 미래 혹은 중기적으로라도 우리의 재무 상황을 개선할 기회는 날아가 버릴 것이다. 하지만 우리는 모든 면에서 숙고를 마쳤다. 이제는 디즈니와의 재협상에 시동을 걸어 볼 때였다. 무슨 일이 벌어질지 예측할 수는 없었지만 한 가지는 확실했다. 스티브가 아이스너와 통화하려고 집어 든 수화기에 픽사의 많은 것이 걸려 있다는 사실이었다.

20
포커 시간

스티브가 디즈니와의 재협상 가능성을 타진하기 위해 아이스너에게 전화를 걸었던 것은 1996년 2월 초였다. 스티브는 새로이 조성된 자금으로 영화 제작비의 전부 또는 일부를 부담할 의향이 있다고 설명했고, 우리에게 가장 의미 있는 네 가지 조항도 간추려 전달했다. 아이스너는 논의에 관심이 있다고 대답했다. 네 가지 조항에 대한 가능성도 열어 두고 있으며, 우리가 예상했던 대로 영화 개수를 추가해 기존 계약 기간을 연장하고 싶다고도 이야기했다. 대화는 순조롭게 풀렸다. 아이스너는 곧 다시 연락을 주겠다고 말했다.

우리는 디즈니와의 협상 준비에 돌입했다. 나는 픽사의 IPO 때처럼 모든 세부 사항과 계약서 작성을 감독할 것이고, 스티브는 행여 교착 상태가 발생할 경우 아이스너와 접촉하여 풀어 나가기로 했다. 혹시라도 뭔가 빠뜨리는 게 없도록 전담 팀을 구성했다. 계약서 초안도 우리가 직접 작성하고 싶었기 때문에 개리 무어Gary Moore를 고용했다. 개리는 넥스트에서 스티브와 함께 일했던 변호사로, 마이크로소프트 및 실리콘 그래픽스와의 특허 라이선스 계약에서 픽사 측을 대표했었다. 우리처럼 그도 엔터테인먼트 법에는 문외한이었지만 뛰어난 변호사였고 초안 작성의 전문가였다.

엔터테인먼트 쪽을 커버해 줄 사람으로 우리에게는 엔터테인먼트 전문 변호사 샘 피셔가 있었다. 샘과 나는 그간 돈독한 관계를 쌓아 왔고, 그는 우리가 할리우드라는 바다를 항해하는 동안 믿고 의지할 만한 파트너가 되어 주었다. 이밖에도 진정한 수익 공유를 위해 우리가 작성해야 할 회계 관련 조항에 도움을 받기 위해 할리우드 전문가 두 명을 추가 영입했다. 이제 픽사 이사회의 일원이 된 스킵 브리트넘도 있었다. 그는 큼직한 이슈에 도움을 주는 한편, 필요한 경우 마이클 아이스너와의 사이에서 중재자 역할을 할 수도 있었다. 이 정도면 A급 할리우드 계약 협상 팀이었다. 법적 역량이 달려서 머뭇거릴 일은 없었다.

하지만 그다음에 벌어진 일은 충격이었다. 한마디로 말해 아무 일도 벌어지지 않았기 때문이었다.

스티브가 마이클 아이스너와 처음 통화를 한 후, 우리는 신속한 후속 조치를 기대했다. 디즈니의 누군가가 스티브나 나에게 전화를 해서 일을 진행하겠거니 생각했다. 하지만 아무 연락도 없었다. 마치 그런 대화가 아예 오가지 않았던 듯했다. 두 주가 지났고, 스티브는 아이스너에게 다시 전화를 걸어 앞서 나눈 대화 내용을 상기시켰다. 아이스너는 계약에 대해 다시금 관심을 표명했고 일을 진행하겠노라고 말했다. 하지만 다시 몇 주가 흘러도 여전히 아무런 반응이 없었다.

이런 패턴이 한 번 더 되풀이되자, 스티브는 좌절감을 느끼기 시작했다. 그는 아이스너가 전화로는 그렇게 말하고 실제로는 아무 행동도 취하지 않으면서 자기를 가지고 논다고 생각했다. 디즈니에게 이것은 수많은 계약 중 하나이고 심지어 그렇게 중요한 계약이 아닐 수 있다는 점은 이해했지만 그렇다고 해서 아이스너가 전화로 스티브에게 한 말과 디즈니의 행동이 전혀 다른 이유를 알 수 없었다. 결국 스티브는 이 일을 개인적인 이유로 받아들이기 시작했다.

“어쩌면 아이스너가 나를 싫어해서인지도 모르죠.” 그는 1996년 봄의 어느 날 말했다. “나한테 말만 해 놓고 절대 행동은 하지 않잖아요. 이해를 못 하겠어요.”

스티브의 평판은 스티브의 실제 모습보다 전면에 부각되었기 때문에, 어쩌면 아이스너가 스티브를 신뢰하지 않는 게 사실일지도 몰랐다. 두 사람 모두 주도권을 쥐는 데에 익숙해 있었다. 그러다 보니 본의 아니게 상대방의 심기를 건드렸을 수도 있다. 하지만 디즈니가 그런 이유로 후속 조치에 나서지 않고 있다는 건 납득이 되지 않았다.

샘 피셔에게 상의해 보았더니, 그도 역시 아이스너가 ABC를 디즈니에 통합시키느라 당장 해야 할 일이 많을 거라는 점을 상기시켜주었다. 불과 몇 달 전 완료된 두 회사의 합병은 1989년 사모펀드 회사 콜버그 크래비스 로버츠Kohlberg Kravis Roberts가 250억 달러에 RJR 내비스코Nabisco를 인수한 이래 미국 역사에서 두 번째로 큰 규모였다. 샘은 아이스너의 사무실에서 아무 소식도 없는 게 약간 의아하다고 생각하기는 했지만 그게 아이스너와 잡스의 마찰 때문이라고 여기지는 않았다.

“개인적인 문제 같지는 않아요.” 나는 스티브에게 말했다. “우리는 디즈니에게 많은 것을 요구하고 있어요. 그들로서는 어느 업체에도 허락해 준 적이 없는 조건이겠죠. 50대 50의 수익 공유 조건을 받아 낸 회사는 아마 없을 거예요. 특히 애니메이션 회사 중에서는요. 더구나 우리는 브랜딩 조건까지 요구하고 있잖아요. 아이스너가 이렇게 시간을 끄는 데는 여러 가지가 이유가 있을 거예요. 최근의 ABC 인수를 포함해서요."

나는 인내심이 필요한 때라고 생각했다. 디즈니는 거절의 뜻을 밝히지 않았다. 하지만 스티브는 무시당하는 데 익숙하지 않았고 그런 상황을 싫어했다. 시간이 더 지날수록 그의 불만은 더 커졌다.

그러던 어느 날 마침내 그는 격분해서 나에게 소리쳤다. "나, 이런 식으로는 더 이상 일 못해요!"

양측 리더의 사이가 좋지 않아 잠재적 거래가 불발로 끝나는 경우가 아예 없지는 않았지만 나는 지금이 협상 개시 노력을 중단할 때는 아니라고 생각했다. 적어도 아직은 아니었다. 나는 몇 달 전 〈토이 스토리〉가 나오기 전에 짧게나마 아이스너를 직접 만난 적이 있었다. 스티브와 함께 할리우드로 출장을 다닐 때였는데, 우리는 인사를 나누려고 사무실에 잠시 들렀다. 곧 있을 개봉을 앞두고 자잘한 부분을 협의하기 위한 격의 없는 방문이었다.

나는 아이스너에게 상당히 깊은 인상을 받았다. 그는 키가 크고 늘씬한 50대 중반의 사내였다. 약간 낙낙해 보이는 슈트를 입었고 저벅저벅하는 걸음걸이로 방에 들어왔다. 마음씨 좋은 삼촌 같은 이미지로, 호감이 가면서도 카리스마가 느껴졌다. 우리는 영화 사업 전반과 〈토이 스토리〉의 개봉 마케팅에 관해 가볍게 이야기를 나누었다.

그때 일을 떠올리며 나는 스티브에게 말했다. "아는 사람들마다 아이스너에 대해 하는 이야기가 똑같아요. 좀처럼 속내를 드러내지 않는다고요. 이 상황이 개인적인 감정 때문이라는 증거는 전혀 없어요."

스킵 브리트넘이 여러 차례 중재를 제안했으나 우리는 절박해 보이고 싶지 않았기 때문에 도움을 사양했었다. 하지만 이제는 시간이 충분히 흐른 상태였다.

"스킵의 제안을 받아들이는 게 어떨까요?" 나는 말했다. "상황이 어찌 되고 있는지 슬쩍 알아볼 수 있잖아요. 스킵에게 한번 전화를 해 보시지 그래요?"

스티브는 스킵과 통화했고, 스킵은 분위기를 떠보고 얻을 수 있는 정보를 알아봐 주기로 약속했다. 오로지 이 용건으로만 전화를 걸지는 않겠지만 디즈니 측에 다른 볼 일이 있어서 자연스럽게 대화의 물꼬가 열릴 때까지 기다리려는 전략이었다.

스킵은 2주 뒤 연락을 주었다. 벌써 5월경이었다. 스티브와 나는 컨퍼런스 콜로 스킵과 이야기를 나누었다.

"논의에 관심이 있는 것 같긴 해요." 스킵은 말했다. "픽사와의 파트너십을 원한다는 건 분명하고. 다만 조건을 제대로 파악하고 싶은 거예요. 우리가 워낙 많은 걸 요구하고 있으니까. 인내심을 가져야 해요."

스킵이 옳았다. 그날 통화를 마치고 얼마 후 디즈니가 마침내 논의를 진행하고 싶다는 첫 신호를 보내왔다. 아이스너는 스티브에게 전화를 걸어 협상을 진행하고 싶다고 이야기했다. 스티브가 요구한 모든 조건에 당장 동의한다고 말하지는 않았지만 가능성을 열어 둔 상태였다. 아이스너는 협상을 진전시켜 나가면서 세부 사항에 대한 서로의 입장을 확인해 보자고 제안했다. 그는 롭 무어Rob Moore라는 이름의 젊은 임원에게 프로세스의 감독을 맡겼다. 무어는 월트 디즈니 픽처스와 텔레비전의 부사장 겸 최고재무책임자였다.

하지만 스티브는 여전히 회의적이었다. "주요 이슈에 대한 확실한 동의가 없다면 이 협상을 더 이상 진행하지 말아야 하는 게 아닐까요."

그는 불평했다.

나도 그 말에 동의하지 않는 것은 아니었다. 때로는 처음부터 분명하게 해두는 게 나을 때도 있는 법이니까. 하지만 나는 동력을 잃지 않는 것이 중요하다고 생각했다.

“아이스너는 우리 입장을 알고 있어요. 우리도 무어 씨를 통해 그 입장을 다시 한번 주지시킬 거고요. 저는 일단 일을 진행해서 상황을 지켜봐야 한다고 생각해요.”

스티브는 그러기로 동의하면서도 주요 이슈에서 절대 눈을 떼서는 안 된다고 강조했다.

롭 무어와 처음 통화를 했을 때 내 기대치는 그리 높지 않았다. 디즈니의 계약 협상 담당자들은 완강하기로 명성이 자자했다. 업계 내에서 그들은 ‘딜 메이커’라기보다 ‘딜 킬러’로 간주되었다. 나는 무어도 그런 사람 중 하나일 거라고 짐작했다.

하지만 무어는 나의 예상과 전혀 달랐다. 그는 호감 가는 스타일로, 솔직하고 유머 감각이 출중했다. 나는 무어 특유의 느긋함이 마음에 들었고 자연스럽게 경계심을 풀었다. 우리는 오래지 않아 계약의 세부 사항으로 돌입했다. 처음에는 요약 형태로, 그다음에는 실제 계약서의 초안으로 그 내용을 상세히 기술했다. 알고 보니 무어는 대단히 건설적인 사람이었다. 상명하복식으로 돌아간다고 알려진 회사에서 그는 스스로 판단하기를 두려워하지 않았고 일을 완수하기 위해 기꺼이 위험을 감수하기도 했다.

이 계약은 굉장히 복잡해서, 할리우드식 회계, 영화 개봉 시기, 캐릭터 상품 판매, 제작 승인 등 수많은 조항이 필요했다. 그만큼 뭔가 어긋날 수 있는 여지가 많았다.

아니나 다를까, 1996년 11월, 6개월 동안 노력을 기울인 끝에 우리는 벽에 부딪히고 말았다. 브랜딩 이슈와 관련해 우리는 픽사를 디즈니와 동등한 위치에 놓아 달라고 요구한 상태였다. 디즈니가 픽사라는 브랜드의 단독 사용을 허용할 리는 만무했다. 그리고 사실 디즈니라는 이름은 애니메이션에 엄청난 신뢰성을 보태 주기 때문에 다른 영화사도 아니고 디즈니와의 공동 브랜딩은 마다할 이유가 없었다. 하지만 우리는 정확하게 동등한 위치를 고집했다.

아이스너가 주저하는 이유는 간단했다. 너무 많은 부분을 허용할 경우 디즈니가 픽사를 엔터테인먼트계의 강자로 키우는 결과를 가져와, 언젠가 계약이 종료되면 최악의 적이 만들어지지 않을까 하는 우려 때문이었다. 그의 관점에서는 픽사가 영화 제작에 대한 공을 인정받는 것으로 충분했지, 디즈니와 동등한 위치에서 주목을 받거나 장난감과 캐릭터 상품을 통해 브랜딩까지 하는 것은 무리였다. 아이스너에게는 그게 넘지 말아야 할 선이었다.

아이스너의 우려는 수긍할 만했다. 컴퓨터 애니메이션이 본격적으로 도약하면 작은 업체인 픽사가 언젠가 디즈니에게 실제로 위협이 될 수 있었다. 하지만 우리는 이 항목에 대한 대안적 입장이 없었다. 협상을 포기하고 물러나든지, 브랜딩 이슈에 대해 다소 미흡한 조건이라도 수용하든지, 둘 중 하나를 택해야 했다. 아직 세부 사항을 정리할 필요는 있었지만 디즈니는 원칙적으로 우리의 다른 요구 사항들에 모두 동의한 상태였다. 그런데 이 한 가지 이슈로 인해 픽사의 앞날이 지극히 불투명해졌다.

여기서 협상을 그만두고 물러설 경우, 다른 이익을 모두 포기하고 기존의 계약 조건으로 몇 년을 더 고생해야 했다. 장차 디즈니나 다른 영화사와 더 나은 조건의 계약을 체결할 수 있길 기대하면서 말이다.

반면, 계약을 이대로 진행할 경우, 수익은 4배가 되겠지만 우리가 바라는 브랜딩 권한을 얻지 못할 것이다. 스티브와 에드, 존, 나를 비롯해 경영진 모두의 합의가 필요했다. 무엇을 하든 우리는 함께해야 했다. 그래서 어느 날 항상 모이는 픽사 회의실에 모였다.

존은 〈벅스 라이프〉를 만들고 〈토이 스토리 2〉의 제작을 지휘하는 데에 완전히 몰두해 있었다. 그렇기 때문에 이런 형태의 회의는 자주 있는 일이 아니었다. 우리가 그의 참석을 부탁한다면 뭔가 중대한 일이 진행 중임을 그도 잘 알고 있었다.

스티브가 이야기를 시작했다. “여러분께 각각 말씀드린 대로, 그동안 디즈니와의 협상은 수월하지 않았어요. 많은 진전을 이루었지만 브랜딩 이슈에서 벽에 부딪혔죠. 저는 이 점이 탐탁지 않아요. 픽사는 브랜드가 되어야 해요. 이건 우리 영화라고요. 우리는 그걸 만든 공을 온전히 인정받을 자격이 있어요.” 스티브는 조정의 의지가 눈곱만큼도 없었다. 그는 이 상황이 모욕적이라는 투로 이야기했다.

“디즈니는 왜 우리가 브랜드가 되지 못 하게 막는 거죠?” 존이 물었다.

“아이스너는 픽사가 애니메이션의 차세대 브랜드로 성장할까 봐 두려운 거예요.” 내가 끼어들었다.

“그 원칙은 공평하지 않아요. 영화는 우리가 만드는데 공은 저쪽에서 가로채 가다니요.” 에드는 말했다. 에드는 이성을 잃는 법이 거의 없었다. 하지만 이 문제에 대해서는 그도 울컥했다. 브랜드 이슈는 원칙의 문제가 되어 있었다.

"다음 두 영화가 성공하면 모든 공을 디즈니가 가져가겠죠." 나는 말했다. "만약 성공하지 못하면 아이스너는 픽사를 비난하면서 우리와의 관계를 정리할 거고요."

"그들은 왜 옳은 일을 하지 못하는 걸까요?" 존은 물었다. "여기, 이 건물 안에서 우리가 이런 이야기와 캐릭터를 만들고 있다고요. 그들이 아니라 바로 우리가요. 단지 그 노력을 인정해 달라는 것뿐이잖아요. 어째서 그걸 우리한테서 빼앗아 가겠다는 거죠?"

존에게 이것은 완전히 감정적인 문제였고 그 이유는 쉽게 이해할 수 있었다. 그는 오랜 세월에 걸쳐 이 캐릭터들을 개발해 왔다. 캐릭터는 자식과도 같았다. 픽사의 아이들이었다. 그는 "디즈니의 〈토이 스토리〉"라는 문구에 픽사의 이름이 조그마한 글씨로 들어간 포스터를 두 번 다시 보고 싶지 않았으리라.

"문제의 다른 측면도 한 번 생각해 봅시다." 나는 말했다. "우리가 협상을 중단하고 물러서면 다음 두 영화에 대한 50대 50의 수익 공유를 포기해야 해요. 그 영화가 블록버스터가 될 경우, 액수는 각각 5천만 달러에 이를 수 있어요."

새로운 계약은 이전 계약을 대체하므로 다음 두 영화에는 새로운 조건의 모든 혜택이 적용될 것이다.

"하지만 픽사를 브랜드로 전환하지 못하면 그게 다 무슨 소용이에요?" 스티브는 물었다. "나중에 우리가 디즈니로부터 자유로워지고 우리 영화에 대한 모든 권한을 소유하게 되면 그게 훨씬 더 가치 있을 수도 있어요. 관객들이 디즈니라는 브랜드를 얼마나 신뢰하는지 보세요. 영화를 만들고 그걸 바탕으로 테마파크 사업까지 진출하는 거잖아요. 픽사가 그런 브랜드가 된다면 지금 포기하는 액수보다 훨씬 더 많은 돈을 나중에 벌 수 있을 거예요."

"하지만 단기적으로는 예전 계약에 발이 묶이게 되겠죠." 나는 말했다.

"장기적으로 보면 충분히 그럴 만한 가치가 있지 않을까요?" 스티브는 물었다.

"확신은 못 하겠어요." 나는 말했다. "분명한 건 우리 스스로를 믿어야 한다는 거지만 단기적으로는 값비싼 대가를 치러야 할 거예요."

"상대방은 이 부분을 협상 시작 때부터 알고 있었어요." 스티브는 덧붙였다. "이걸 그렇게 문제 삼을 것이었다면 우리한테 진작 말해 주었어야죠. 이 이야기와 캐릭터를 만드는 건 바로 우리예요. 우리 소유라고요. 어떻게 다른 누군가가 공을 차지하도록 내버려 둘 수가 있겠어요?"

이 문제에 관해 감정들이 격해졌다. 회의실 안에서 절충의 분위기란 전혀 찾아볼 수 없었다.

"그렇다면 우리가 취할 수 있는 유일한 조치는 협상을 종료하는 것뿐이네요." 나는 말했다. "일단 포기하고 물러서면 돌이킬 수 없어요."

"결정을 강요하고 싶지는 않지만 여기에 승복한다면 우리 스스로 떳떳하지 못할 것 같아요." 스티브가 말했다. "디즈니가 다시 한번 브랜드 소유권을 가져가는 모습을 보게 될 때 비참한 기분이 들겠죠. 이대로 협상을 접는다면 우리는 자존심을 지킬 것이고 어찌 됐든 나중에 더 나은 조건을 얻어 낼 수 있을 거라는 게 제 생각이에요."

"저도 동감이에요." 존은 말했다. "다음 두 편의 영화를 끝내고 우리가 원하는 유연성을 모두 얻읍시다."

"저도예요." 에드는 말했다. "우리는 이 자리에 이르기까지 많은 일을 겪었어요. 이번에도 되게 만들어야죠."

회의실에 들어오기 전 나는 이 문제에 관해 중립적인 입장이었다. 이것이 협상을 깰 수 있는 이슈 중 하나임은 알고 있었지만 자존심이 판단에 방해가 되어서는 곤란하다고 생각했다. 원칙도 물론 중요했지만 우리가 거만하게 굴 형편은 아니었다. 어쨌거나 픽사는 자기 이름으로 단 한 편의 영화를 내놓았을 뿐이었다. 우리는 디즈니로부터 원하던 경제적 조건을 모두 얻어 낸 상황이었는데, 두 세대 만에 유일하게 애니메이션 엔터테인먼트의 대표 브랜드가 된 회사 디즈니가 동등한 지위를 내주지 않으려 한다는 이유만으로 협상을 결렬시키려 하고 있었다. 또한 픽사의 영화 수익이 4배가 될 수도 있는 마당에, 픽사의 주주들이 과연 브랜딩 따위에 신경이나 쓸까 확신이 서지 않았다.

하지만 원칙이 중요해지는 순간이 있고, 지금이 바로 그런 순간 같았다. 우리가 브랜딩 이슈에서 디즈니에게 굴복한다면 우리 스스로 자부심을 느끼지 못할 게 분명했다. 픽사 사람들에게는 자기가 하는 일에 대한 자부심이 매우 중요했다. 그것은 기업 문화의 핵심과도 연결되어 있었다. 다른 누군가가 공을 너무 많이 가로채고 있다며 속을 끓이고 있는데 어떻게 훌륭한 영화를 만들 수 있겠는가? 제대로 될 리가 없었다.

"저도 찬성입니다. 선택으로 얻는 수익만 기대할 게 아니라 선택으로 인한 결과도 고려해야 하니까요." 나는 말했다.

만장일치였다. 우리는 협상을 결렬시키기로 했다.

나는 우리가 내린 결정이 정말 자랑스러웠다. 스티브는 픽사의 권리를 옹호하고 옳다고 생각하는 바에 기꺼이 모든 것을 걸겠다는 의지를 피력했다. 존, 에드와 나도 그의 뜻을 지지했다. 픽사가 이로 인해 쓰러지게 된다 해도 우리는 함께 헤쳐 나갈 것이다.

나는 롭 무어에게 전화를 걸어 계약은 무효라고 이야기했다. 그가 많이 놀랐을 것이라고는 생각하지 않는다. 그와 나는 브랜딩 조항을 광범위하게 논의했었다. 이 사안이 우리에게 얼마나 중요한지는 그 역시 잘 알고 있었다. 그래서인지 롭은 이런 결과를 예상했다는 듯 받아들였다. 계약은 성사되기도 하고 결렬되기도 하는 법이다. 틀림없이 그는 디즈니의 다른 문제로 재빨리 관심을 돌렸을 것이다.

반면 나는 허탈감이 컸다. 롭과의 통화 후 완전히 맥이 풀렸다. 진짜로 끝난 것이었다. 가끔 휴식이 필요할 때면 그러듯이 나는 포인트 리치먼드 인근을 거닐었다. 픽사 사무실에서 그리 멀지 않은 곳에 있고 샌프란시스코만의 멋진 전망을 감상할 수 있는 조용한 공원이었다.

나는 이 정도로 복잡한 계약을 마무리 지으려 할 때 따를 수 있는 위험을 잘 알고 있었다. 변호사 시절 내내 수없이 겪지 않았던가. 다음 두 편의 영화를 끝낸 뒤 우리에게 여전히 기회가 있다는 스티브의 말에는 동의했다. 하지만 덕분에 영화를 반드시 히트시켜야 한다는 부담감이 더 커졌다.

우리는 상당히 좋은 조건의 거래를 제 발로 걷어차고 나오는 길이었다. 꽤 달콤한 제안이었고, 성사가 코앞에 다가와 있었다. 그러나 이제는 디즈니와 함께할 가능성이 훨씬 낮아진 미래를 새로이 구상해야만 했다. 다시 한번 주사위는 던져졌다.

21
마지막 20퍼센트

디즈니와의 협상이 불발된 후, 존과 에드는 〈벅스 라이프〉와 〈토이 스토리 2〉의 크리에이티브 및 제작 관련 업무에 재빨리 파묻혀 버렸고, 스티브는 팰로앨토에서 가족들과 조용한 크리스마스 휴가를 보냈다. 나는 픽사의 인프라 구축 작업으로 되돌아왔다.

우리 팀은 스튜디오 확장에 따르는 재무 계획의 모든 측면을 관장할 뿐만 아니라, 픽사의 점점 늘어나는 컴퓨터, 시설, 인적 수요에 대응해야 할 책임이 있었다. 컴퓨터 수요만 해도 엄청났다. 영화의 기술적 정교함이 높아짐에 따라 이미지 생성에 필요한 컴퓨팅 성능도 향상되어야만 했다. 다행히도 우리는 뛰어난 컴퓨터 시스템 전문가인 그레그 브랜도Greg Brandeau를 고용해 이와 관련된 업무를 일임할 수 있었다.

스튜디오의 성장에 따르는 여러 가지 도전 과제들로 씨름하고 있을 무렵, 깜짝 놀랄 일이 발생했다. 1997년이 시작되고 2주쯤 지났을 무렵, 사무실에 앉아 있는데 스티브가 전할 소식이 있다며 전화를 걸어왔다.

“아이스너에게 연락이 왔어요.” 스티브가 말했다. “논의를 재개하고 싶대요.”

“뭐라고요?” 나는 못 믿겠다는 듯이 소리쳤다. “농담하시는 거죠!”

“교착 상태를 해소할 아이디어가 있대요.” 스티브는 말을 이었다. “저는 논의에 대해 가능성을 열어 두고 있다고 대답하긴 했지만 시간을 낭비하고 싶지는 않아요. 우리는 입장을 바꿀 생각이 전혀 없으니까요. 하루나 이틀 정도 시간을 달라고 했고 저한테 다시 연락 주겠다고 하네요.”

“전에도 그런 적이 있었죠.” 나는 약간 회의적인 태도로 말했다. “그래도 이번엔 먼저 연락을 했네요. 그분으로서는 흔치 않은 일인데.”

우리는 아이스너가 무슨 생각을 하고 있는 걸까 궁금해하며 끈기 있게 기다렸다. 이틀 뒤 그가 스티브에게 다시 전화를 했다.

“계약을 마무리 짓고 싶대요.” 스티브는 통화 내용을 전했다. “그것도 될 수 있으면 빨리요. 공동 브랜드도 허락하겠대요.”

“우와.” 나는 믿기지 않는다는 표정으로 말했다. “그건 정말 엄청난 반전이네요. 무슨 생각으로 이 일을 진행하기로 했대요?” 나는 아이스너가 우리에게 브랜딩 조건을 허용하는 대신, 치러야 할 대가가 반드시 있을 거라 확신했다.

“픽사 주식을 살 수 있는 권리를 원해요.” 스티브는 말을 이어 갔다. “디즈니가 픽사의 브랜드 구축에 도움을 주게 된다면 거기서 이익을 얻을 권리가 있다고 느끼나 봐요. 픽사의 일부를 소유함으로써 브랜딩에 대한 양보를 정당화할 수 있다는 거죠.”

“그것 참 잘됐네요!” 나는 즉각 대답했다.

정말 멋진 소식이었다. 아이스너는 분명 애니메이션에 관심이 있었다. 회사의 일부를 소유하고 싶어 할 정도로 픽사에 관심이 많았다. 굉장한 일이었다.

"픽사 투자에 대해 다른 말은 없었나요?" 나는 물었다.

스티브는 아이스너가 자세한 내용을 밝히지는 않았다고 설명했다. 디즈니가 픽사 주식을 대량으로 소유하려는 건 아니라고 말했다고 한다. 아이스너는 픽사의 독립성을 위협하려는 게 아니라 단지 회사의 성공에 동참하고 싶다는 뜻을 전했다. 이것 역시 완벽했다. 하지만 스티브는 조심성 있는 태도를 보였다.

"이 제안을 한 번 숙고해 볼 필요가 있어요." 그는 말했다. "디즈니가 우리 주식을 소유하거나 이사회 자리 같은 걸 차지해 픽사를 통제할 수 있는 구실을 주어서는 안 되니까요."

"그걸 막을 수 있도록 계약 내용을 구성하면 돼요." 나는 말했다. "래리 손시니가 방법을 알 거예요. 아이스너는 지배력이나 이사회 자리를 바라지 않는다고 말했잖아요. 저라면 그 말을 있는 그대로 받아들이겠어요."

스티브는 가능성을 모색해 보자고 말했다. 디즈니가 수동적으로 투자만 할 수 있게 우리 변호사들이 방법을 확실히 보장해 주기만 한다면 우리는 그 방법을 고려할 작정이었다. 나는 즉각 조사에 뛰어들었다. 래리에게 전화를 걸어 의논했더니, 그는 스티브의 모든 우려를 덜어 줄 수 있도록 만전을 기하겠다고 대답했다.

래리와 그의 법무 팀은 우리의 우려를 참작해 투자 조건을 구성했고, 아이스너는 약속을 충실히 지켰다. 이제 다음 영화가 나오기 전, 가능하리라 생각했던 시점보다도 몇 년이나 앞서서 우리가 바라던 모든 것을 달성할 수 있는 길이 열렸다. 우리는 모든 자원을 총동원했고, 2월 초에 나는 아예 로스앤젤레스로 건너가 디즈니 사무실에서 일했다.

롭 무어와 우리 측 담당 팀들이 거기서 계약의 세부 사항을 확정 지을 예정이었다.

많은 일이 그렇듯이 계약 협상에서는 마지막 20%에 전체 노력의 80%가 들어가기도 한다. 세세한 항목들이 명시되는 단계가 바로 이 마지막 20%다. 절대 일어날 가능성이 없는 우발 사태에 관한 초안 작성에 과도한 시간이 할애된다는 것이 한 가지 걸림돌이었다.

예를 들어, 포인트 리치먼드에 지진이 일어나서 픽사의 영화 완성이 지연되면 픽사는 영화를 늦게 납품했다는 이유로 계약 위반의 책임을 져야 하는가? 픽사는 지진의 위험에 어느 정도나 대비해야 하는가? 악명 높은 샌안드레아스 단층 언저리에서 영화를 만드는 처지이다 보니, 사실 완전히 불합리한 의문은 아니었다.

혹은 디즈니와 픽사가 계약에 따라 영화 제작에 사용할 컴퓨터 구입 비용을 공동 부담하는 경우, 픽사는 그 컴퓨터를 디즈니 프로젝트 외의 다른 업무에 사용할 수 있는가? 만약 그렇다면 디즈니 측에 그 사용 요금을 변상해야 하는가?

위험과 우발 사태는 사실상 끝없이 나열할 수 있기 때문에 적당히 선을 긋고 일을 진행할 줄 아는 것이 훌륭한 협상가의 소양 중 하나다. 협상 중에는 추진력과 두려움 사이에 끊임없는 긴장 상태가 이어진다. 그래서 리스크 관리 활동이 중요하다.

이게 무슨 뜻인지 여실히 보여 주는 한 가지 사례가 계약서 초안 앞부분에 등장했다. 바로 '트리트먼트'라는 조항이었다. 이 조항에 간략하게 명시된 바에 의하면 새로운 계약하에 만들게 될 각 영화에 대해 픽사는 트리트먼트 형태로 영화 아이디어를 하나 이상 디즈니에게 제출해야 했다.

그렇다면 트리트먼트의 구성 요건은 무엇인가? 색인 카드에 "아버지가 아들을 찾으러 모험을 떠난다. 그런데 두 주인공 모두 물고기다."라고 한 줄로 적어도 되는가? 그건 아마도 통과되기 어려울 것이다. 그래서 계약서에는 세부 사항이 다음과 같이 명시되었다. "트리트먼트는 대본의 기초가 될 수 있는 내용으로, 세 페이지 미만의 분량 내에서 서면으로 작성한다."

하지만 픽사는 스케치와 짤막한 스토리보드를 사용해 구두로 트리트먼트를 제시할 때가 많았다. 만약 그 방법이 선호된다면 어떻게 하는가? 계약서에는 그 가능성도 포함되어야 했다. 또한, 디즈니는 속편이나 전편이 아니라 반드시 오리지널 스토리에 쓰일 트리트먼트를 원했으므로 그 부분 역시 분명히 해 두어야 했다.

픽사가 디즈니 측에 트리트먼트를 전달한 다음 벌어지는 일은 또 어떤가? 디즈니는 원하는 만큼 충분히 시간을 들여 회신해도 좋은가? 3개월 안에 회신해야 하는가?(픽사에게 너무 길다) 2주 안에 회신해야 하는가?(디즈니에게 너무 짧다) 디즈니가 아예 회신을 하지 않으면 어떻게 되는가? 다른 일을 하느라 바쁠 수도 있고, 픽사 영화에 싫증이 난 상태일 수도 있고, 트리트먼트가 누군가의 서류함 밑바닥에 깔려 있을 수도 있다.

까다로운 문제였다. 이 경우, 픽사는 원하는 대로 마음껏 일을 추진해도 좋은가? 어쨌든 디즈니는 트리트먼트를 검토할 기회가 있었다. 디즈니가 회신하지 않는다고 하더라도 그건 픽사의 잘못이 아니다. 그런데 또 디즈니가 회신을 하지 않았고 픽사가 디즈니 승인 없이 일을 진행했다면 디즈니가 승인한 적도 없는 영화에 디즈니 브랜드를 붙이고 유통 역량을 발휘해 달라고 요구하는 게 과연 타당한가?

물론 이런 우발 사태 중 대부분은 절대 발생하지 않는다. 현실 세계에서 가장 가능성 높은 시나리오는 픽사의 스토리 팀이 디즈니와 협력적인 업무 관계를 유지하고, 단 한 번도 계약서에 의존하는 일 없이 서로를 배려해 가며 제안된 영화 트리트먼트를 검토하고 결론을 내는 것이다. 현실적으로 분쟁이 발생했을 때 계약서에 의존해 해결하는 경우는 거의 없다. 하지만 서면 계약을 마련해 두기로 한 이상, 합리적인 방식으로 위험 관련 항목을 포함시켜야 만약 일이 잘못될 경우 상황 파악에 도움이 된다.

트리트먼트에 관한 내용은 단지 한 개의 조항에 불과했다. 이것의 100배를 생각해야 이 협상의 복잡성이 어느 정도인지 짐작할 수 있을 것이다. 픽사에서 진행되는 제작 과정에 대해 디즈니는 어떤 감독 권한이 있는가? 디즈니는 픽사의 기술에 대해 어느 정도의 접근 권한을 갖는가? 픽사에는 영화의 마케팅에 대한 발언권이 있는가? 영화 제작 예산은 어떻게 설정할 것인가? 예산 인상에 대한 승인은 어떠한가? 테마파크에서 픽사 영화의 캐릭터를 사용할 수 있는 디즈니의 권리는 무엇인가? 새롭게 서비스를 시작한 크루즈 선박에서는 어떤가? 픽사에 그에 대한 비용을 지급해야 하는가?

한 조항은 '파생 저작물'이라는 상품의 범주를 다루었다. 파생 저작물이란 속편, 전편, 텔레비전 쇼, 비디오 게임, 아이스 쇼, 브로드웨이 뮤지컬, 테마파크 놀이기구처럼 오리지널 영화를 기반으로 하는 새로운 상품들을 말한다. 픽사는 그러한 파생 저작물을 생산할 권리를 보유하는가? 만약 그렇다면 비용과 수익은 어떻게 공유하고, 그에 대한 디즈니의 배포 의무는 무엇인가? 파생 저작물을 픽사가 생산하지 않고 디즈니가 생산할 경우 픽사에 비용을 지급해야 하는가? 얼마나 지급해야 하는가?

하지만 이 모든 조항이 아무리 복잡해도, 영화 수익을 어떻게 산출하고 나눌 것인지를 설명해 놓은 조항에 비하면 아무것도 아니었다. 그 조항을 이해하려면 말 그대로 회계학 학위가 필요했다.

이렇게 조항 하나하나와 직접 씨름하는 것은 롭 무어와 나의 몫으로 떨어졌고, 우리 변호사 팀은 계약서의 초안을 작성하고 표현을 협상해 가며 그 내용을 상술했다. 무어와 나는 픽사와 디즈니의 향후 관계를 둘러싼 모든 세부 항목에 대해 해결책을 구상하면서, 마치 스파링 상대처럼 수없이 펀치를 주고받았다.

우리는 머지않아 마치 한 팀에 속한 것처럼 느껴지는 업무 관계로 접어들었고, 끝이 없어 보이는 과제 목록을 함께 헤쳐 나갔다. 스티브와 아이스너에게 해결책을 보여 주고 그들이 마음에 들어 하지 않으면 조금 더 신경 써서 작업했다. 계약서는 서서히 완성되었다. 마침내 작업이 다 끝났을 때는 오래전 스티브가 아이스너에게 처음 전화를 걸었을 때 제시했던 네 가지 핵심 이슈가 모두 해결된 상태였다.

창작 통제권의 문제에 관해 새 계약서는 다음과 같이 밝히고 있었다. "존 래시터가 감독하는 모든 영화는 픽사가 최종적인 창작 통제권을 갖는다. 미국 박스오피스 1억 달러 이상의 실적을 올린 장편 애니메이션 영화를 예전에 감독해 보았거나 공동 감독해 본 사람이 감독을 맡는 영화는 픽사가 최종적인 창작 통제권을 갖는다. 그 외의 경우 픽사와 디즈니가 공동으로 최종적인 창작 통제권을 갖는다."

이것은 곧 앤드루 스탠턴이나 피트 닥터처럼 처음으로 감독을 맡은 사람이라도 예전에 존 래시터와 함께 감독해 영화를 성공시킨 일이 있다면 창작 통제권을 가질 수 있다는 의미였다. 〈벅스 라이프〉를 작업 중인 앤드루가 정확히 여기에 부합하는 사례였다.

개봉 시기의 문제에 관해 디즈니는 픽사 영화를 최적기인 여름이나 연말 휴가 기간 중 개봉하고 그 영화가 충분히 실적을 올릴 시간을 허용하기로 동의했다. 원칙적으로 픽사의 영화를 자기네 영화처럼 대우해 주기로 동의한 것이다.

영화 수익 분배와 관련해 우리는 진정한 50대 50 분할에 합의했다. 디즈니에게 영화 배급망 사용에 대한 표준 수수료를 지불하고 영화의 마케팅 비용을 회수한 후, 남는 수익을 디즈니와 픽사가 공평하게 나누어 갖기로 했다. 계약서에는 수익 산출 방법에 대한 세부 조항이 포함되어 있었다. 우리가 아는 한, 그 조항이 이런 식으로 문서화된 적은 처음이었다.

마지막으로, 브랜딩에 관한 계약 조항 역시 단언컨대 지금껏 한 번도 성사된 적 없는 내용을 담고 있었다. 계약서에는 픽사 브랜드를 영화와 관련해 디즈니와 동격의 브랜드로 취급하고, 픽사 로고를 디즈니 로고와 "인지적으로 동등한" 방식으로 사용하도록 명시되었다. 각 로고의 스타일이 다르거나, 한 로고가 대문자, 다른 로고가 소문자를 사용한다 하더라도 동일한 크기로 보여야 했다. 이것은 앞으로 픽사의 영화가 "월트 디즈니 픽처스가 …을 소개합니다" 대신 "디즈니·픽사"라는 배너를 걸고 마케팅된다는 의미이기도 했다. 간단히 말해, 픽사는 영화와 관련된 모든 것에서 디즈니와 나란히 공동 브랜드를 사용할 것이다. 우리 손으로 만든 작품에서 디즈니보다 격이 떨어지게 인식되는 일은 두 번 다시 없을 것이다.

"픽사는 브랜드가 될 거예요." 이 조항의 조건을 확정 지은 후 스티브가 내게 말했다. "우리가 이 영화를 만들었다는 사실을 모두가 알게 되겠죠."

"맞아요." 나는 말했다. "버즈 라이트이어 인형이랑 티셔츠까지 전부요. 우리가 해냈어요."

1997년 2월 24일, 롭 무어와 나는 버뱅크의 월트 디즈니 본사 회의실에 앉아 있었다. 우리 앞에는 월트 디즈니 컴퍼니와 픽사 애니메이션 스튜디오 사이에 새롭게 맺어지는 공동 제작 계약서의 최종본이 놓여 있었다. 우리는 각자 펜을 꺼냈고, 무어는 디즈니를 대표해 나는 픽사를 대표해 계약서에 서명했다. 계약이 체결되었다. 우리는 픽사 사업 계획의 마지막 두 축을 이루어 냈다. 영화 수익의 50%를 나누어 받고, 픽사라는 브랜드를 전 세계에 알릴 것이다.

내가 완료한 모든 계약을 통틀어 이번처럼 마냥 행복했을 때는 없었다.

다음 날 《뉴욕타임스》는 이렇게 보도했다.

"월트 디즈니 컴퍼니는 어제 픽사 애니메이션 스튜디오와 다섯 편의 영화를 공동 제작하기로 하는 내용의 이례적인 10개년 파트너십을 발표했다. 이 계약은 할리우드가 애니메이션 영화라는 돈 되는 사업에 갈수록 높은 가치를 두고 있음을 반영한다.

디즈니와 이 신생 영화사는 다섯 편의 영화에 대한 비용, 수익, 로고

를 똑같이 공유할 예정이다. 영화는 디즈니-픽사 프로덕션이라고 불리게 되므로, 사실상 두 스튜디오가 한 브랜드를 공유하는 셈이다."

정말 그랬다. 언론은 우리가 모든 것을 걸고 지켜 내려 했던 계약 조항이 무엇이었는지를 제대로 짚었다. 자존심 센 디즈니가 가장 눈에 띄는 자리를 픽사와 공유하기로 동의했다는 것은 주목할 만한 일이었다.

그 후로 오랫동안 스티브와 나는 디즈니 매장 앞을 지날 때마다 불쑥 들어가서 버즈와 우디 인형을 비롯한 픽사 영화의 다른 캐릭터 상품들을 살펴보았다. 우리는 태그를 찾아 뒷면에 나란히 표시된 디즈니·픽사 로고를 확인하곤 했다. 매장 안에서 라벨 뒷면의 작은 로고를 보며 그토록 흐뭇한 미소를 짓는 사람들은 우리 말고 아무도 없었을 것이다.

* Steve Lohr, "Disney in 10-Year, 5-Film Deal with Pixar," 1997년 2월 25일 자 《뉴욕타임스》, http://www.nytimes.com/1997/02/25/business/disney-in-10-year-5-film-deal-with-pixar.html.

22
작은 칭찬

픽사에서 보낸 첫 2년 동안 픽사의 IPO, 디즈니와의 재협상, 창작 통제권에 대한 결정, 스튜디오 조직 구성을 비롯해 여러 가지 중대한 프로젝트들이 분주하게 진행되었다. 그렇다고 해서 그간 발생한 모든 이슈가 중요한 전략 과제와 관련된 것은 아니었다. 그중에서도 사소한 사안 하나가 특별히 내 이목을 끌었고 열정을 발동시켰다.

그것은 픽사가 〈벅스 라이프〉의 개봉을 앞두고 있던 1998년 초에 대두되었고, 영화 크레딧와 관련이 있었다. 나는 다소 고지식하다고 할 정도로 이 화두를 밀어붙였는데, 공을 나누는 일과 관련해 앞서 벌어진 한 사건에 대해 약간의 부당함을 느끼지 않았다면 그토록 적극적으로 나서지는 않았을 것이다.

1995년 9월에 발간된 픽사에 관한 잡지 기사가 그 부당함의 근원이었다. 스티브는 그 기사를 위해 한동안 물밑 작업을 펼치고 있었다. 그해 초여름, 스티브는 픽사 이야기를 풀어놓을 매체를 물색하기 시작했다. 물론 영리하게 자신의 이야기도 뒤섞을 생각이었다. 스티브는 이 영역의 대가였다. 그는 먹잇감을 노리는 표범에 견줄 만한 전략과 끈기를 과시하며 큰 사냥감을 기다렸다. 즉, 메이저 잡지의 특집 기사였다. 유력 매체와의 접촉을 위해 중요성이 떨어지는 이야기들을 일부러 흘리기도 했다. 스티브는《타임》,《뉴스위크》및 관심이 있을 만한 매체의 기자들과 관계를 가늠해 보았다. 최종적으로 가장 큰 흥미를 보인 사람은《포춘》의 실리콘밸리 사무실에 근무하는 브렌트 슐렌더Brent Schlender였다.

스티브는 슐렌더를 픽사로 초대해 회사를 구경시켜 주고 핵심 인물들을 만나게 했다. 슐렌더는 스티브와도 상당한 시간을 함께 보냈다. 그 결과 1995년 9월 18일 자《포춘》은 정확히 스티브가 원하던 내용을 보도했다. 스티브의 복귀와 픽사의 새로운 전략을 처음으로 소개한 대형 특집 기사였다. 잡지 표지에는 "스티브 잡스의 디즈니 딜"이라고 적혀 있었다. 2면에 걸쳐 통으로 구성된 첫 페이지 왼편에는 스티브의 얼굴을 클로즈업한 전면 사진이 들어갔고, 오른편에는 다음과 같은 헤드라인이 대문짝만하게 실렸다.

스티브 잡스의 놀라운 영화 모험

기사 첫 페이지의 머리글은 아래와 같았다.

"디즈니는 올 크리스마스에 선보일 블록버스터 애니메이션을 위해 컴퓨터 업계의 옛 천재에 승부를 걸었다. 그가 실리콘밸리에서 했던 일을 할리우드에서도 해낼 수 있을까?"

이 기사는 스티브의 복귀를 먼저 다룬 후 기가 막힐 정도로 절묘한 시점에 픽사 이야기를 꺼냈다. 〈토이 스토리〉가 스티브에게 어떤 의미인지를 설명하면서 브렌트 슐렌더는 이렇게 썼다.

*"〈토이 스토리〉 개봉은 스티브 잡스의 잘 알려진 이력에서 새로운 장의 시작을 의미한다. 이 영화가 히트할 경우, 그는 아이스너와 스티븐 스필버그 같은 거물급 인사나 행크스와 앨런 같은 초대형 스타 등 디지털 엔터테인먼트라는 멋진 신세계의 중심인물들과 어깨를 나란히 하게 될 것이다. 실제로 잡스는 자신의 타고난 성향에 부합하는 환경을 마침내 찾은 건지도 모른다. 판타지와 기술이 서로 상승작용을 펼치는 사업이기 때문이다. 픽사와 〈토이 스토리〉로 잡스가 만들어 내는 "현실"이 이번만큼은 그의 거창한 미사여구를 능가할 수도 있다."**

이것은 스티브에게도 픽사에게도 환상적인 기사였다. 슐렌더의 논조는 긍정적이었다. 하지만 픽사 주변의 반응은 조용했다. 이 기사가 여러 해 동안 픽사에 관해 집필된 것 중 가장 흥미로운 내용임은 확실했다. 엔터테인먼트 회사로서 픽사의 새로운 이미지를 부각시키고 그 탁월한 영화 제작 역량을 세상에 소개한 첫 번째 기사이기도 했다. 그럼에도 불구하고 픽사 사람들은 왠지 시큰둥했다. 나는 언론의 집중 조명을 받는 회사들이 어떤 분위기인지 잘 알고 있었다. 자연스럽게 서로 손뼉을 마주치고 축하의 인사를 건네는 게 보통이지만 묘하게도 픽사에는 그런 분위기가 전혀 없었다. 픽사 사람들의 반응은 좀 더 차분했다. 미디어 업적에 대해 흥겹게 축하하기보다는 의례적으로 인정의 제스처를 보이는 게 전부였다.

픽사가 예전부터 스티브에 대해 품고 있던 불안감을 생각해 보면

* Brent Schlender, "Steve Jobs' Amazing Movie Adventure," 1995년 9월 18일자 《포춘》, https://archive.fortune.com/magazines/fortune/fortune_archive/1995/09/18/206099/index.htm.

그 기사에 대해 회사 내에서 묘한 반응이 나온 이유를 쉽게 짐작할 수 있었다. 기사는 스티브에게 지나치게 초점을 맞추고 있었다. 그가 픽사의 영화 전략과 방향성을 거의 단독으로 설계했다는 것처럼 들렸다. 다섯 번째 문단에 가서야 픽사가 언급되었고, 그 후에 〈토이 스토리〉를 "잡스의 새 영화"라고 지칭했다. 물론 스티브가 어려운 시절 내내 픽사와 함께했다는 점은 큰 공으로 인정받을 만했다. 그러나 그 기사는 픽사를 상세히 소개하고 픽사 내부에서 촬영한 잘 나온 사진까지 몇 장 싣기는 했어도, 많은 시간 사이드라인 바깥에 물러나 있던 스티브를 여전히 최전면에 내세웠다.

나는 스티브가 평소에 자기 얘기를 잘 하지 않는 사람임을 알고 있었다. 하지만 그는 대중들 앞에 나설 때만큼은 자신에게 쏠린 세간의 관심이 흩어지는 걸 좋아하지 않았다. 핵심 아이디어 중심으로 이야기를 엮어 내는 그의 능력은 전설적이었고, 그는 자기 이야기에도 똑같은 강도로 그 실력을 발휘했다. 스티브 밑에서 일한다는 것은 그늘 속에서 일한다는 뜻이었다. 그는 공개적으로 누군가와 공을 나누는 데에 아주 너그럽지는 않았다.

나는 개의치 않았다. 하지만 어쩐지 회사 전체가 그늘에 가려졌다고 생각하니 조금 신경이 쓰였다. 그러다 다른 사람들의 노고에 작은 스포트라이트를 비춰 줄 기회가 생기자, 적극적으로 발 벗고 나서게 되었던 것이다.

〈벅스 라이프〉의 영화 크레딧이라는 대수롭지 않은 이슈와 관련해 그럴 기회가 생겼다. 영화가 끝난 후 스크린에 제작진의 이름이 재빨리 올라가고 관객들은 겉옷을 챙겨 극장을 나서는 그 시간 말이다. 특정한 영화에서 역할을 담당한 픽사 직원들은 그 영화의 크레딧에 이름이 자동으로 올라간다. 그럼 특정한 영화에 배치되지는 않았으나 모든 픽사 영화를 넘나들며 일한 사람들은 어떤가?

상당수의 직원이 내 밑에서 일하며 재무, 인사, 시설, 구매 및 그 밖의 행정 지원 기능을 담당했다. 이 헌신적인 기여자들은 픽사의 영화를 위해 밤낮으로 일했지만(그 밖에 다른 일은 하지 않았다) 특정한 영화를 맡지 않았다는 이유로 스크린 위의 엔딩 크레딧에 이름을 올릴 일이 없었다. 픽사의 다른 직원들은 크레딧이 스크린 위에 흘러가는 동안 짧은 순간이나마 스포트라이트를 받는 자기 이름을 보게 될 텐데 말이다. 물론 각자의 가족 외에는 아무도 거기 앉아서 크레딧을 확인하지 않겠지만 적어도 당사자들에게는 그것이 눈부신 순간일 것이고 개인적으로나 가족으로서 두고두고 자부심의 원천이 될 것이다. 나는 우리 팀원들도 똑같은 걸 경험할 자격이 있다고 느꼈다.

그 팀의 구성원들은 다음과 같았다. 픽사의 재무 및 회계 시스템을 관리하는 내 오른팔이자 IPO에서 중추적인 역할을 한 세라 스태프, 픽사의 몹시 복잡한 컴퓨팅 수요를 책임지고 있는 발군의 IT 매니저 그레그 브랜도, 점점 늘어나는 우리의 업무 공간을 무한한 열정과 기술로 돌봐 준 강철 체력의 시설 관리자 톰 칼라일, 회사의 성장에 필요했던 채용 프로세스를 아무것도 없는 상태에서 구축해낸 레이철 한나, 앞서 근무했던 회사에서 나를 따라 이직한 후 우리가 픽사의 사업 계획을 수립할 때 한결같은 자세로 함께 일했던 픽사의 예산 관리자 밀란 파리크, 내가 픽사에 합류하기 훨씬 전부터 픽사에 근무하면서 우리의 의료보험을 관리해준 리사 엘리스, 회계 팀의 매리 드콜라와 캐시 코제타, 투자자 관계Investor Relations(IR) 담당자 브린 리처드슨, 마케팅 및 크리에이티브 리소스의 캐서린 싱선, 캐서린 세라피언, 조나스 리베라, 영화 회계 담당자 로버트 테일러, 예산 담당자 마티 에쇼프, 픽사의 벤더들이 정확한 시간과 예산에 납품을 마칠 수 있게 하기 위해서라면 무슨 수라도 쓸 구매 담당자 DJ 제닝스, 그리고 뛰어난 능력의 내 보좌관 다이앤 필립스. 나열해 보니 모두 합쳐 42명이었다.*

유명인들의 세계에서 이 사람들은 나와 마찬가지로 무명의 존재일지 몰라도, 내 세계에서 그들은 스타였다. 픽사의 성공에 보탬이 되려고 어떤 고생도 마다하지 않는 사람들이었다. 많은 이들이 자신이 맡은 업무 분야만이 아니라 회사 전체를 걱정했다. 그들에게 픽사는 삶의 일부였다. 그들은 픽사의 소리 없는 영웅이었다. 이 지원군들의 이름은 아무도 알아주지 않겠지만 그들의 노력은 어느 모로 보나 다른 이들의 노력만큼 중요했다.

“이 사람들도 모두 크레딧에 이름을 올려야 마땅해요.” 나는 어느 날 스티브에게 말했다. “영화 크레딧 마지막에 픽사 관리직 직원들의 이름을 전부 추가하는 데는 아무 비용도 들지 않잖아요. 상영 시간이 몇 초 더 길어질 뿐이라고요. 어떻게 생각하세요?”

“달라와 상의해 보는 게 어때요?” 스티브는 제안했다.

그것은 ‘예스’도 ‘노’도 아니었지만 열린 답변이었다. 그래서 나는 받아들였다.

달라 앤더슨은 케빈 리허와 함께 〈벅스 라이프〉를 공동 제작하고 있었다. 달라는 그간 픽사의 광고 사업을 이끌어 왔고 장편 영화는 이번이 처음이었다. 나는 이 일의 적임자로 달라를 강력히 추천했었다.

* 전체 목록은 여기서 확인할 수 있다: http://www.imdb.com/title/tt0120623/fullcredits?ref_=tt_cl_sm#cast.

달라는 기꺼이 엔딩 크레딧 문제를 디즈니 측에 확인해 보겠다고 했다.

달라는 2주 뒤 다시 연락을 주었다.

"아쉽네요." 그녀는 말했다. "크레딧에 이름을 올리는 아이디어는 허락할 수 없대요. 자기네 영화에도 그렇게 한 적이 없고, 우리 영화에도 하지 않겠다고 하네요."

내 요청은 디즈니에게 단박에 거절당했다. 그래도 이건 공평해 보이지 않았다. 나는 이 문제에 대해 그토록 까다롭게 구는 이유를 알아보기로 했다.

알고 보니 영화 크레딧은 제작진들에게 일종의 이력서와 같은 역할을 하는 분위기가 형성되어 있었다. 가볍게 이름을 올려 주는 게 아니었다. 게다가 디즈니는 관리직 직원들의 이름을 영화 크레딧에 올리지 않는 내부 방침을 지켜 왔기 때문에, 픽사 때문에 그 전통을 깨고 싶어 하지 않았다. 하지만 내 뜻은 흔들림이 없었다. 그건 우리 영화였다. 그 점을 명확히 하려고 얼마 전에 계약까지 체결하지 않았던가. 픽사는 창작 통제권이 있었다. 우리가 내려야 할 결정이었다. 나는 다시 스티브에게 이 건을 들고 갔다.

"저는 이 문제에 대해 안 된다는 대답을 받아들이고 싶지 않아요." 나는 말했다. "이건 우리가 돈 한 푼 안 들이고 픽사 직원들에게 정말 의미 있는 선물을 해 줄 기회라고요."

"존과 에드도 찬성이라면 디즈니를 압박해 볼게요." 스티브는 대답했다.

존과 에드는 둘 다 아카데미협회Academy of Motion Pictures의 회원이었고 영화 크레딧의 정치적 성격을 아주 잘 이해하고 있었다. 나는 두 사람과 이것을 논의하기 위해 회의 자리를 마련했다.

“문제는 할리우드가 영화 크레딧을 무척 진지하게 받아들인다는 거죠.” 존은 설명했다. “엄밀하게 영화 제작과 관련 없는 이름들을 추가해 크레딧의 의미를 희석시키고 싶어 하지 않아요. 그들에게는 관례의 문제예요.”

“하지만 애니메이션의 경우는 달라요.” 나는 주장했다. “제작이 끝나도 뿔뿔이 흩어지는 영화 제작진이 없잖아요. 우리 직원들은 제작진과 똑같이 밤낮으로 일하고 있어요. 모두가 같은 건물에서 같은 목적을 위해 나란히 호흡을 맞추고 있죠.”

우리는 조금 더 논의해 보았지만 묘안을 찾지는 못했다. 에드가 조금 더 시간을 두고 생각해 보자고 제의했다.

며칠 뒤 에드와 나는 이 주제로 다시 이야기를 나누었다. 나는 이게 형평성의 문제임을 다시금 강조했다. 같은 목표를 향해 일하고 있는 그렇게 많은 사람들을 배제하는 것은 독단이었다. 우리는 현 질서에 혼란을 가져오지 않으면서 이 문제를 해결할 방법을 이것저것 떠올려 보았다.

“다른 종류의 크레딧을 만들면 어떨까요?” 에드가 골똘히 생각에 잠겨 말했다. “일반적인 크레딧과 별도로 끝부분에 뭔가를 새로 만드는 거죠.”

“그렇게 하면 되겠네요.” 나는 말했다. “우리가 바라는 건 그게 전부니까요. 꼭 다른 크레딧과 똑같지 않아도 상관없어요. 그저 스크린에 올라온 이름들을 보고 싶은 것뿐이죠.”

마침내 돌파구를 찾았다.

그 회의 이후, 에드와 존과 나는 〈벅스 라이프〉의 제작진들과 함께 '감사thanks to' 크레딧이라는 아이디어를 발전시켜 보았다. 일반적인 크레딧 밑에 별도로 올라가는 크레딧이었다. 스티브도 찬성했고, 디즈니 측에 이 아이디어를 제안했다.

두어 주 뒤 답변이 돌아왔다.

"허락은 했는데 한 가지 조건을 걸었어요." 스티브가 말했다.

"그게 뭔데요?" 나는 물었다.

"픽사 임원들은 크레딧에 이름을 올릴 수 없대요. 그 관례까지 깨고 싶지는 않은가 봐요."

그게 무슨 뜻인지 나는 즉각 이해할 수 있었다. 스티브와 에드는 〈토이 스토리〉 때 제작 책임자로 이미 이름을 올린 적이 있었고 그럴 만한 자격이 충분했다. 하지만 〈벅스 라이프〉에 들어갈 이 새로운 크레딧에는 임원 중 누구도 이름을 올릴 수 없었다. 그렇게 되면 픽사의 고위 간부 중에서는 오로지 나만 스크린에 이름을 올린 적이 한 번도 없게 된다. 내 밑에서 일하는 직원들은 당연히 올라가겠지만.

조금 속이 쓰렸음은 인정해야겠다. 단 한 번, 우리 가족들을 위해서라도 내 이름이 스크린에 오른 것을 볼 수 있었다면 근사했을 것이다. 하지만 일은 그렇게 되지 않았다. 그래도 상관은 없었다. 원하던 바를 이루었으니까. 내 답은 분명했다.

"정말 잘 됐어요." 나는 스티브에게 말했다. "어쨌든 해냈네요. 디즈니 측에 말씀해 주셔서 고마워요."

새로운 크레딧은 〈벅스 라이프〉에 처음으로 추가되었다. 일반적인 크레딧이 모두 올라가고 영화가 완전히 끝난 것 같은 순간, 스크린 바닥에서부터 다음과 같은 문구가 올라왔다.

이 영화의 제작을 지원해 준 모든 픽사 직원들에게 감사드립니다.

이어서 픽사의 재무, 마케팅, 행정 부서 전 직원들의 이름이 나타났다. 픽사에서 겪은 이런저런 일 중에서 이걸 처음으로 보았을 때만큼 흐뭇했던 순간도 드물다. 그 후 모든 픽사 영화에서 하나의 전통으로 이어져 내려오게 되면서 더욱 의미가 깊어졌다.

요즘도 우리 가족들은 픽사 영화를 볼 때 크레딧이 다 올라갈 때까지 자리에 앉아 있어야 한다는 걸 안다. 내가 흥분된 마음으로 지원 부서 직원들의 명단이 스크린에 올라오는 광경을 지켜보는 시간이기 때문이다. 나는 그걸 볼 때마다 목이 멘다. 더 이상 거기 나오는 사람들을 개인적으로 많이 알지는 못하지만 그들이 열심히 일했고, 영화에 중요한 기여를 했으며, 찰나의 순간이나마 스포트라이트를 받을 자격이 충분하다는 사실만큼은 아주 잘 알고 있다.

23
깜박임

디즈니와 새로운 계약을 체결한 것이 1997년 2월의 유일한 주요 사건은 아니었다. 애플 컴퓨터가 넥스트를 인수했고, 이것은 스티브에게 굉장한 성취였다. 스티브가 애플에 대한 반발심으로 만들었던 회사를 애플이 사들였다는 것은 대단히 아이러니했다.

당시에는 큰 그림이 보이지 않았지만 우리가 디즈니 계약에 서명을 하고 넥스트가 애플에 매각된 것은 이후 연이어 벌어진 사건들의 도화선이자 스티브와 나의 여정에 일어난 변화의 시작점이었다. 어떤 부드러운 힘이 이제 우리를 각기 다른 방향으로 끌어당기고 있었다. 스티브에게는 변화가 더 빨리 찾아왔다.

스티브는 넥스트를 애플에 넘기게 되어 무척 신이 나 있었다. 넥스트는 1988년에 첫 번째 컴퓨터를 출시했지만 급성장하는 워크스테이션 컴퓨터 시장에서 경쟁에 실패했다. 1993년에는 운영 시스템과 개발 소프트웨어 판매에 집중하기 위해 하드웨어 사업을 접었다. 애플에 회사를 매각함으로써 스티브는 넥스트가 체면을 세울 수 있는 종착점을 찾았고, 진보적인 소프트웨어 기술을 계속 살려 나갈 환경을 마련했다. 그가 흥분해 있는 건 당연했다.

"넥스트의 소프트웨어는 애플의 차세대 운영 시스템에서 핵심이 될 거예요." 그는 매각 후 나에게 말했다. "애플에게는 그게 꼭 필요하죠."

넥스트에서 스티브가 할 일이 점차 줄어듦에 따라, 나는 그가 픽사의 일상 업무에 관여하는 수준이 지금의 관례인 주 1회 방문보다 더 높아질지 궁금해졌다. 하지만 아무것도 달라지지 않았다. 픽사는 〈벅스 라이프〉와 〈토이 스토리 2〉를 꾸준히 작업하는 한편, 확장 계획을 실행에 옮기는 중이었다. 스티브는 픽사가 돌아가는 방식에 만족해하는 듯했으며 그걸 바꾸려는 뜻을 전혀 내비치지 않았다.

이 시기에 나와 스티브의 관계도 한 단계 진전되었다. 지난 2년 동안의 압박으로부터 한결 자유로워졌기 때문이었다. 우리는 10년이 걸릴 수 있다고 생각했던 일을 2년 반 안에 해냈다. IPO와 디즈니 계약을 마쳐 놓고 나니, 스티브는 훨씬 느긋해졌다. 주말이면 종종 우리 집 쪽으로 건너와 함께 산책하거나 뒷마당에 앉아 이야기를 나누었다. 대화의 주제는 픽사에서 시작해 국제 정세, 자녀 교육과 개인 생활을 넘나들었다.

한 번은 내가 긴급한 의학적 도움이 필요한 상황에 처한 적이 있었다. 집안의 직계 가족 중 한 분이 매우 심각하게 발전할 가능성이 있는 질병을 진단받았을 때였다. 우리가 어떻게 해야 할지 상의 중이던 어느 날 저녁 스티브에게 전화가 걸려 왔다. 힐러리가 그 전화를 받았고, 스티브가 안부를 묻자 집사람은 돌연 감정이 북받쳐 올라 울음을 터뜨리고 말았다. 힐러리가 상황을 설명하자 스티브는 주저 없이 말했다. "필요하다면 세계 최고의 의사를 찾아서 이리로 모셔와 드릴게요."

최고의 의사는 차로 한 시간 거리인 샌프란시스코에 있었다. 무척 다행스럽게도 문제는 잘 해결되었다. 하지만 힐러리는 스티브의 마음 씀씀이를 절대 잊지 않았고, 두고두고 그 일을 고마워했다.

이 무렵, 특히 넥스트가 매각되고 난 후 우리가 나눈 몇 차례의 대화에서 스티브는 애플 이야기만 나오면 깊은 생각에 잠기곤 했다. 그는 애플이 오래전에 방향성을 잃었고, 지금 그 어느 때보다도 갈피를 못 잡고 헤매면서 예전 모습을 찾아볼 수 없게 되었다고 생각했다. 그는 애플의 위대함을 되살릴 방법을 전혀 감도 못 잡았다며 잇따라 교체된 최고경영자들을 비난했다. 넥스트 인수가 애플에 도움은 되겠지만 절대 충분하지는 않을 거라고 생각했다.

나는 서서히 깨닫기 시작했다. 스티브의 숙고가 실은 내면에서 맹렬하게 타오르는 불길의 깜박임이라는 사실을. 애플의 미래에 대한 스티브의 구상은 이론적인 수준을 훌쩍 뛰어넘었다. 나는 1997년 초여름의 어느 토요일 팰로앨토에서 그를 만났을 때 이것이 사실임을 확인했다.

"애플로 다시 돌아갈까 생각 중이에요." 스티브는 말했다. "애플 이사회가 제게 관심 있는지 물었거든요."

"우와!" 나는 말했다. "굉장한 소식이네요. 기분이 어떠세요? 애플은 오랫동안 표류해 왔고 도움이 간절한 상황일 텐데요. 정말 제안을 받아들일 생각이세요?"

"망설이는 중이에요." 스티브는 대답했다. "하지만 시도해 볼 수는 있겠죠. 저는 월급도 안 받을 생각이에요. 제 아이디어를 나누고 어떤 조치를 취해야 좋을지 가늠해 볼 기회를 얻고 싶을 뿐이니까요."

스티브의 말을 듣자마자 나는 그가 마음의 결정을 내렸음을 알 수 있었다. 스티브는 애플을 구할 수 있을지 확신하지 못했다. 애플에 돌아갔지만 휘청거리는 회사를 구출하지 못했을 경우 거기에 책임을 져야 하는 상황도 원치 않았다. 월급을 받지 않겠다는 것은 "나한테 아무 보수도 하지 않으니 회사가 침몰하더라도 나를 비난하지 말라"라는 이야기나 다름없었다. 만약 그가 회사를 회생시키는 데에 성공하면 나중에라도 보상의 기회는 충분할 테니, 한 마디로 밑져야 본전인 시나리오였다.

그러나 그가 나에게 듣고 싶은 말은 따로 있었다.

"스티브, 애플에 돌아가기로 결정하더라도 픽사 걱정은 하지 마세요." 나는 말했다. "모든 게 잘되어 가고 있으니까요. 이제 디즈니 계약도 마무리됐고 우린 해야 할 일을 잘 알고 있어요. 또 아예 회사를 떠나는 게 아니잖아요. 포인트 리치먼드에 예전만큼 자주 오지는 못하더라도 늘 그래 왔듯 서로 연락하고 지내면 돼요."

내 짐작에 스티브는 이 대화를 통해 그가 픽사를 저버리는 게 아니라는 걸 확실히 해 두고 싶었던 것 같았다. 어떤 면에서 그는 애플로 돌아가는 결정에 대해 픽사로부터 암묵적인 허가와 축복을 받길 원했다. 나는 그가 에드, 존과도 똑같은 내용의 대화를 하리라는 걸 알았다. 또한 그들이 스티브의 결정을 전폭적으로 지지하리라는 것도 알았다.

지난 몇 년 동안 일어난 모든 변화 속에서 그에게 자신감을 심어 준 요소가 하나 더 있었다. 스티브는 픽사와 10년 가까이 껄끄러운 관계를 이어 온 끝에, 내가 회사에 합류했을 당시만 해도 전혀 없던 한 가지를 얻은 상태였다. 바로 존경이었다.

나는 이것을 확실하게 느낄 기회가 있었다. 픽사 임원들을 불러다 놓고 개발 중이던 어느 영화를 보여 주었던 날이었다. 늘 하던 대로 모두 상영실에 모여 그 영화의 최신 버전을 관람했다. 상영이 끝나고 존은 스티브 쪽으로 몸을 돌려 물었다. "스티브, 어떻게 생각하세요?"

"제가 보기엔 좋은데요." 스티브는 말했다. "물론 제 생각이 그렇게 중요한 건 아니지만요."

"중요해요." 존은 힘주어 말했다.

"아녜요. 여러분이 판단하세요. 전 여러분을 믿어요." 스티브가 말했다.

"하지만 우리는 스티브의 생각을 알고 싶어요." 존은 단호하게 말했다.

다른 사람들은 알아채지 못했을 작은 순간이었다. 하지만 나는 그 순간 픽사에서 예전까지 한 번도 목격한 적 없었던 무언가를 감지했다. 크리에이티브 팀, 그러니까 우리가 오래전에 모든 창작 권한을 넘겨 준 그 팀이 스티브의 생각에 신경 쓰고 있다는 사실이었다. 픽사의 세계에서 그보다 더 큰 칭찬은 없었다. 그것은 최고 수준의 존경을 의미했다.

사실 픽사 전체적으로 스티브에 대한 적대감은 더 이상 남아 있지 않았다. 그는 회사를 위해 어려운 시기를 버텨 냈고 이제는 두려운 소유주가 아니라 신뢰받는 보호자로 여겨지고 있었다. 우리의 대화에 이 주제가 등장한 적은 없었지만 나는 이것이 그의 잠재의식 속에서 매우 중요한 의미였으리라 확신한다.

돌이켜 보니, 스티브가 픽사에서 겪은 다양한 경험들은 그를 변화시켰고, 그 변화는 뒤이어 벌어진 사건들에 중요한 역할을 했다.

그러한 변화 가운데 하나는 스티브가 엔터테인먼트 산업을 이해하게 되었다는 사실이었다. 그는 더 이상 그냥 하이테크 기업의 CEO가 아니라 엔터테인먼트 업계의 CEO이기도 했다. 양쪽 세계 모두를 편안하게 넘나들 수 있는 경영자는 매우 드물었고, 스티브의 이러한 능력은 그가 음악과 엔터테인먼트의 복잡한 미로 속으로 애플을 이끌어 갈 때 결정적인 힘이 되어 주었다.

또한, 픽사의 사업 및 전략 과제를 숙고하는 과정도 그에게 영향을 주었던 것 같다. 그가 애플, 넥스트, 그리고 픽사 초창기에 상업적으로 실패했던 것은 비즈니스 현실을 무시했던 까닭이 컸다. 원조 매킨토시인 리사, 넥스트 컴퓨터, 픽사 이미지 컴퓨터는 모두 지나치게 높은 가격을 책정하거나 시장의 중요한 고려 사항을 무시한 탓에 실패로 돌아가고 말았다. 이에 반해 픽사에서는 언제나 비즈니스 현실과 창작 문화를 잘 조화시키는 것에 우선순위를 두었다.

마지막으로 스티브는 이제 결정적인 승기를 되찾은 상태였다. 그는 억만장자의 대열에 들어섰다. 애플에서 무슨 일이 벌어지든 그 점이 달라지지는 않을 것이다. 설령 애플이 망한다 해도 그의 부활은 기정사실이었다.

이 모든 것을 종합해 보면 픽사는 여러 가지 면에서 스티브에게 지대한 영향을 주었다. 픽사 덕분에 억만장자가 되었고, 대중들 앞에 화려하게 복귀했으며, 엔터테인먼트 산업을 속속들이 공부했고, 픽사 임직원들과 변화된 관계를 누리게 되었고, 사업적 요구와 창작적 요구를 조화시킬 줄 알게 되었다. 스티브의 천재적인 심미안 및 제품에 대한 비전과 더불어 이러한 요인들은 스티브가 애플의 소용돌이 속으로 뛰어들 때 아주 막강한 무기가 되었다. 사실 픽사는 (그에게 변함없는 부의 원천이었지만) 스티브의 인생 여정에서 막간이었는지도 모른다. 그러나 픽사가 없었다면 스티브의 애플 2막에서 도입되었던 혁명은 불가능했으리라는 주장도 일리가 있다.

스티브와 내가 애플 복귀 가능성에 대한 논의를 마무리 지을 때쯤, 나는 용기 내어 또 한 가지 생각을 그에게 전했다.

"어서 애플로 돌아가고 싶은 마음은 잘 알아요. 하지만 지금 서 계신 위치는 몇 년 전과 달라요. 인생의 다른 면들을 돌아볼 여유가 생겼다는 점에서요. 혼자 보내는 시간이나 가족, 친구들과 함께하는 시간도 지금까지와 다른 방향으로 전개되겠죠. 그런 부분들을 잊지 말았으면 해요."

스티브는 이 말에 대꾸하지 않았다. 나는 인생에 조금 더 관심을 기울일 부분이 있음을 일깨워 주려고 한 말이었다. 픽사에 입사했을 당시 스티브의 거친 행동에 대한 평판은 익히 들어 알고 있었다. 비록 개인적인 관계에서 내가 직접 경험한 적은 없었지만, 스티브에게는 유명한 일화들이 많았다. 다행히도 우리는 처음 만난 순간부터 건설적인 자세로 협력했고 서로 의견이 맞지 않을 때조차 상대방을 존중했다. 우리 사이에 고성이 오간 일은 기억나지 않는다. 그렇다고 해서 스티브가 무례하게 행동하거나 다른 사람들을 무시하는 모습을 한 번도 본 적 없다는 뜻은 아니다. 그는 실수를 절대 눈감아 주지 않았고 너그럽지 못한 모습을 보이기도 했다.

하지만 픽사에서만큼은 그런 일이 드물었다. 우리가 모든 정보를 함께 나눈 덕분이기도 했고, 애플이나 넥스트와 달리 스티브가 픽사의 제품 생산자가 아니었다는 점도 여기에 일조했다. 그는 직접 영화를 만들지 않았다. 픽사의 진정한 도약을 위해서는 다른 사람들의 힘이 필요했다. 아마 스티브 자신도 그 정도로 남에게 의존한 것은 아마 처음이었을 것이다. 이제야 드는 생각이지만 픽사에서 체득한 신뢰와 협업의 정신이 다른 면에서도 스티브에게 도움이 되었을 것 같다.

스티브가 1997년 7월 애플에 다시 합류하고 나자, 약간의 공허함이 드는 건 어쩔 수 없었다. 지난 몇 년간 우리가 함께 걸어온 여정에 변화가 생긴 것이었다. 우리는 함께 걷고, 이야기하고, 토론하고, 계획을 짜고, 웃고, 나누고, 앞일을 걱정하며 픽사를 가야 할 방향으로 이끌어 왔다. 스티브는 이제 새로운 세계로 옮겨 가는 중이었고, 그곳은 내가 가지 않을 세계였다. 내가 할 일은 픽사에 있었다. 디즈니와의 새로운 계약이 제대로 실행되는지 지켜보고, 사업의 방향을 흔들림 없이 유지하고, 월스트리트와 투자자들을 상대하고, 픽사의 안녕을 위해 경계를 늦추지 말아야 했다.

그 후 10년 동안 스티브와 나의 관계는 결코 예측하지 못한 방향으로 진화를 거듭했다. 그는 2003년에 암 진단을 받았고 다음 몇 년에 걸쳐 일련의 치료를 받았다. 나는 그가 질병과 싸우고 치료를 받는 동안 병상을 지키며 많은 시간을 보냈다. 자주 집까지 찾아가서 그가 집에 있나 살피기도 했다. 그렇게 병문안을 할 때마다 우리는 서로 아무 말도 하지 않았다. 그냥 그가 좋아하는 텔레비전 프로그램 한 편을 함께 볼 뿐이었다.

컨디션이 아주 좋은 날이면 스티브는 애플에서 개발 중인 제품을 열심히 보여 주었다. 나는 스티브의 집에 있는 사무실에서 처음 아이팟으로 음악을 듣고, 아이폰으로 통화를 하고, 아이패드를 만져 보았다. 그는 애플의 모든 중대한 신제품 발표회에 나를 초대해 주었고, 나는 샌프란시스코 모스콘 컨벤션센터에 조용히 앉아 그가 매년 세상에 최면을 거는 모습을 지켜보았다. 스티브는 만들려고 생각 중이던 근사한 디자인의 요트까지 내게 보여 주었다. 스티브의 천재적인 미적 감각은 기술의 범주를 훌쩍 뛰어넘었다.

물론 스티브가 나와 공유하지 않은 삶의 영역도 있었다. 스티브는 삶의 각기 다른 면면을 분리하는 버릇이 있었고, 모든 구역에 대한 열쇠는 오로지 본인만 쥐고 있었다. 한 구역에 속한 사람은 나머지 구역에 접근하기가 거의 불가능했다. 스티브의 유명인 지위가 하늘 높은 줄 모르게 치솟고 전 세계 곳곳의 리더와 유명 인사들을 만나러 돌아다니기 시작하자, 그의 삶에서 내가 차지하는 비중이 약해지는 느낌이 들었다. 하지만 그는 건강이 허락하는 한, 툭하면 우리 집 쪽으로 천천히 걸어와 함께 산책하거나 앉아 있곤 했다. 그리고 나는 제일 마지막 순간까지 스티브의 집 부엌문을 거쳐 그의 방으로 불쑥 찾아가도 언제든 환영을 받는 사람으로 남았다.

아프고 힘든 시기에는 누군가 하는 말이나 행동이 옳은지 어떤지 판단하기 어렵다. 그걸 알 수 있는 지침서나 공식 따위도 존재하지 않는다. 어쩌면 결국 가장 중요한 건, 스티브는 천성적으로 남보다 더 많이 행동했고, 타인에게 길들여지지 않았으며, 신중하게 숙고했고, 그러다 병마에 지쳐 쓰러졌다는 사실이 아닐까 한다. 나는 가끔씩 내가 할 수 있는 일이 더 있었을까 의문이 들기도 했다. 그건 알 수 없는 일이었다. 이 시기 중 스티브는 우리의 우정에 큰 고마움을 표했다. 나는 그의 속마음을 알게 되어 기뻤다. 나도 물론 그와 똑같은 마음이었다.

한 인물의 됨됨이를 평가하는 것은 나의 몫이 아니다. 그러나 내가 픽사에서 스티브와 함께 일한 시간은 우리 두 사람 모두에게 중요한 의미가 있었다고 확신한다. 스티브와 함께 일할 수 있었던 것은 크나큰 행운이었다. 그는 참으로 훌륭한 스파링 상대였다. 1994년 말 그가 수화기를 집어 들고 내게 전화해 준 일은 말로 다 할 수 없을 만큼 아직도 감사하다.

스티브의 투병 기간 중, 그가 아직 애플을 이끌고 있을 때, 우리는 또 한 번의 모험을 떠날 기회가 생겼다. 새로운 경로를 한 번 더 탐색해야 할 시기가 닥친 것이었다. 우리는 이 일을 마지막으로 함께 했고, 이로써 우리의 픽사 여정은 적절한 종착역에 다다르게 되었다.

24
계속 헤엄쳐

2005년 10월 21일 자 《USA 투데이》에 실린 〈돈 관리법Managing Your Money〉이라는 칼럼에서 매트 크랜츠Matt Krantz는 이렇게 썼다.

"픽사 주식도 큰 인기였다. 지난 5년 동안 주가는 171% 성장했다. 연평균성장률 22%다. 스탠더드앤드푸어스(S&P) 500 주가지수가 지난 5년간 전반적으로 하락했음을 감안할 때, 이건 그야말로 '인크레더블'한 실적이다.

*하지만 이 주식은 2005년도 하반기 들어 슈퍼히어로 타이즈를 입기 버거워했다."**

픽사 주식은 그야말로 '스타'였다. 지난 5년 동안 픽사의 가치는 15억 달러에서 30억 달러까지 서서히 오르더니 결국 60억 달러 가까이에 이르렀다. 스티브는 그 주식 대부분을 여전히 소유하고 있었기에, 억만장자에서 그 이상의 거부로 거듭났다. 그보다 중요한 것은 픽사

* Matt Krantz, "Pixar Could Be an Incredible Buy," 2005년 10월 21일 자 《USA 투데이》

주식이 이렇게 도움닫기를 하는 동안 픽사의 영화들도 사상 초유의 흥행을 누렸다는 사실이었다.

디즈니와의 새 계약하에 제작된 다섯 편의 오리지널 영화는 〈벅스 라이프〉, 〈몬스터 주식회사〉, 〈니모를 찾아서〉, 〈인크레더블〉과 당시 개봉을 앞두고 있던 〈카〉였다. 〈토이 스토리 2〉는 최종적으로 장편 애니메이션 영화의 속편으로 극장에 개봉되긴 했지만, 계약에 따라 다섯 편의 오리지널 영화에서 제외되었다. 이 영화들을 모두 합쳐 평균을 내 보면 미국 내 박스오피스 2억 5천만 달러를 넘겼다. 상도 여러 개 휩쓸었다.

〈벅스 라이프〉는 최우수 기악 편곡으로 그래미상을 받았다. 〈토이 스토리 2〉는 골든 글로브 뮤지컬 코미디 부문 최우수 작품상과 그래미 최우수 영화 주제가상을 받았다. 〈몬스터 주식회사〉는 아카데미 4개 부문 후보에 올랐고 주제가로 아카데미상과 그래미상을 받았다. 〈니모를 찾아서〉는 아카데미 장편 애니메이션 작품상을 거머쥐었다. 〈인크레더블〉은 아카데미 4개 부문에 후보로 올랐고, 최우수 장편 애니메이션 영화와 최우수 음향 편집의 2개 부문에서 수상했다. 10년 전에 내가 월스트리트에다 픽사 영화가 박스오피스 흥행과 수상 실적 양면에서 이 정도의 성적표를 받을 거라고 이야기했다면 모두가 코웃음을 쳤을 것이다.

나는 1999년 4월에 픽사 최고재무책임자로서의 일상 업무를 그만두었다. 여러 가지 개인적인 관심사를 추구하며 안식년을 가졌고, 그것은 궁극적으로 나를 새로운 방향으로 이끌어 주었다. 그 무렵 스티브는 나에게 픽사 이사회에 합류해 달라고 부탁했다. 이사로서 내가 해야 할 일은 픽사를 전략적으로 보살피는 것이었다. 그동안 늘 해 오던 일과 크게 다르지 않았다. 《USA 투데이》 칼럼에서 지적했듯이 픽사의 전례 없는 성공에도 불구하고 2005년에 나는 다시 한번 걱정스러운 마음이 들기 시작했다.

물리학 법칙에 따르면 우리는 한 방향으로 영원히 나아갈 수 없다. 머지않아 어떤 요인이 등장해 속도가 둔화된다. 주식, 부동산 가격, 경제 아니면 전체 문명 등 무엇이 요인으로 작용하든 아무리 큰 호황도 분명히 멈추게 되어 있다. 우리는 영원히 지속되리라는 믿음으로 성, 교회, 기념비를 짓지만 그것이 견고하다는 인식 때문에 드러나지 않는 움직임을 알아채지 못하고 놓치는 경우가 더러 있다. 가끔은 다가오는 변화의 물결이 눈에 보일 때도 있지만 대체로 그 물결에 휩쓸리는 경우가 더 많다. 나는 픽사가 그런 물결을 마주하고 있다고 생각했다.

기업의 주가가 사업 성장에 힘입어 지속적인 상승을 이어갈 때, 성장 속도가 둔화되고 있다는 첫 신호는 주식 가격에 엄청난 하방 압력을 만들어낼 수 있다. 픽사의 최근 두 영화 〈인크레더블〉(2004년 말 개봉)과 〈니모를 찾아서〉(2003년 여름 개봉)는 당시까지 출시된 픽사 영화 중 최대 규모였다. 〈니모를 찾아서〉는 전 세계적으로 10억 달러 가까이를 벌어들였다. 이 영화들은 아찔할 정도로 높은 성공의 정점을 찍은 터라, 나는 아주 작은 둔화의 기미에도 픽사 주식이 곤두박질치지 않을까 두려웠다.

《USA 투데이》 기사가 설명한 대로, DVD 판매 속도가 둔화되고 있다는 소식에 이미 이런 일이 벌어진 적이 있었다. 주가는 회복되었지만 주변 공기가 전보다 희박해졌다는 증거는 강력했다. 픽사가 지속적으로 블록버스터에만 의존해 왔다는 사실 때문에 여건은 더욱 좋지 않았다. 작은 실수 한 번에 크게 추락할 위험이 컸다. 그럴 경우, 픽사의 주주들뿐 아니라 회사 전체가 피해를 볼 수 있었다. 변화를 요구하는 주주들의 외침은 기업에 엄청난 부담으로 작용할 수 있다. 선제적으로 대응하는 편이 나았다.

해결책은 작은 실망 때문에 주가 급락이 촉발될 수 있는 위험을 어떻게든 줄이는 것이었다. 여기에는 두 가지 방법이 있었다. 하나는 픽사의 고평가된 주식을 사용해 다른 회사들을 인수하는 방법이었다. 다른 회사를 인수할 경우 애니메이션 중심 구조에서 벗어나 사업을 다각화하는 효과를 가져올 수 있었다. 그러면 애니메이션 사업이 다소 침체에 빠지더라도 회사 전체에는 파괴적인 영향을 끼치지 않을 것이다. 다각화는 월트 디즈니가 오래전부터 써 온 전략이었다.

위험을 줄이는 또 한 가지 방법은 픽사를 인수할 회사를 찾는 것이었다. 덩치 큰 대기업이 픽사를 사들일 경우, 픽사의 주주들은 현재와 같이 급상승 중인 픽사 주식을 더 큰 기업의 주식으로 맞바꿀 수 있기 때문에 훨씬 큰 다각화 효과를 누리게 된다. 여러 해 동안 스티브와 나는 픽사가 언젠가 디즈니에 매각될 수도 있지 않을까 하는 가능성을 점쳐 보곤 했지만 진지하게 이걸 하나의 해결책으로 생각해 본 적은 없었다.

하지만 2005년 10월경, 나는 픽사가 적어도 이 두 가지 방향 중 하나를 진지하게 고려해 봐야 한다는 확신이 들었다. 블록버스터를 연달아 제작하는 데 따르는 재정적 압박이 엄청났고, 픽사라는 풍선은 조만간 터질 게 분명했다. 어느 날 주말 산책길에 나는 스티브에게 운을 떼었다.

"픽사의 주가에 대해 드리고 싶은 말씀이 있어요." 나는 말했다.

"무슨 생각을 하고 계신데요?" 스티브는 물었다.

"저는 픽사가 갈림길에 와 있다고 생각해요." 나는 대답했다. "현상 유지가 어려울 정도로 주가가 너무 높아진 상태죠. 우리가 만에 하나 실수라도 하면 그게 아주 작은 실수라도 픽사의 가치는 하룻밤 사이에 반 토막이 날 수 있어요. 그러면 당신 재산도 절반이 날아가겠죠."

나는 잠시 말을 끊었다가 덧붙였다. "우리는 태양에 너무 가깝게 날고 있어요."

"우리는 그동안 믿기 힘들 만큼 탄탄대로를 달려왔어요." 나는 말을 이었다. "10년 내내 블록버스터를 연달아 터뜨렸으니까요. 하지만 높은 평가액을 발판으로 디즈니처럼 다른 사업으로 다각화하지 않으면…"

"그러지 않으면 디즈니에게 팔리겠죠." 스티브가 내 말을 대신 끝맺었다.

"맞아요. 그러지 않으면 디즈니나 혹은 디즈니처럼 픽사를 다각화하고 보호해 줄 수 있는 다른 업체에 넘어갈 거예요."

우리는 두 가지 옵션 가운데 첫 번째를 논의해 보았다. 픽사가 다른 사업으로 다각화하는 방법이었다.

"다각화를 위해서는 픽사의 경영 팀을 확장해야 해요." 내가 말했다. "픽사의 현 경영 팀은 애니메이션에 최적화되어 있거든요. 다른 사업을 조사하고 습득할 만한 역량이나 경험이 없어요. 그걸 아는 임원들이 필요할 것이고, 최고경영자인 당신이 그런 사람들을 물색해야겠죠. 하지만 애플에서 맡고 계신 일과 현재 건강 상태를 고려해 볼 때 이건 별로 실현 가능성이 없어요."

스티브에게 이 옵션을 위한 여력이 없는 것은 분명했다. 건강이 나아지리라 희망할 만한 이유도 많았으나 일단은 몸조심을 해야 했다. 게다가 스티브는 여전히 애플 일에 깊숙이 개입하고 있었다. 거기다가 다른 일까지 떠맡기는 것은 좋은 방법이 아니었다.

스티브의 건강에 대한 우려와 함께 픽사 경영 팀이 애니메이션 중심으로 구성되었다는 이유 때문에 우리는 두 번째 옵션을 탐색해 보게 되었다. 픽사를 인수할 기업을 찾는 방법이었고, 가장 유력한 후보자는 디즈니였다.

"좀 생각해 볼게요. 무슨 뜻인지는 알겠어요. 래리와도 상의해 보는 게 좋겠네요." 스티브는 말했다.

나는 동의했다. 래리 손시니는 여전히 픽사의 이사회에서 활동 중이었다. 그는 어떻게 해야 좋을지 판단에 도움을 줄 것이다. 스티브와 나는 며칠 뒤 팰로앨토 사무실로 래리를 찾아갔고, 그는 우리 생각을 대단히 마음에 들어 했다. 회사로서 픽사의 가치가 최고점에 도달했고 더 이상 그 상태를 유지하기는 어렵다는 데에 동의했다. 그는 디즈니 측과 만나 분위기를 살펴보자고 제안했다.

불리해 보이는 상황이 실은 눈에 보이지 않는 더 큰일의 일부였음을 나중에 깨닫는 경우가 있다. 당시로부터 일 년 반 전인 2004년 초, 내가 오래전에 롭 무어와 협상한 공동 제작 계약이 만료되어 가고 있을 즈음에 스티브는 디즈니와 계약 연장을 위한 논의를 돌연 중단했다.

《뉴욕타임스》는 "여러 해 동안 이어져 온 껄끄러운 관계의 앙금과 더불어, 아이스너 회장이 픽사 업무를 처리하는 방식에 대한 잡스 회장의 불쾌감이 파트너십의 전형적인 문제점들을 극복할 수 없는 의견

차이로 증폭시켰는지도 모른다."라고 보도했다.*

아이스너는 픽사가 요구하는 조건들이 디즈니가 감당할 수 있는 수준 이상이라는 말로 해명을 대신했다. 10년 동안 이어진 전례 없는 성공도 스티브와 아이스너 사이를 친밀하게 만들어 놓지는 못했다. 두 사람은 적어도 픽사와 디즈니의 관계 지속 방안을 함께 모색할 만큼 가깝지 않았다.

엎친 데 덮친 격으로, 디즈니가 픽사와 맺은 계약을 연장할 방법을 찾는 데 실패하자, 그렇지 않아도 가중되던 아이스너에 대한 압박이 급격히 높아졌다. 월트 디즈니의 조카인 로이 디즈니Roy Disney는 2003년에 디즈니 이사회에서 물러난 후 '디즈니를 구하라Save Disney' 캠페인을 펼치면서 아이스너의 경영 스타일과 리더십을 비판하고 사임을 요구하고 나섰다. 그러니까 픽사와의 관계 중단은 타오르는 불에다 기름을 끼얹은 격이었다.

로이 디즈니는 애니메이션의 선두주자가 되지 않고서는 디즈니가 그 창작 정신을 잃게 될 거라는 생각이 확고했다. 아이스너는 압박을 견디지 못했고, 2004년 9월 9일에 2년 뒤 계약이 종료되면 물러나겠다고 발표했다. 몇 개월 뒤인 2005년 3월, 아이스너의 후임자가 발표되었다. 1996년 디즈니가 ABC를 인수한 후 ABC 텔레비전의 회장으로 디즈니에 합류했던 밥 아이거Bob Iger였다. 그러더니 2005년 10월 말 아이스너가 갑작스레 디즈니의 최고경영자와 이사회 구성원 자격을 내려놓았고, 아이거가 처음으로 완전한 지배력을 손에 넣게 되었다.

* Laura Holson, "Pixar to Find Its Own Way as Disney Partnership Ends," 2004년 1월 31일 자 《뉴욕타임스》, http://www.nytimes.com/2004/01/31/business/pixar-to-find-its-own-way-as-disney-partnership-ends.html?_r=O

우리가 픽사를 디즈니에 매각하면 어떨까 가능성을 숙고하기 시작했던 때가 바로 이 무렵이었다.

기업 인수든 다른 어떤 종류의 관계든, 디즈니와 무언가를 논의하기에 최적의 시기가 있다면 바로 그때였다. 중요한 문제는 이거였다. 아이거에게 애니메이션은 얼마나 중요한가? 디즈니는 텔레비전, 테마파크, 실사 영화 부문에서 승승장구하고 있었다. 아이거는 ABC에서 차근차근 사다리를 밟고 올라온 사람이었고, 장편 애니메이션 영화의 세계보다 텔레비전의 세계에서 더 경험이 풍부했다. 그가 애니메이션을 디즈니의 과거 유물로 여길지, 아니면 미래를 위해 꼭 필요한 요소로 여길지 분명하지가 않았다.

이 질문에 대한 답을 알아내기 위해 우리는 아이거 및 당시 월트 디즈니 스튜디오의 회장인 딕 쿡Dick Cook과 만남의 자리를 마련했다. 스티브는 애플이 곧 발표할 동영상 지원 아이팟에 디즈니 콘텐츠를 론칭하는 문제로 이미 아이거와 몇 차례 연락을 주고받은 적이 있었다. 스티브, 래리, 에드와 내가 픽사 대표로 참석했다. 우리는 캘리포니아 쿠퍼티노에 있는 애플 사무실의 회의실에 모였다.

회의가 시작되는 순간부터 픽사와 디즈니 사이에 흐르는 기류가 예전과 다르다는 것을 느낄 수 있었다. 스티브와 아이스너의 관계에서 특징적으로 나타났던 넘겨짚기와 가식 부리기는 온데간데없었다. 아이거를 상대할 때는 게임도, 정치도, 가식도 필요 없었다. 그는 똑똑했고 단도직입적이며 솔직한 성격이었다. 두 회사의 고위급 경영자 사이에서 이루어진 회의치고는 10년 만에 가장 긍정적이었다.

스티브는 아이거를 즉시 마음에 들어 했고, 나중에 이것은 친밀한 협력 관계와 우정으로 발전했다. 게다가 아이거는 애니메이션이 자신에게는 물론 디즈니에게 매우 중요하다는 입장을 분명히 밝혔다. 그는 애니메이션이 회사의 심장과 영혼이며 그걸 되돌려 놓는 것이 자신이 꿈꾸는 디즈니를 위해 반드시 필요하다고 말했다. 아이거는 사실 우리에게 그렇게까지 숨김없이 속내를 드러낼 필요는 없었다. 디즈니에 애니메이션이 필요하다고 주장할수록 픽사의 레버리지만 더 커지는 상황이었기 때문이다. 하지만 그게 그의 스타일이었고, 스티브에게는 마법과도 같은 효과를 발휘했다.

"저는 그 사람이 정말 마음에 들어요." 스티브가 미팅 후 말했다. "여러분 생각은 어떠세요?"

"아이거는 픽사를 제대로 이해하고 있고, 픽사를 통해 디즈니를 재설계하고 싶어 해요. 환상의 궁합이겠어요." 래리는 말했다.

나도 동의했다.

그날 회의에서 우리는 두 회사가 어떤 식으로 함께 일할 수 있을지 이런저런 아이디어를 자유롭게 제안했다. 예전과 같은 영화 배급 계약에서부터 합작 투자, 디즈니의 픽사 전면 인수까지 다양한 형태를 아울렀다. 회의가 끝날 무렵에는 모든 옵션에 대해 가능성을 열어 놓고 논의해 보기로 했다.

그 후로 인수안에 탄력이 붙기까지는 그리 오랜 시간이 걸리지 않았다. 픽사 입장에서 이슈는 두 가지로 요약되었다. 첫 번째는 어느 기업 인수나 그렇듯 가격의 문제였다. 통상적으로 인수 업체는 회사에 대한 전적인 지배권을 얻는 대가로 웃돈을 지불할 것이고, 그 웃돈에 관해서는 협상의 여지가 컸다.

두 번째 이슈는 보통의 기업 인수에서 이례적으로 간주될 만한 문제였는데, 우리에게는 결정적인 고려 사항이었다. 우리는 픽사의 운영 방식과 기업 문화가 지금까지의 방식 그대로 지켜질 수 있게 전면 허용한다는 데에 디즈니가 동의해 주기를 바랐다. 픽사 경영진은 창작 프로세스에 간섭하지 않기로 한 이후 줄곧 픽사가 일하는 방식을 보호하고 보존해 주기 위해 상상 이상으로 열심히 노력해 왔다. 이번 인수 이후에도 우리가 기울여 온 모든 노력은 지켜져야만 했다. 그렇지 않다면 더 이상의 협상 진행은 무의미했다.

"디즈니는 픽사를 바꾸지 않는다는 데에 동의해야 해요." 스티브는 말했다. "에드와 존은 반드시 이사회 구성원에 올라야 하고요. 우리가 일구어 온 모든 게 고스란히 지켜진다는 믿음을 두 사람에게 심어 줄 수 있어야 해요."

우리에게 이 부분은 딜 브레이커, 즉 협상 결렬 요인이었다. 아이거는 이에 곧바로 반응했다. 그는 픽사의 업무 방식을 보존하고 싶을 뿐만 아니라 그 방식을 디즈니 애니메이션의 문화에도 도입해 디즈니가 좀 더 픽사 같아지기를 바란다는 뜻을 밝혔다. 우리 모두가 지지할 수 있는 비전이었다.

그다음 단계로 픽사 이사회는 디즈니의 사업과 자산을 평가했다. 우리는 픽사 주주들에게 픽사 주식을 디즈니 주식과 맞교환하는 것이 수익 차원에서 바람직하다고 자신 있게 추천할 수 있어야 했다. 우리 측 고문 및 투자은행가들과 함께 나는 디즈니에서 얼마간 시간을 보내면서 그 사업과 재무 현황을 살펴보았다. 그렇게 해서 파악한 사실 덕분에 계약에 대한 나의 확신은 한층 더 굳어졌다.

디즈니가 벌이는 사업 중 두 가지의 경쟁력이 특히 놀라웠다. 월트 디즈니 월드와 ESPN이었다. 이 두 사업은 워낙 기반이 탄탄해서 장차 수년간 견고한 성장을 이어 갈 수 있을 것으로 보였다. 이 점은 재무적인 측면에서 계약의 타당성을 높여 주었다. 완벽에 가까운 궁합이라 할 만했다. 픽사 주주들은 위험성 높은 애니메이션 회사에 했던 투자를 디즈니 월드, ABC, ESPN 등 세계 최고 수준의 미디어 자산을 갖춘 회사에 대한 다각화된 투자로 맞교환하게 될 것이다. 그 자산 가운데는 픽사도 물론 포함될 것이다. 나는 재무적으로 매각이 훌륭한 판단이라는 강력한 추천 의견을 가지고 돌아왔다.

2006년 1월 24일, 디즈니는 74억 달러에 픽사를 인수한다고 발표했다. 스티브는 픽사 주식의 50%를 여전히 소유하고 있었고, 그가 소유한 픽사 주식 평가액은 40억 달러 가까이에 이르렀다. 단박에 그는 디즈니의 최대 주주가 되었다. 스티브와 아이거 모두 이번 인수로 픽사의 문화가 위협받지 않을 것임을 강조했고, 《뉴욕타임스》는 "픽사의 문화를 보호하고 이어지도록 허용하는 게 중요하다"라는 아이거의 말을 인용했다.* 존 래시터는 디즈니 애니메이션과 픽사 애니메이션 양쪽의 최고크리에이티브책임자Chief Creative Officer(CCO) 겸 디즈니 테마파크의 수석 크리에이티브 자문이 되었다. 에드 캣멀은 두 스튜디오의 회장이 되었다.

이후 몇 년에 걸쳐 디즈니의 픽사 인수는 역대 가장 성공적인 기업 인수 중 하나였음이 증명되었다. 디즈니의 기업 가치는 폭발적으로 치솟았고, 몇 년 뒤 디즈니 주가는 4배 가까이 뛰었다. 픽사의 예전 주주들은 이 가치 수직 상승의 수혜를 고스란히 입는 동시에, 디즈니의 다

* Laura M. Holson, "Disney Agrees to Acquire Pixar in a $7.4 Billion Deal," 2006년 1월 25일 자 《뉴욕타임스》, http://www.nytimes.com/2006/01/25/business/25disney.html?_r=I&adxnnl=I&pagewanted=print&adxnnlx=1436213533-POeVDolfG4QX8v8Uu/wY76g&

양한 사업 분야로 투자를 다각화하는 즐거움을 누릴 수 있었다. 스티브는 이제 디즈니의 최대 주주였고, 그의 디즈니 주식 평가액은 급기야 130억 달러를 넘어섰다. 픽사 투자는 스티브의 개인 재산 형성에 있어 단연코 가장 큰 원천이었다.

픽사는 〈카〉, 〈라따뚜이〉, 〈월-E〉, 〈업〉, 〈토이 스토리 3〉, 〈메리다와 마법의 숲〉, 〈인사이드 아웃〉 등 히트 작품을 연달아 내놓으며, 애니메이션 분야에서 디즈니의 주도권을 거의 단번에 회복시켜 놓았다. 에드와 존은 디즈니 애니메이션의 흑자 전환에 성공했고, 2013년에 출시된 〈겨울왕국〉은 역대 최고의 수익을 낸 장편 애니메이션 영화가 되었다.

스티브는 애석하게도 건강이 계속 악화되었지만 픽사 경영의 부담감으로부터 자유로워졌다. 그는 에드, 존, 아이거를 믿을 만한 친구이자 파트너로 여겼고, 자신의 아이디어와 조언을 나누고 그로 인한 승리를 함께 누려도 괜찮은 사람들이라고 생각했다. 모든 각도로 볼 때 이보다 더 성공적인 기업 인수는 상상하기 힘들었다.

아니지, 한 가지를 제외한 모든 각도에서 그렇다고 해야 정확할 듯하다.

"기운이 없어 보이네." 힐러리는 인수 소식이 발표된 후 약 일주일 뒤 내게 말했다.

"모르겠어. 조금 그런가." 나는 대답했다.

"기분이 어때?"

솔직히 나는 이 상황을 받아들이기가 힘들었다. 변호사, 최고재무책임자, 전략가, 이사회 구성원으로서 내 안의 모든 세포 하나하나는 픽사 매각이 올바른 결정이었고 적절한 조치였으며 픽사의 역사에서 최선의 마무리였다고 이야기했다. 그 점에 대해서는 손톱만큼의 의구심도 없었다. 하지만 이것은 동시에 픽사와 내가 걸어가던 길이 종착점에 다다랐다는 뜻이기도 했다. 디즈니가 픽사를 인수하자마자 픽사 이사회는 해체되었고, 나와 픽사의 공식적 연결고리는 사라져 버렸다. 픽사와 함께한 나의 여정은 그렇게 끝이 났다.

스티브에게서 처음 전화를 받은 후 12년 가까운 세월이 흘렀다. 12년 동안 내가 픽사의 안녕에 대해 책임감을 느끼지 않은 날은 단 하루도 없었다. 일상 업무에서 손을 뗀 후 이사회 구성원으로 활동할 때에도 일주일이나 격주에 한 번씩은 스티브와 픽사 운영에 관련된 의견을 주고받았다. 픽사에 대한 걱정은 내 삶에서 큰 부분을 차지하고 있었다.

"픽사를 놓아주기가 생각보다 어려운 것 같아." 나는 말했다.

하지만 정확히 무슨 이유에서인지 알 수가 없었다. 어쨌거나 픽사는 회사였다. 체스판 위에 올바른 수를 놓았으면 그만이었다. 나는 전에도 이직해 본 적이 있었다. 하지만 이번에는 무엇 때문인지 여운이 길게 남았다. 우리 아이들이 처음 학교에 가는 모습을 보거나 아이들 졸업식에 참석했을 때와 비슷한 기분이 들었다. 왜 이런 기분이 들었을까?

어쩌면 여러 가지 면에서 픽사가 나한테 자식 같았기 때문이었는지도 모른다. 픽사는 사랑스럽고 천진난만하며 장난기 많고 호기심과 잠재력으로 충만한 아이였다. 픽사가 제대로 돌아가게 하는 데는 약점을 드러내는 용기, 겸허한 마음, 사려 깊음이 필요했다. 에드, 스티브, 존과 나는 픽사를 줄곧 지켜보았다. 우리는 서로 밀어주고, 서로 배우고, 서로 도와가며 픽사에 온 힘을 쏟아부었다. 픽사를 성장시키고 위대한 회사로 만들어 낼 모든 것을 지켜 내고자 할 수 있는 모든 일을 하려고 애썼다.

나는 캘리포니아 리치먼드에서 보낸 시간을 기억했다. 제일 눈에 띄는 지형지물이라고는 길 건너 정유 공장뿐인, 특별할 것 없는 픽사 사무실. 그리고 그 누추한 외양과 달리 내부에서 펼쳐지던 놀라운 마법. 나는 방문객들에게 본모습을 드러내며 놀라움을 선사하는 픽사를 사랑했다. 경외감에 휩싸인 사람들은 픽사를 쉽사리 잊지 못했다.

픽사의 스톡옵션 제도를 둘러싼 갈등도 기억했다. 최고의 인재들이 과연 픽사에 남아서 끝까지 힘이 되어 주려고 할까 걱정하던 일도 기억났다. 우리 가족이 흥분된 마음으로 〈토이 스토리〉 시사회에 참석했던 일, 픽사 영화가 개봉하는 첫 주말이면 온 식구가 집에서 박스오피스 실적을 알려 주는 전화가 걸려 오기를 초조하게 기다리던 일도 기억했다.

픽사의 크리에이티브와 기술 담당자들 책상을 처음으로 둘러보면서 천재들의 작업에 경탄을 금치 못했던 일도 눈앞에 생생했다. 처음 엔터테인먼트 산업을 공부하고 첫 번째 영화의 재무 모델을 만들었던 일을 되돌아보니 저절로 웃음이 나왔다. 스티브와 내가 픽사의 전략과 사업에 관련된 모든 가능성을 하나하나 짚어 보며 토론을 벌였던 일도 생각났다.

대성공을 거둔 픽사 IPO, 그렇게 되기까지 우리가 헤쳐 온 일련의 난관들을 기억했고, 픽사를 실질적인 수익 경로에 올려놓고 세계적인 브랜드로 만들기 위해 디즈니와 길고 지루한 협상을 벌였던 일이 새록새록 떠올랐다.

하지만 이제는 모두 지나간 일이었다. 픽사는 새 주인의 손에 맡겨졌고, 이제부터는 그 손이 픽사를 더 안전하게 돌봐 줄 것이다. 틀림없이 다른 모험들이 나를 기다리고 있을 테지만 이번 모험이 내 시야에서 완전히 사라질 때까지 마지막으로 한 번 더 뒤돌아보게 되는 건 어쩔 수 없었다.

나는 〈니모를 찾아서〉의 명장면에 나오는 니모 아빠 말린의 기분을 떠올리지 않을 수 없었다. 말린이 더 이상 아들을 찾으러 갈 기운이 나지 않는다고 말하자, 말린의 새로운 길동무 도리는 붙임성 좋고 유별나지만 악의 없는 태도로 말린에게 말한다. "삶이 너를 실망시키면 어쩐다고?" 그리고는 다정하면서도 열정적으로 다음과 같이 노래하기 시작한다.

"계속 헤엄을 쳐.
계속해서 헤엄쳐.
쉬지 말고 헤엄쳐."

계속 헤엄치는 것, 내가 해야 할 일이 바로 그거였다.

4부

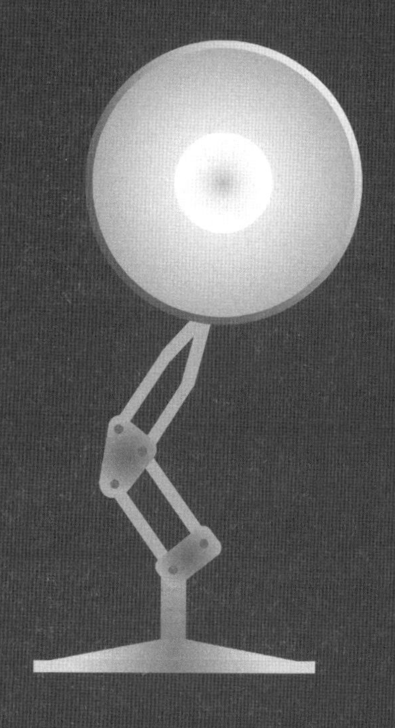

25
나의 델리를 찾아서

픽사가 디즈니에 매각되고 난 후, 나는 매각 몇 해 전부터 조금씩 발을 담그기 시작한 모험에 본격적으로 뛰어들었다. 1999년 말, 픽사의 일상 업무에서 손을 떼야 하나 고민하기 시작했던 시기에 시작된 모험이었다. 그 모험은 내 인생을 전혀 예상치 못했던 새로운 방향으로 이끌었고, 덕분에 나는 픽사를 완전히 새로운 각도에서 바라볼 수 있게 되었다.

1999년이 다 끝나갈 무렵, 우리가 픽사에 도입한 전략 계획은 순조로이 실현되고 있었다. 나는 비즈니스와 재무 과제의 세부적인 이행을 위해 탁월한 역량을 갖춘 업무 팀을 구성해 놓은 상태였다. 나는 픽사를 내 시야 밖으로 밀어낼 생각이 없었다. 픽사는 그러기에 나에게 너무 큰 의미였다. 하지만 내가 계속 최고재무책임자 역할을 수행할 필요가 있을지 확신이 서지 않았다.

나는 항상 일에서 커다란 즐거움을 찾았다. 변호사 시절에도 복잡한 계약 조건을 따내고 그 내용을 서면 계약으로 노련하게 표현하는 데서 뿌듯함을 느꼈다. 경영자로 활동하는 동안에는 전략의 수립과 실행에 창의력과 수완을 발휘하고, 협상의 짜릿함을 느끼며, 팀의 일원으로 원대한 목표를 향해 달려갈 기회를 사랑했다.

하지만 뭔가가 빠져 있었다.

나는 비즈니스와 재무의 세계를 일종의 게임으로 바라보았다. 나는 그 게임을 잘할 능력이 있었음에도 직장 생활의 한계를 느꼈다. 직장 생활은 따지고 보면 제품, 수익, 시장점유율, 경쟁의 세계였다. 이런 것들은 전부 중요하고, 그 점은 나도 익히 아는 바였다. 그 안에서 경력을 쌓아 왔으니 당연했다. 하지만 이런 우선순위들 때문에 정체성과 의미의 결핍도 발생한다는 걸 알 수 있었다. 우리는 기업의 필수 과제 속에서 자아를 잃어버리기 쉽고, 그러다 보면 개인의 열망이나 우선순위와 일치하지 않는 힘에 얽매여 있다고 느끼거나 내가 표현하고 싶은 삶의 방식과 격차가 있다고 느끼게 된다.

나는 스티브 잡스, 에피 아라지 같은 뛰어난 리더들 밑에서 일해 보았고, 변호사로 활동할 때는 멋진 의뢰인들과 함께 일했다. 더 이상 바랄 게 없을 정도였지만 어떻게 보면 나는 여전히 그들의 요청에 따라 일할 뿐이었다. 그러다 보니 이제 내 날개를 펼쳐 보면 어떨까 궁금해지기 시작했다.

1999년 픽사의 세 번째 영화인 〈토이 스토리 2〉 개봉 이후, 나는 이 문제를 곰곰이 생각해 보게 됐다. 내가 열네 살이던 1974년경 런던에 살았던 우리 가족의 이야기가 자꾸 떠올랐다. 나의 첫 아르바이트는 접시닦이였다. 우리 할머니 소유의 작은 델리에서 일한 것이다. 내 임무는 카운터에서 접시를 걷어다가(테이블을 놓을 공간은 없었다) 작은 식기세척기 안에 차곡차곡 채워 넣는 것이었다. 식기세척기를 열 때마다 뜨거운 증기가 얼굴을 후끈 덮쳤다. 나는 일손을 도운 대가로 몇 실링을 받았고, 카운터에 앉아 점심을 먹도록 허락받았다. 각자 볼일을 보면서 끝없이 밀려오고 밀려가는 사람들의 행렬을 창밖으로 멍하니 내다보곤 했던 기억이 난다.

내 머리에서 떠나지 않았던 것은 그 델리의 기원이었다. 1914년 런던에서 태어난 우리 할머니 로즈Rose는 러시아 출신 유대계 이민자 부부의 다섯 남매 중 장녀였다. 자그마한 체구에 적갈색 머리카락, 예쁘장한 얼굴, 깊고 푸른 눈매의 소유자였다. 로즈의 아버지, 그러니까 나의 증조부 샘Sam은 선원이었다. 일가족은 형편이 닿는 대로 최고급 도자기와 질 좋은 옷감을 구입해 사용했고 예의범절과 적절한 에티켓을 중요시했다. 로즈는 참한 영국 숙녀로 성장했다. 집안은 언제나 깔끔했고 항상 말쑥하게 차려입었으며, 손님이 방문하면 불과 몇 분 사이에 최고급 영국산 도자기에 차와 비스킷을 담아 대접했다. 로즈는 집안을 돌보고 가족을 부양하면서 성인기 대부분을 보냈다.

하지만 50대 중반에 이르러 로즈는 좀이 쑤시기 시작했다. 우리 할아버지 믹Mick은 사업에서 은퇴한 뒤 부수입을 얻을 방법이 없을까 궁리 중이었다. 하지만 로즈가 뭐라도 하고 싶어 안달임을 눈치챈 사람은 아무도 없었다.

"우리 델리를 해봅시다." 할머니는 어느 날 할아버지에게 선포했다.

"당신 미쳤군." 할아버지는 일고의 가치도 없다는 듯 대답했다.

하지만 웬걸, 할머니는 진담이었다.

시티 페어City Fare라는 이름의 그 델리는 런던 금융가에 위치한 어느 점포 한편에 자리 잡고 있었다. 로즈와 믹은 매일 새벽 4시에 일어나 시장에서 식재료를 사다 놓고 아침 식사 시간에 맞추어 가게 문을 열었다. 로즈는 모든 손님을 차 마시러 찾아오는 친한 친구처럼 대했다. 손님들이 좋아하는 점심 메뉴를 기억했다가 미처 주문을 하기도 전에 음식을 준비해서 바로 가져갈 수 있도록 했다. 오래지 않아 손님들이 가게 문 바깥까지 길게 줄을 섰다.

시티 페어에 관해 내 머리에서 떠나지 않았던 기억은 로즈가 그 일을 정말로 사랑했다는 것이었다. 대다수 사람들이 이제 곧 현역에서 물러날 중년의 가정주부라고 생각했을 그 순간, 할머니는 새로운 일에 뛰어드셨다. 그 델리에서 로즈는 전통적인 전업주부이자 인자한 할머니라는 껍데기를 벗어던지고 완전히 색다른 방식으로 삶의 활력을 되찾았다. 거기서 일했던 몇 년은 할머니의 인생에서 최고의 시기였음이 분명했다.

그렇다면 나의 델리는 무엇일까? 나는 궁금해졌다.

어쩌면 다소 엉뚱하다고 생각할지 모르지만 내 안에서는 종교와 철학, 특히 동양의 종교와 철학을 더 공부하고 싶다는 욕망이 불타고 있었다. 나는 성인이 된 후로 거의 내내 인간 경험을 다루고 행복 증진을 고심하는 사상에 심취해 있었다. 바쁜 일상 사이사이에 항상 이러한 주제를 다루는 문학 작품과 철학 서적 읽기를 즐겼다. 가장 좋아하는 소설은 노벨상 수상자 토머스 만Thomas Mann의 《마의 산*The Magic Mountain*》이었다. 이 작품은 스위스 알프스 깊숙한 곳에 있는 폐결핵 요양원을 찾아가는 주인공 한스 카스토르프의 여정을 그린 걸작이다. 나는 질병, 사랑, 죽음, 철학 등 파노라마 같은 인생 경험을 그리면서 지적, 정서적, 영적 성장의 이야기를 굽이굽이 담고 있는 이 책이 무척 마음에 들었다.

또한 인간 경험을 고양시키는 능력에 관해 인도 철학자들이 남긴 문장들도 좋아했다. 대략 2세기경 "삼사라[고해]와 열반[자족] 사이에는 아무런 차이가 없다"라고 썼던 나가르주나Nagarjuna 같은 사람들의 사상에 매료되었다. 이 수수께끼 같은 개념은 무슨 의미였을까? 그의 말은 몹시 중요한 무언가를 가리키고 있는 듯했다.

애니 딜러드Annie Dillard의 《창조적 글쓰기*The Writing Life*》에 나오는 이 말도 내게 영감을 주었다. "감각의 삶은 탐욕의 삶이다. 감각의 삶은 더 많은 것을 요구한다. 반면에 영혼의 삶은 더 적은 것을 요구한다. 시간은 풍요롭고 그 흐름은 달콤하다."*

시간은 풍요롭고 그 흐름은 달콤한 곳. 이것은 직장 생활의 정반대 모습이었다. 이 말은 상투적인 시구에 불과했을까, 아니면 우리가 정말 열망할 수 있는 상태일까? 나는 알아보고 싶었다.

하지만 나는 내 관심사가 스스로도 머쓱했다. 하버드 출신의 기업인이 철학을 생각하다니 이게 무슨 일이람? 나는 비즈니스 세계의 전사였고 기업 옹호자였다. 나는 그 역할을 어떻게 수행해야 하는지 명확히 알았다. 그러나 바로 거기에 걸림돌이 있었다. 그저 역할로만 느껴졌다는 사실 말이다. 그 역할을 맡으면 나는 무대 위의 배우가 된 기분이 들었다. 그렇지만 내 마음속 깊은 곳에서는 다른 무언가가 끓어오르고 있었다.

이러한 생각이 더욱 깊어진 것은 힐러리와 내가 종종 목격하는 현실 때문이었다. 현대의 경제 체제가 만들어 내는 모든 혁신과 번영에도 불구하고, 스트레스와 걱정은 그만큼 늘어나는 것처럼 보였다. 지식과 번영이 좋은 삶의 전조라면 우리는 지금쯤 깨달은 종족이 되어야

* Annie Dillard, The Writing Life (Harper Perennial, 1989), p. 32.

마땅했다. 서구 세계에서 교육과 물질적 행복은 역사상 그 어느 때보다도 높은 수준에 이르렀지만 지혜, 기쁨, 마음의 평화라는 측면에서 우리가 딱히 우위에 있는 것 같지도 않았다. 오히려 스트레스와 성취욕구만 점점 더 늘어나는 듯했다. 나는 이런 것도 궁금해졌다. 성공하고픈 욕구가 그렇게 강렬한데, 질병, 노화 혹은 인생의 다른 좌절로 인해 인간의 활동 역량이 줄어든다면 결국 어떤 일이 벌어질 것인가?

이런 맥락에서 힐러리와 나는 우리 아이들이 압력밥솥처럼 압박이 심한 현대의 양육 방식에 길들여지지 않도록 최선을 다하고 있었다. 한 번은 내가 세라의 선생님 중 한 분께 초등학교 숙제가 왜 그렇게 많은지 물었다.

“중학교에 가면 아이들이 이 정도는 감당해야 하니까요.” 선생님은 대답했다.

‘하지만 그 애들은 아직 초등학생이라고요.’ 나는 속으로 생각했다.

나는 현대 생활의 압박과 불안에 대해 우리가 할 수 있는 일을 탐구하고 싶었고, 세계의 철학자와 영적 사상가들의 말 속에 그 해법이 들어 있지 않을까 생각했다. 그래서 픽사에서 내 역할이 점점 줄어들자 이제 그만 물러날 때가 되었음을 감지했다. 회사 일에서 손을 떼고 내가 열정을 느끼는 궁금증에 대해 해답을 찾을 시간이 온 것이다. 픽사의 성공은 내가 얼마간 휴식을 취해도 괜찮은 형편이 되었다는 뜻이었다. 지금껏 한 번도 해 보지 않은 일이었다. 힐러리와 나는 대학을 졸업하자마자 대학원에 진학하고 다시 또 곧바로 취직해 가족을 부양하느라 숨 돌릴 겨를이 없었다. 운 좋게도 나는 마침내 휴식을 취할 수 있는 위치에 이르렀다. 모처럼 찾아온 그 시간을 잘 활용해야겠다는 생각이 들었다.

나는 책을 읽고 공부하고 관심사를 더 깊이 탐구하면서 안식기를 갖기로 다짐했다. 6개월이든 1년이든 시간을 투자해 파고들어 보리라 생각했고, 달력이 20세기에서 21세기로 넘어갈 무렵 내 뜻을 스티브에게 전하기로 마음먹었다. 그래서 어느 날 늦은 오후 스티브의 집에서 만날 수 있을지 물었다.

"이런 말을 꺼내기가 쉽지는 않지만 이제는 제가 픽사의 일상 업무를 손에서 놓아야 할 때인 것 같아요." 나는 이렇게 말문을 열었다.

스티브가 펄쩍 뛸 만큼 놀라지는 않았다고 생각한다. 그는 픽사가 이제 더 확실한 기반 위에 올라섰고 내가 할 일이 줄었다는 것도 알고 있었다.

"뭘 하고 싶으신데요?" 스티브가 물었다.

"인간의 행복에 관한 철학과 동양 사상을 탐구해 보고 싶어요. 그런 것들을 현대 생활과 접목할 방법에 관해서도요."

"그걸 어떻게 하시려고요?" 스티브는 궁금해했다.

"아직 확정된 건 없어요." 나는 말했다. "일단 읽고 싶은 책들이 많고, 시작에 도움이 될 몇 가지 아이디어가 있긴 해요."

"스승님을 구할 건가요?" 스티브가 물었다. 스티브는 선불교 사상을 동경했고 좋은 스승의 중요성을 잘 알고 있었다.

"당장은 없어요. 일단 시작하고 생각해 보려고요." 나는 말했다.

다음 순간 스티브가 덧붙인 말은 내 머리에서 오래도록 떠나지 않았다.

"우리 둘 중 한 명이라도 하게 돼서 기뻐요."

나는 스티브의 그 말이 무슨 의미였을까 오랫동안 곰곰이 생각했다. 그의 말투에는 진심이 듬뿍 담겨 있었다. 시간이 지남에 따라, 나는 스티브가 기업의 성과와 제품 개발 너머에 있는 삶의 가능성을 이해한 것이었다고 믿게 되었다. 비즈니스 세계의 전사에게도 알고 보면 깊은 내면의 자아가 있는데, 의식적으로든 무의식적으로든 그의 경우 한쪽(내면의 자아)이 다른 한쪽(기업인의 자아)에게 자리를 내주었던 게 아닐까 하는 생각이 들었다.

스티브는 나를 픽사에 계속 머물러 있게 하려고 회장 선임을 포함한 몇 가지 가능성을 검토했다. 나로서는 분에 넘치는 제안이었지만 그렇게 되면 별로 달라질 게 없을 거라는 느낌이 들었다. 나와 스티브, 에드는 지금까지와 똑같은 방식으로 일할 것이다. 그건 내가 원하는 종류의 델리가 무엇인지 알아내는 데도 도움이 되지 않았다. 결국 나는 모두의 뜻을 모아 픽사 이사회에 합류하기로 했고, 회사가 나를 필요로 한다면 곁에서 언제든 도움을 주겠다고 이야기했다.

"그리울 거예요." 스티브는 말했다. "생각하시는 것보다 훨씬 더요. 하지만 충분히 이해해요."

스티브의 배려가 무척 고마웠다.

사무실을 정리하고 픽사에 작별 인사를 고하기는 쉽지 않았다. 나는 전 임직원에게 보내는 이메일에 모두가 무척 보고 싶을 것이며, 다들 참 멋진 사람들이었고, 픽사 이사회에 합류하게 되어 기쁘다는 등의 소회를 적어 보냈다. 나는 다음과 같은 말로 메시지를 마무리했다.

"스티브와 에드와 저는 제가 상상할 수 있는 최고의 업무 관계를 쌓아 왔습니다. 그들 각자에게서 너무나 많은 것을 배웠고, 파트너, 리더, 그리고 인간으로서 그들을 사랑하고 존경하게 되었습니다.

요가 수업을 들어 본 분들이라면 아시겠지요. 매번 수업이 끝날 때

두 손을 합장하고 '나마스테'라는 인도말로 인사를 합니다. 그것은 '당신 안에 깃든 사랑, 진실, 평화를 존중합니다. 당신이 당신 안의 그 자리에 있고 내가 내 안의 그 자리에 있을 때 우리는 하나입니다.'라는 뜻입니다. 나마스테."

이 이메일 이후 쏟아져 들어온 답장은 엄청났다. 회사 구석구석, 내가 잘 아는 사람들부터 잘 모르는 직원들까지 고마움, 따뜻함, 영감, 응원의 메시지를 보내 왔다. 내가 막 회사를 나서려는데, 에드와 존이 선물을 건넸다. 〈토이 스토리〉와 〈벅스 라이프〉의 캐릭터들을 직접 손으로 그린 아름다운 액자였다. 이미지 위에는 큼직하게 ***THANKS LAWRENCE!***(고마워요 로렌스!)라는 문구가 적혀 있었고, 여러 동료들이 손글씨로 쓴 감동적인 감사와 응원의 메시지가 그 주변을 빼곡하게 채웠다. 나는 사람들이 그런 마음인 줄은 미처 몰랐다. 공과 사를 철저히 구분하려고 애써 노력했던 사람으로서 나는 완전한 실패자였다.

26
100년

새로운 세계를 향해 의욕적으로 도약했지만 현실은 헛디딤과 비틀거림의 연속이었다. 새로운 지역에서 길을 익히려면 시간이 걸리기 마련이다. 단 한 번도 길을 잘못 들거나 막다른 길에 다다르지 않고 주위 환경에 익숙해지기란 어려운 일이고 어쩌면 불가능한 일일 수도 있다. 나는 그렇게 매우 낯선 동양 철학과 명상의 세계로 뛰어들고 있었다.

나는 "오늘날 우리가 안고 있는 문제 중 하나는 정신의 문학과 친해지지 못한다는 것"*이라는 조지프 캠벨Joseph Campbell의 논평에 마음이 끌렸다. 정신의 문학. 좋은 출발점 같아 보였다.

나는 읽고 싶은 책들을 끌어모았다. 서양 문학, 신화, 철학은 물론, 현대 물리학과 생물학 분야의 책들을 적절히 소화했고, 서양 종교와 신비주의 종교, 카발라, 그리스도교 신비주의에 관한 책뿐만 아니라 힌두교 요가 수행자들, 수피교 신비주의자, 불교 승려들의 저서도 섭렵했다. 머지않아 마음에 드는 책들이 여러 권 생겼다.

* Joseph Campbell, The Power of Myth (Anchor Books, 1991), p. 1.

브라이언 그린Brian Greene의 《엘러건트 유니버스*The Elegant Universe*》는 현대 물리학의 역작이었다. 데이비드 봄David Bohm의 《전체와 접힌 질서*Wholeness and the Implicate Order*》는 기발하게도 물리학의 이론을 끌어다 중요한 철학적 개념을 입증해 보였다. 허버트 귄터Herbert Guenther는 불교의 현자 사라하Saraha에게 헌정한 《무아경의 즉흥성*Ecstatic Spontaneity*》에서 "우리 인간은 파편화되고 분열된 존재여서 자기 자신 및 주변 세계와 반목 관계에 있다. 우리는 지속적인 파편화로 고통을 받으며 완전함을 갈망한다."*라고 적었다. 이 파편화와 완전함의 대비는 자주 등장하는 것 같았다.

나는 무르티T.R.V. Murti와 제이 가필드Jay Garfield의 책을 읽었다. 이 뛰어난 두 학자가 불교의 중도中道 철학에 관해 내놓은 해설은 일찍이 영어권에서 접해 보지 못한 새로운 내용이었다. 또한 올더스 헉슬리Aldous Huxley의 혁명적 고전 《영원의 철학*The Perennial Philosophy*》, 이누이트족과 생활한 경험을 담은 곤트란 드 폰신Gontran de Poncins의 눈을 떼기 힘든 회고록 《카블루나*Kabloona*》, 인간다운 죽음을 준비하는 운동의 불씨가 되었을 만큼 영향력이 컸던 엘리자베스 퀴블러-로스Elisabeth Kübler-Ross의 《죽음과 죽어감*On Death and Dying*》, 글쓰기든 그 밖의 다른 방법이든 자기표현에 관한 기념비가 된 브렌다 유랜드Brenda Ueland의 고전 《글을 쓰고 싶다면*If You Want to Write*》을 읽었다. 니체와 카프카, 카뮈와 볼페, 퍼시그와 디디온, 하인라인과 클라크를 읽었다. 각주와 인용을 실마리 삼아 열심히 다른 책들까지 찾아보고 가장 마음에 와닿는 구절을 따로 메모하면서, 젊었을 때 시간이 없어서 하지 못했던 자발적인 공부에 흠뻑 빠져들었다.

* Herbert Guenther, Ecstatic Spontaneity: Saraha's Three Cycles of Doha (Asian Humanities Press, 1993), p. 16.

내 마음을 가장 강하게 두드렸던 개념은 바로 중도였다. 중도는 수 세기 동안 명상 지도자들에게 영감을 주고 그들을 이끌어 준 고대의 불교 철학이다. 이것은 마음이 현실의 복잡함을 완전하게 이해할 수 없다는 통찰을 바탕으로 한다. 대신 우리는 기능적 목적으로 현실의 근사치에 의지하는데, 그것은 보통 마음속에 담고 있는 이미지, 견본, 개념, 이야기의 형태를 취한다. 이러한 근사치는 당장의 과제를 해결하기에 충분한 틀이 되어 주며, 이것을 중도 사상가들은 기능적 실체functional reality라고 부른다.

하지만 기능적 목적으로 사용하는 근사치는 사물의 실제 모습에 미치지 못하기 때문에 현실이 인식과 충돌할 때 우리는 괴로움을 느낀다. 중도란 필요한 기능을 제대로 수행할 수 있게 도와주는 '체계성structure'과 삶에서 편안함, 풍성함, 인연을 더 많이 경험할 수 있게 도와주는 '유연성fluidity' 사이에서 조화를 찾는 일이다.

중도라는 개념을 설명하는 한 가지 방법은 우리 내면에 두 사람이 있다고 상상하는 것이다. 한 명은 관료이고, 다른 한 명은 예술가 혹은 자유로운 영혼의 소유자다. 관료의 역할은 해야 할 일을 해내는 것이다. 제시간에 일어나고, 공과금을 내고, 좋은 성적을 받는 것 등이 여기에 포함된다. 관료는 안정성과 규칙을 좋아하고 효율성과 성능을 가치 있게 여긴다. 우리 안의 예술가 혹은 자유로운 영혼의 소유자는 기쁨, 사랑, 모험, 즉흥성, 창의성, 깊은 유대감과 살아 있다는 느낌에 관심이 많다. 자유로운 영혼의 소유자는 우리가 종종 허우적대고 있는 관습과 기대치의 바다를 벗어나고 싶어 한다.

중도의 통찰은 이러한 두 가지 상태 중 어느 쪽이든 한쪽에 고착되면 필연적으로 좌절감에 이르게 된다는 것이다. 우리가 기능, 축적, 성과에만 너무 집중할 경우, 진정으로 인생을 산 것인지 자괴감이 들고 말 것이다. 반대로, 자유롭게 생활하고 감정을 충족시키는 데에만 집중할 경우, 동력이나 현실 기반의 부족으로 좌절감을 느낄 수 있다. 중도는 이 두 가지 측면을 조화시키는 데서 최고의 결과가 나온다고 주장한다. 현실성을 무시하지 않으면서 긍정적인 본성, 영혼, 인간성을 챙겨야 한다는 것이다. 그러려면 우리의 현재 기능 방식을 뒷받침하고 있는 관례나 전통의 이면을 바라볼 줄 아는 용기가 반드시 필요하다.

내가 자세히 공부하길 간절히 원했던 철학이 여기에 있었다. 그걸 실천하기 위한 명상의 체계도 익히고 싶었다. 그러려면 스승이 필요했다. 이 지역의 탐험을 도와줄 누군가가 필요했다.

이 분야를 이해하는 서구의 학자와 티베트 승려들도 만나보았지만 그들과 우리 사이에는 괴리감이 느껴졌다. 티베트 승려들은 내가 탐구하고 싶어 하는 개념을 잘 알고 있었지만 그들의 수도 생활 및 티베트식 패러다임이 장애물로 작용했다. 머리가 땅에 닿도록 절을 하고 티베트어로 암송을 하는 것과 같은 의식에 좀처럼 공감대가 느껴지지 않았다. 의식을 받아들이지 못하고 자꾸만 "내가 왜 이걸 해야 하지?"라는 의문이 고개를 드는 것이었다. 저항이 너무 컸다. 이에 반해 서구의 학자들은 대단히 학식이 높았지만 그러다 보니 내가 알고 싶었던 실용적인 방법론보다는 학문적 뉘앙스에 너무 연연하게 되는 느낌이 들었다.

상황이 이렇다 보니 믿을 만한 스승을 찾는 일에 상당히 회의적인 입장이 되었다. 여러 달 동안의 수색도 성과가 없었다. 그러다 2000년의 어느 날, 친하게 지내던 인도 철학 연구자 한 분이 나와 힐러리를 자신의 스승에게 소개해 주었다. 브라질 태생의 티베트 불교 승려인

세규 초펠 린포체Segyu Choepel Rinpoche였다. 그는 존칭인 '린포체'라는 호칭으로 통했다.

우리는 초대를 받고 샌프란시스코에서 북쪽으로 약 한 시간 반 거리인 캘리포니아 세바스토폴의 구릉지에 있는 집으로 린포체를 만나러 갔다. 사실 집이라는 표현은 어울리지 않을 수도 있다. 화려한 그림과 도상이 가득한, 전통적인 티베트 불교 명상 사원이었기 때문이다. 아름답고 정통적인 느낌을 자아냈지만 내가 대체로 공감하기 힘들어하는 장식물들이 많았다. 명상용 방석이 벽을 따라 줄지어 놓여 있고, 향 냄새가 물씬 풍겼다. 우리가 도착했을 때 린포체는 방 한쪽에 있는 방석 위에 편안하게 앉아 있었다. 쉰 살 정도 되어 보이는 그는 중간 키에 다부진 체격이었고, 머리는 말끔히 밀었으며, 따뜻하고 사람을 끄는 미소를 지녔다. 포르투갈어 억양이 섞인 말씨였고, 티베트 불교 승려들이 입는 검붉은색 법의 차림이었다.

"어서 들어와요, 어서." 그는 따뜻하게 우리를 맞았다. "차를 좀 드릴까요?"

곧바로 우리는 자리에 앉았고 거기 온 이유를 설명했다. 린포체는 주의 깊게 경청했고, 자신의 이야기도 몇 가지 소상하게 들려주었다. 리우에서 보낸 어린 시절과 가정교육, 컴퓨터 공학으로 진로를 정하게 된 경위, 브라질 치유를 거쳐 티베트 불교에 입문하기까지의 여정에 우리는 완전히 매료되었다. 그는 간소하지만 티끌 하나 없이 깔끔하게 정돈된 집 안을 구경시켜 주었다. 우리는 함께 차를 즐겼다. 그는 더없이 겸손했다. 린포체는 불교 철학과 명상 못지않게 서구 세계의 뉴스, 문화, 기술에 관해서도 잘 알고 있었고, 우리의 대화는 시작부터 따스하고 편안했다.

"거긴 참 긍정적인 분위기가 느껴지더라." 힐러리는 집으로 돌아오는 차 안에서 소감을 밝혔다.

"아주 편안했지. 나도 굉장히 마음이 편안해지더라고."

"다음에 또 가고 싶어. 그분에게서 배울 게 많을 것 같아." 힐러리는 덧붙였다.

나도 같은 생각이었다. 편안하고 유쾌한 대화 속에서 나는 저절로 긴장이 풀렸다.

그 이듬해에 힐러리와 나는 세바스토폴을 오가며 린포체의 강좌와 안거에 참석했다. 그는 명상 수련과 그 바탕이 되는 철학에 굉장한 깊이와 활력을 더해 주었다. 이 기간에 우리의 우정도 꽃을 피우기 시작했다. 린포체는 삶에 대한 열정이 있었고 이는 전염성이 강했다. 맛있는 커피, 장인의 초콜릿, 질 좋은 음식에 대한 감각이 있는 미식가였고, 여행과 스키를 사랑했다. 린포체가 보기에, 만족을 모르는 식탐과 즐거운 탐닉 사이에는 하늘과 땅만큼의 차이가 있었다.

린포체와 함께 수련하면서 영적 스승과 함께 공부하는 것에 대한 내 회의감도 크게 줄었다. 린포체 스스로 자기 스승들에 대해 엄청난 존경심을 보여 준 것이 도움이 되었다. 스승님들은 그에게 깊은 유대감의 원천이었다. 뭔가 심오한 통찰의 계보를 잇는다는 느낌이 있었다. 하지만 그는 고대의 명상과 수련만큼이나 현대의 사상, 과학, 기술에 대해서도 열정이 대단했다. 나는 전통을 존중하는 태도와 현대 사상을 받아들이고자 하는 열의가 조화된 이 모습에 감명을 받았다.

2002년 연말 즈음 힐러리는 이런 의견을 내비쳤다. "그분은 수련에 임하는 방식을 바꾸고 싶어 하시는 것 같아. 현대의 수련자들이 좀 더

다가가기 쉽게 만들고 싶으신 거지."

"정말 그렇게 생각해?" 나는 대답했다. "그분의 수련 방식은 상당히 전통적인데."

"그게 전통적인 이유는 단지 린포체가 주위에서 구할 수 있는 도구를 사용하시기 때문이야." 힐러리는 말했다. "그분은 우리의 도움을 원하신다고. 당신이 전략 수립을 도와주었으면 하셔."

린포체가 서양인들을 위해 더 많은 도움을 주고 싶어 한다는 건 알고 있었다. 나도 그 생각에 감동을 받긴 했다. 다만 그 실현가능성에 대해 꽤 회의적이었다. 동양의 전통은 히말라야산맥의 수도사들에게 맞게 설계되어 있었다. 기술에 밝고 다방면에 야심이 있는 서구의 국제도시 거주자들에게는 적합지 않았다. 힐러리의 이야기를 듣고, 나는 어느 날 린포체에게 제안했다. 우리가 지금 공부하고 있는 명상의 전통을 현대 생활에서 진정으로 접근할 수 있도록 만드는 데에 어떤 어려움이 있을지 진단이라도 내려 보자고 말이다.

린포체는 이 생각에 적극 찬성했다. 그리하여 2003년 1월부터 우리 다섯 명은 캘리포니아 팰로앨토의 어느 조그만 집 거실에 모여 사방의 벽에 화이트보드를 걸어 놓고 이 과제에 뛰어들었다. 린포체, 힐러리, 나, 그리고 린포체의 다른 두 제자인 팸 모리아티Pam Moriarty와 크리스티나 저스키위츠Christina Juskiewicz가 그 자리에 있었다. 팸은 오랫동안 명상을 수련해 온 슬픔 상담가grief counselor*로, 굉장히 친절하고 다정하며 열정이 넘치는 사람이었다. 크리스티나는 여승이자 린포체의 보조자였다. 그녀는 자신이 배운 모든 것을 다른 이들을 돕는 데에 적용해 보겠다는 확고부동한 의지가 넘쳤다.

* 극심한 상실감, 우울증, 슬픔을 극복하는 데 도움을 주는 전문가. (옮긴이)

한 달 동안 매일매일 우리는 인간 경험을 고양시키는 이 멋진 방법이 어쩌다 접근하기 힘든 문화의 포장지 안에 갇히게 되었는지 이야기를 나누었다. 고대 동양 문화와 현대 서양 문화의 차이, 현대의 지식이 영적 전통에 끼치는 영향, 자족과 마음의 평화를 이야기하는 불교 사상이 역사적으로 세계의 다른 지역으로 전파된 양상을 살펴보았다.

30일 후 우리에게는 계획이 생겼다. 어쩌면 '꿈'이 더 적절한 단어인지도 모르지만. 그 꿈을 이루려면 우리 시대의 사람들이 명상 수련의 오랜 전통에 쉽게 다가갈 수 있게 하고, 그러한 수련을 현대의 발견과 접목하며, 현대의 사회적 규범과 일치시키는 작업이 필요했다. 또한 그 전통을 계속 이어 가려면 개개인의 수련이 중요했다.

나는 계획을 살펴보다가 우리가 도전하려고 하는 과제의 방대함이 벅차게 느껴졌다. 이 일에 착수하는 것은 우리의 역량을 넘어서는 일인 것 같았다. 확실히 내 역량으로는 불가능해 보였다. 현대 생활을 특징짓는 빠른 페이스, 성과에 대한 압박, 미디어와 정보의 맹공으로 인해 삶의 속도를 늦추기는 어려워졌고, 깊이 있는 전통의 심오함을 제대로 인식하기도 힘들어졌다. 우리를 스트레스 상태에 머물게 만드는 습관들을 버리려면 훨씬 더 많은 시간과 노력이 필요한데, 사람들은 책, 수업, 주말여행처럼 간편한 방법으로 마음의 평화를 얻는 데에 더 관심을 보였다. 우리의 과제는 쉽지 않아 보였다.

"이걸 해내려면 500년은 족히 걸리겠어요." 나는 난색을 표했다. "2천 년 전통을 통째로 재정립하는 일이잖아요."

"아녜요." 린포체는 대답했다. "100년이면 됩니다."

"100년이라고요!" 나는 외쳤다. "그건 저희 능력을 조금 벗어나는 얘기 아닙니까?"

"거대한 과제죠." 린포체는 차분하게 말했다. "달리 하는 일이 있으세요?"

힐러리, 팸, 크리스티나와 나는 서로를 번갈아 보았다. 저분이 진심으로 하시는 말씀인가? 제정신이라면 누가 100년짜리 프로젝트에 착수한단 말인가? 4년 안에 담판을 못 지으면 끝, 이것이 나의 실리콘밸리식 사고방식이었다.

"우리가 어떻게 한단 말씀입니까?" 나는 린포체에게 물었다. "스승님을 제외하면 저희는 다 자격 미달인데요."

"나를 티베트산에서 금을 캐낸 광부라고 생각해 봐요." 그는 말했다. "여러분 각자는 신세계의 사람들이고요. 이쪽과 저쪽을 이어 주는 다리를 지어야 하지 않겠어요? 함께라면 우리가 할 수 있어요."

"하지만 어디서부터 시작해야 할지도 모르겠는걸요?" 나는 여전히 못 미더워하며 물었다.

"간단합니다." 그는 말했다. "우리가 각자 한 발을 다른 발 앞에 내디디고 다시 반대편 발을 첫 번째 발 앞에 내디디면 되죠."

나는 팸, 크리스티나, 힐러리를 차례로 바라보았다. 그들의 표정이 읽혔다. 찬성이었다.

그 자리에는 광채가 있었다. 스티브, 에드, 존을 처음 만났을 때 느꼈던 바로 그 광채였다. 나는 엉겁결에 또 한 번, 불가능에 가까운 일에 도전할 만큼 정신 나간 그룹의 일원이 되어 있었다. 다만 이번에는 IPO를 진행하지 않는다는 점이 달랐다.

그렇게 해서 내 인생의 새로운 장이 시작되었다. 우리는 단체명을 어디서나 잘 자라는 원기 왕성한 나무 이름을 따라 주니퍼Juniper*로 정했다. 이 나무는 심지어 오래전 많은 명상 지도자들이 거주했던 히말라야산맥 4천 미터 고지에서도 자란다. 린포체의 지도에 따라 우리 다섯은 다음 몇 년 동안 큰스님들의 저작물들을 낱낱이 분석하고, 문화유산에서 수련의 본질적인 부분을 조심스럽게 걷어 내어 그것을 현대의 명상 수련자들에게 적합한 형태로 재포장했다. 우리는 결국 2009년에 주니퍼를 일반 대중에게 개방했고 2015년에 샌프란시스코에 최초의 공공 명상 센터를 설립했다.

우리는 순조롭게 출발했지만 이 비전이 완전히 실현되기까지는 시간이 걸릴 것이다. 이것은 인류에게 어마어마한 잠재력이 숨겨져 있다는 믿음에 대한 투자다. 아직 활용되지 못한 그 잠재력을 끌어낼 수만 있다면! 이런 종류의 변화는 몇 세대에 걸쳐 이루어진다. 작업은 현재 진행 중이고 결실을 맺기까지 많은 이들의 힘이 필요할 것이다.

그렇다고 해서 주니퍼 때문에 픽사에서의 내 경험이 완전히 끝난 것은 아니었다. 나중에 알고 보니 이러한 노력들은 내가 생각했던 것보다 더 긴밀히 연관되어 있었다. 물론 무척이나 범상치 않은 일을 겪고 나서야 겨우 그걸 알아차릴 수 있었지만 말이다.

* 향나무. (옮긴이)

27
중도

마치 운석이 내 차에 떨어지기라도 한 것처럼 거대한 폭발음이 들렸다.

교차로를 통과 중이던 나는 별안간 꼼짝도 할 수가 없었다. 무슨 일이 벌어진 것인지 상황을 파악하려고 뇌를 바쁘게 움직이는 사이, 모든 것이 슬로우 모션으로 움직였다. 몇 분처럼 느껴진 몇 초가 지나자, 큰 사고를 당했다는 걸 깨달을 수 있었다. 내 차는 제어 불능 상태였다.

사고 발생 시각은 2014년 4월의 어느 화요일 저녁이었다. 힐러리와 나는 린포체의 집에서 명상과 토론을 마치고 집으로 돌아오는 길이었다. 린포체는 이제 우리 집에서 약 15분 거리인 레드우드 시티에 살고 있었다. 어떤 작은 기적이었는지, 그날 밤 우리는 따로 차를 가지고 갔기 때문에, 힐러리는 나와 같은 차에 타지 않았다. 힐러리가 나보다 조금 앞서서 가고, 나는 우리 집 근처의 대형 교차로를 통과하던 바로 그때 사고가 발생했다.

"밖으로 나갈 수 있으면 괜찮을 거야." 차가 마침내 멈추었을 때 나는 속으로 생각했다. 문을 열고 가까운 길모퉁이로 비틀거리며 걸었다. 바닥에 주저앉았고 교차로에서 처참하게 박살 난 내 차를 돌아보았다. 운전석 쪽 뒷문과 바퀴가 완전히 부서졌고, 차 바닥에서 떨어져 나간 커다란 부품 조각들이 도로에 흩어져 있었다. 충돌 지점이 5cm만 더 앞이었어도 운전석 문을 정통으로 들이받을 뻔했다.

나는 다친 곳이 없는지 몸 상태를 확인했다. 등과 목에 통증이 있었고, 걷잡을 수 없이 몸이 떨렸지만 사지는 멀쩡한 듯했다. 이 혼돈 속에서 잠시나마 고요를 찾을 수 있다면 왠지 도움이 되겠다는 생각이 들어, 눈을 감고 길고 깊게 심호흡을 했다.

그다음으로 떠오른 건 힐러리였다. 무슨 일이 생겼는지 알려야 했다. 사고 소리가 너무 커서 아내가 본능적으로 차를 세웠다는 사실은 까맣게 몰랐다. 힐러리는 내가 사고 당사자라는 생각은 하지 못하고 도움이 필요한 사람이 없는지 살피려던 참이었다. 그래서 교차로 쪽으로 되돌아 걸어오다가 도로 한복판에서 내 차를 보았다. 악몽같이 끔찍한 순간이 지난 후, 아내는 인도에 걸터앉은 나를 발견했다. 몇 사람이 주변에서 내 상태를 확인하던 중이었다.

감사하게도 나는 괜찮았다. 닷지 램 트럭을 운전하던 음주 운전자가 내 차를 들이받은 것이었다. 그는 이전의 음주 운전 판결 때문에 면허 정지를 당한 상태에서 운전 중이었다. 그는 사고 현장에서 도주했으나 나중에 붙잡혔다.

다음 며칠 동안 나는 목과 등이 너무 결려서 꼼짝도 못 한 채 누워서 보냈다. 몇 주에 걸쳐 수차례 물리 치료를 받고 나서 힐러리와 나는 휴식과 회복을 위해 며칠간 여행을 떠났다.

어느 비 오는 날, 우리는 우산을 쓰고 해변에 앉아 있었다. 힐러리는 책을 읽고 있었다. 나는 그냥 그곳에 앉아서, 파도, 바람, 빗소리에 반쯤 꿈을 꾸듯 그동안 있었던 일들을 찬찬히 되새겨 보았다. 갑자기 한 가지 통찰이 내 머리를 스치고 지나갔다.

"방금 생각이 하나 떠올랐어." 나는 힐러리에게 말했다.

"뭔데?" 힐러리는 물었다.

"픽사에 관한 거야. 전에는 한 번도 깨닫지 못했는데. 픽사는 중도의 개념을 멋지게 보여 주고 있었어."

"그 둘이 어떻게 연결되는데?" 힐러리가 대화에 관심을 보이며 물었다.

"우리가 픽사에서 온갖 위험들을 감수하며 예술성과 사업 전략 사이의 균형을 맞추려고 애썼잖아. 그게 바로 중도의 사상을 보여 주는 사례였어."

사방에 빗방울이 떨어지는 그 해변에 나란히 앉아, 나는 신이 나서 그게 무슨 의미인지 자세히 설명하기 시작했다.

내가 픽사에 합류한 1994년, 픽사는 예술과 창작의 기운이 넘치는 곳이었다. 픽사의 누추한 상영실에 앉아 〈토이 스토리〉의 몇몇 장면들을 처음 보았을 때 나는 바로 그 기운에 완전히 홀리고 말았다.

하지만 나는 금세 픽사가 이러지도 저러지도 못하는 상태임을 알게 되었다. 그 특별한 재능에도 불구하고 아무런 동력이 없었기 때문이었다. 픽사는 마치 굶주린 예술가와도 같았다. 중도 사상에서는 현실적인 기반이 과도하게 부족하면 동력 부족으로 좌절에 빠질 수 있다고 이야기한다. 픽사 역시 현실 기반이 없고 수익성, 현금, 스톡옵션, 비즈니스 로드맵의 부족으로 좌절감을 느끼는 상태였다.

픽사의 전반적인 성공은 어떻게 하면 창조 정신을 죽이지 않으면서 성장 동력을 부여해 줄 전략, 질서, 관료체제를 수립하느냐에 달려 있었다. 영혼, 창조성, 인간성을 충분히 표출하면서도 일상생활의 필요와 책임에 관심을 기울이는 것, 그것은 바로 중도가 지향하는 바였다. 중도는 질서와 자유, 관료주의와 활기, 효율성과 예술성 사이의 외줄 타기다. 픽사는 영화를 만들 때마다 이러한 긴장으로 고전하다가 결국 더 나은 방향으로 상황을 마무리 지었다.

중도의 교훈은 이 두 갈래의 힘과 씨름 중인 모든 조직에 적용될 수 있다. 우리는 픽사에서 보기 드문 성과를 이루었다. 이것은 어쩌면 아주 이례적인 경우인지도 모른다. 하지만 반드시 그렇다는 법은 없다. 우리는 비즈니스 원칙을 존중하면서 창의성, 존엄성, 인간다움을 장려하는 매우 특별한 조직을 구축할 수 있다. 단지 세심한 조율이 필요할 뿐이다. 관료체제와 깊고 미묘한 창의적 영감 사이에서 기꺼이 균형을 맞출 의지가 있어야 하고, 기업 활동의 인간적 차원을 인식해야 한다. 그런다고 해서 나약해지거나 방만해지는 것은 아니다. 픽사는 분명 나약하지도 방만하지도 않았다. 픽사의 경우에 그랬던 것처럼, 중도는 우리를 더 바람직한 방향으로 이끌어 줄 것이다.

조용히 내리는 빗속에 앉아 나는 픽사 이후의 내 인생 여정에 영감이 되었던 더 광범위한 의문들도 되돌아보았다. 나는 우리 인간에게 기반이 되어 주는 뭔가가 있을 때 더 나은 성과를 낼 수 있다고 확신한다. 지혜, 통찰, 영감을 얻을 수 있는 깊은 원천 같은 것 말이다. 그 원천의 목표는 우리를 자율적으로 행동하게 하고, 우리 삶에 깊이와 충만함을 더해 주며, 높이 날아오를 수 있는 수단을 제공해 준다.

신화, 관습, 공동체 의식 절차는 오래전부터 이러한 역할을 수행해 왔다. 올론족 인디언들이 매일 아침 태양을 보고 말을 건넨 것은 다 그

만한 이유가 있어서다. 앞으로는 무엇이 그와 같은 역할을 하게 될까? 효율성만 보고 달리다 보면 부유함은 누릴 수 있을지 몰라도 자칫 인간다움이 크게 손상될 수 있다. 진정으로 높이 날아오르려면 우리가 박차고 오를 무언가가, 지침이 되어 줄 무언가가 필요하다.

내 경우, 마음의 잠재력과 가능성을 믿고 그 잠재력을 이용하도록 촉구하는 중도 철학에서 해결책을 찾았다. 중도는 우리가 진실이라고 받아들이는 것이 실은 그냥 넘어설 수 있는 패러다임에 불과할 때도 많음을 발견하기 위한 수단이다. 나는 이것이 아름다운 방법론이자, 영감을 주는 사고와 존재의 방식임을 알게 되었다. 그래서 나는 매일 아침 눈을 뜨면 정신없이 하루를 시작하기 전에 몇 분간 자리에 앉아서 중도 마스터들의 지혜를 상기하면서 명상을 즐긴다.

자동차 사고는 내 인생의 각기 다른 갈래들을 되돌아볼 수 있는 뜻밖의 계기가 되었다. 이렇게 많은 세월이 지난 후 픽사를 생각하니 고군분투하던 회사를 전 세계 관객들의 마음을 사로잡은 훌륭한 영화사로 바꾸어 놓은 일이 이루 말할 수 없이 자랑스러웠다. 또한 내가 미처 인식하지 못한 상태에서도 중도의 실타래가 나의 다양한 인생 경험들을 서로 엮어 주고 있었음을 확인하고 나니 묘한 기분이 들었다.

그렇게 나는 가까스로 죽음을 모면한 후 비 오는 해변에 앉아 있었다. 세상의 아름다움을 느끼며 고요 속에 머물던 그 순간, 픽사라는 작은 회사의 이야기에서 내가 제일 좋아하는 철학 사상의 빛나는 본보기를 찾아내고는 경이로움을 금할 수 없었다.

후일담

"저의 오랜 친구 로렌스 레비를 여러분께 소개해 드리게 되어 기쁩니다." 연단에 선 에드가 말했다. "픽사가 직면했던 전략적 문제를 로렌스와 같은 방식으로 이해했던 사람은 드물었습니다. 오늘 우리는 오래도록 잊고 지냈던 걸 배우게 되리라 확신합니다."

2015년 5월 에드는 청중들에게 나를 이렇게 소개했다. 나는 캘리포니아 에머리빌, 반짝반짝 빛나는 픽사 캠퍼스의 아름다운 강당 대기실에 앉아 있었다. 강당은 포인트 리치먼드에 있던 낡은 상영실과는 비교도 되지 않았다. 벨벳 천을 씌운 널찍한 좌석, 세련된 조명 제어 시설, 조용한 관람을 위한 방음벽까지 제대로 갖춘 영화관이었다.

에드는 두어 달 전 나에게 픽사에 와서 강연을 해 달라고 부탁했다. 어느 토요일 오후 샌프란시스코에서 만나 산책을 하다가 나온 이야기 때문이었다. 우리는 가끔씩 만나 저녁을 먹거나 산책을 하는 기분 좋은 습관을 들인 터였다. 에드와 만나 밀린 근황을 주고받는 일은 언제나 즐거웠다. 우리는 지난번에 하다 만 이야기를 아무렇지도 않게 다시 이어서 계속하곤 했다.

“픽사에 관한 강의를 하나 개발했어요.” 그날 산책 도중 나는 에드에게 말했다. “회사 이면에 가려진 전략과 비즈니스 이야기를 전해 주고, 그것을 중도라는 더 큰 사상과 연결하는 내용이에요. 최근에 하버드 경영대학원과 법학대학원에서 강의를 했는데, 사람들 반응이 뜨거웠어요.”

“픽사에서도 해 주세요.” 내 말이 끝나기가 무섭게 에드가 말했다. “저는 사람들이 픽사의 역사를 알았으면 좋겠어요. 이건 픽사 역사에서 정말 중요한 부분이잖아요.”

“그럴 수 있다면 정말 멋지겠네요. 저한테도 굉장히 의미 있는 일이 될 거예요.” 나는 반색하며 흔쾌히 승낙했다.

두 시간 전 픽사에 오려고 내 차에 올라타면서 과연 멋지고 의미 있다는 생각이 들었다. 나는 더 이상 포인트 리치먼드까지 운전할 필요가 없었다. 여러 해 전 스티브는 버클리힐스의 남쪽 끝자락, 베이 브리지를 건너자마자 바로 나오는 에머리빌에 픽사 캠퍼스 사옥을 마련했다. 내가 픽사를 방문한 지는 몇 년 되었지만 줄지어 벽에 붙은 영화 포스터는 아무리 보아도 싫증이 나지 않았다. 〈인크레더블〉, 〈카〉, 〈월-E〉, 〈니모를 찾아서〉, 〈몬스터 주식회사〉, 〈업〉, 〈라따뚜이〉, 〈메리다와 마법의 숲〉까지, 누가 픽사의 초라한 시작에서 그런 업적을 상상이나 할 수 있었겠는가?

그동안 달라진 건 픽사의 캠퍼스만이 아니었다.

우리의 〈토이 스토리〉 베이비 제나는 이제 열아홉 살, 시애틀의 워싱턴대학교 2학년생으로 심리학과 커뮤니케이션을 전공하고 있었다. 〈토이 스토리〉 시사회에서 신나게 라이트-브라이트를 가지고 놀던 일곱 살 꼬마 세라는 스물여섯 살 숙녀가 되었다. 세라는 서던캘리포니아대학교 학부 과정에서 심리학과 신경과학을 공부했고, 워싱턴대학교의 청각학 임상의 학위과정을 끝마치기 위해 현재 보스턴의 매사추세츠 안이병원Massachusetts Eye and Ear Infirmary에서 실습하며 스탠퍼드 의료원과 구직 건으로 조율 중이다. 이제 스물아홉인 제이슨 역시 서던캘리포니아대학교에서 경제학과 문예창작을 공부했고, 스탠퍼드에서 경영학 석사 학위를 받았다. 그 아이는 수준 높은 스토리 경험을 개발하는 데에 관심이 많아 샌프란시스코에 있는 모바일 게임 회사 포켓 젬스Pocket Gems에서 첫 번째 에피소드를 개발 중이었다. 힐러리와 나는 주니퍼 일에 계속 열심히 참여했다.

다른 방향으로의 변화도 하나 더 있었다.

픽사로 차를 몰고 가는 길에 여전히 우리 집에서 몇 블록 거리인 스티브의 집을 지나쳤다. 그가 세상을 떠난 지 3년 반이 흘렀다. 3년 반이라니! 어떻게 그렇게 많은 시간이 지나가 버렸을까? 내 머릿속엔 우리가 함께한 기억이 마치 엊그제처럼 생생했다. 하지만 그가 아직 살아 있었다면 우리가 무슨 이야기를 나누었을지는 이제 상상만 할 수 있을 뿐이었다. 워싱턴에서 벌어지고 있는 정치적 내분, 블록버스터 영화 개봉 트렌드, 픽사와 애플의 새로운 사업들, 최근 우리 아이들의 모험에 대해 이야기했을지도 모르고, 아니면 별말 없이 그냥 자리에 앉아 몇 분간의 고요를 즐겼을지도 모른다.

몇 년 만에 처음 픽사로 향했던 그 날, 스티브의 집 앞을 지나면서 나는 속도를 늦추었다. 슬픔과 그리움이 뒤섞인 감정이 북받쳐 올랐다. 딱 한 번만 더 차를 세우고 그가 집에 있는지 살필 수 있다면 얼마나 좋을까. 쪽문을 통해 마당에 들어서면서 그가 정원에 가꾸는 다양한 채소를 감탄하며 바라보고 부엌문을 거쳐 집 안으로 들어갈 수 있다면, 부엌에서 조용히 일하고 있는 요리사에게 인사를 건네고 그날 만든 요리의 맛있는 냄새를 즐길 수 있다면, 복도를 통해 스티브의 사무실까지 걸어간 다음 방문을 조용히 두드릴 수 있다면, 방 안으로 얼굴을 들이밀고 그가 안에 있는지 확인할 수 있다면, 그리고 딱 한 번만 더 그가 고개를 들어 나를 바라보며 미소 띤 얼굴로 이렇게 말해 준다면 얼마나 좋을까.

"안녕하세요, 로렌스. 산책 가실래요?"

픽사, 위대한 도약

크리에이티브의 불확실성이 기회가 되기까지

초판 발행 2023년 1월 11일
1판 2쇄 2024년 10월 7일
펴낸곳 유엑스리뷰
발행인 현호영
지은이 로렌스 레비
옮긴이 강유리
편　집 황현아
디자인 임림
주　소 서울특별시 마포구 월드컵북로58길 10, 더팬빌딩 9층
팩　스 070.8224.4322
이메일 uxreviewkorea@gmail.com

ISBN 979-11-92143-78-1